U0135991

NOURIEL ROUBINI

大威脅

未來經濟十大趨勢與生存法則

MEGATHREATS

Ten Dangerous Trends That Imperil Our Future, And How to Survive Them

魯里埃爾‧魯比尼————著

林啟超————審訂　　陳儀、李文絜、陳麗玉、張靖之————譯

目　錄

MEGATHREATS

Ten Dangerous Trends That Imperil Our Future,
And How to Survive Them

未來經濟的十大威脅

　　我們每天都在面臨各式各樣的風險。有些風險相對輕微，即使事情出錯，還是能一如往常地日子照過。例如我花100美元買一檔普通股，結果投資失利導致虧損，甚至是血本無歸，我都可以承受。然而，有些風險卻不是這樣，有可能引發長久的嚴重禍害，我稱這種風險為威脅。

　　如果今天我購買的不是100美元的股票，而是一棟靠近懸崖邊的海岸別墅，那麼我為了眺望這無敵海景，需要承擔的風險可能上升到威脅等級。因為風暴、巨浪、氣候變遷，對懸崖基座經年累月的侵蝕，可能造成的危害遠超過100美元的投資失利，甚至會危及性命。

　　面對未來風險，我們可以透過個人決策試圖改變命運，但要是這風險涉及群體，各國的政策制定者所扮演的角色就至關緊要，我們對於未來的選擇，也將變得更加錯綜複雜。

世界正面臨重大轉變

國家之間應該開戰嗎？政府應該對特定產業紓困嗎？政策制定者應該實施高碳稅以減緩氣候暖化嗎？個別公民對於諸如此類的決策幾乎沒有置喙餘地，但這些決策帶來的巨大後果，卻是由你我來承受。

看看2008年的全球金融海嘯，或是COVID-19爆發時各國政府笨拙地摸索處理方式，就會知道一個糟糕的政策如何害我們在銀行帳戶裡的錢大幅縮水，更別提數億人的生命與生計因此受到損害。集體回應當然遠比個人回應困難，尤其當不同國家的政策制定者無法達成共識，政客之間又彼此勾心鬥角，很多時候，連做出決策都很困難，更遑論採取正確行動因應了。

身為經濟學家，觀察重大風險的變化，以及不同風險可能造成的後果，是我的例行工作之一。2006年，我觀察到住宅飆到天價、不動產抵押債務達到危險水準、房產濫建等現象。我也看到，待售新屋開始激增。我當時提出警告，一個史詩級的泡沫破滅很快就會發生，這將造成全球經濟衰退與金融危機。但當我在公開場合發出這個警訊時，不僅沒有人認同我的觀點，還有不少等著看笑話的人，給我冠上「末日博士」（Dr. Doom）的名號。他們無視我迫切的警示，對上述種種風險也視而不見。

不幸的是，當一切如我預測的一件件發生，一場席捲全球的金融海嘯就此揭開序幕，不只美國各地的房價急速崩跌，其他同樣發生房市泡沫的國家也難以倖免。這時，整個世界才終於驚醒，開始急於反思金融機構與經濟體系的種種沉痾。

這世界到處潛藏著不同風險，有些進展快，有些進展慢，有些能全身而退，有些會貽害後人，而那些傷害最深遠、進展最緩慢的風險，往往最難達成有效的集體回應。

透過這本書，我希望能讓正在閱讀的你，關注到當今世界有幾種最大的風險正在醞釀，並從中學到一些事情。不管這些風險會很快發生或緩慢形成，是在短期內就會影響我們，或在中長期造成巨大衝擊，都要保持警覺。我把這些最大風險稱為「大威脅」（megathreat），即可能引發大規模損害和苦難，而且無法迅速或輕易解決的嚴重問題。

所謂的大威脅，不是專指戰爭。當然戰爭確實會帶來巨大苦難，一如2022年2月俄羅斯蠻橫入侵烏克蘭造成的悲慘狀況。自有歷史以來，大小戰爭就層出不窮，從內戰到世界大戰；有的進展快速，有的延宕多年。戰爭不是新挑戰。我會探討可能導致強權國之間開戰，並引發嚴重人道、經濟與金融衝擊的地緣政治大威脅，但更讓我耿耿於懷的，還是和整體經濟、金融、政治、貿易、科技、衛生與氣候有關的重大挑戰。這些大威脅，有的可能引發冷戰，最終造成破壞極大的熱戰。如何清晰洞察未來可能爆發的巨大風險？又如何竭盡所能避免這些大威脅摧毀你我辛苦建立起來的家庭、企業、國家與區域和平？透過這本書，我試圖提出我的看法。

歷史往往隨著時間流逝被人遺忘，尤其是有關經濟困頓的歷史。自第二次世界大戰以來，這個世界大多數的時間都處於繁榮、和平、財富與生產力持續提升之中。過去七十多年來，我們享受了相對穩定的時光，雖然經濟偶有衰退，但通常沒有持續太久。創新改善人類的生活品質，強權國家之間也沒有公然啟動戰爭，這實乃蒼生之幸。這樣相對的穩定狀態，使得多數國家的民眾都有幸享受比他們的父母、祖父母世代更高的生活水平。

遺憾的是，這相對繁榮的時光不可能再長久延續。我們正面臨重大轉變，從相對穩定階段，進入嚴重動盪、充滿衝突的混沌時代。這些大威脅不同於我們過去遭遇過的任何風險，不同的大威脅之間更是環環相扣，彼此緊密連結。

我們正走向斷崖絕壁，現在的立足之地隨時都可能崩塌。然而，大多數人不僅毫無警覺，甚至期待疫情過後就能回到原本的工作與生活。這很可能是大誤判。

了解經濟邏輯，才能轉危為安

實際上，新警訊清晰可見，而且不容置疑。有十大涉及經濟、金融、科技、貿易、政治、地緣政治、人口結構、衛生與環境的風險，正演變成影響我們未來的大威脅。這些大威脅，將徹底改變我們自以為了解的世界。

我們必須學習高度警戒，因為從就業保障到宜居的地球，從經濟繁榮到地緣政治穩定（敵對的強權國之間維持和平），這些過去享有的榮景，可能都回不去了。第二次世界大戰後，我們享有長達數十年的經濟成長，僅歷經幾次短暫的停滯性通膨與經濟衰退。但現在，我們正迎來一個前所未見的經濟與金融危機，這將是自1930年代的大蕭條以來，遭遇的最大災難。

雪上加霜的是，這些危機正因一些因素變得更凶險，例如氣候變遷、人口結構崩壞、剝奪貿易與移民自由的民族主義政策、中國（及親中國家如俄羅斯、伊朗和北韓）和美國（及其盟國）引發的全球性競爭，以及在不久的將來會讓更多工作消失的科技革新等。我們的生存環境將變得更加嚴峻。

在這本書中，我會深入探討對未來經濟造成巨大衝擊的十大威脅，也會讓你了解這些大威脅如何彼此互相強化。例如債務累積和債務陷阱息息相關；寬鬆貨幣與金融危機脫不了關係；人工智慧（AI）與工作場所自動化、去全球化、強權國家之間的地緣政治衝突等有關；通貨膨脹與停滯性通膨、貨幣崩潰性貶值有關；貧富不均和民粹主義相關；全球大流行病和氣候變遷息息相關。上述每一個問題都將阻礙我們解決其他問題的能力。

當中任何一個威脅聽起來就已經令人苦惱，要同時面臨十大威脅，處境當然就更艱難了。對每項大威脅，書中都會專章檢視。最後，我會試著探討如何集體度過難關。我們已陷得過深，除了亟需好運之外，必須促成全球合作，一起創造前所未有的繁榮，才可能轉危為安。

我們的命運是自己創造出來的。實際上，有多項大威脅，是源於之前為了處理特定問題，所採取的解決方案。例如：金融自由化（但方向錯誤）、非常規的總體經濟政策、碳排放的工業化、製造業的就業機會遷往海外、人工智慧的蓬勃發展，以及放任中國在全球的勢力擴大等等。當初，這些解方看起來都是上策。

為了對抗這些大威脅，必須認清現實，拋開美好的想像。不能假設特定職缺自動化後，將一如既往在別處會冒出更好的新就業機會。也不能假設降低稅率、貿易自由化與減輕監理法規，就會釋放出能讓全民受益的經濟能量。為了生存，我們可能必須犧牲個人自由來換取公共利益。如果未能重新建立永續且公平的成長，人類發展有可能倒退到類似部落的黑暗時期，陷入各方為了競奪自身利益而連年征戰，國內與國際間不斷發生衝突的日子。

眾多災難匯集的局面

這十大威脅，對有些人來說並不陌生，因為它們已經開始浮現。我會試著以中期視角來看，未來二十年內，這些大威脅對我們可能造成的影響。例如：

- 通膨飆升、經濟衰退風險提高，先進經濟體有可能陷入比通膨更可怕的停滯性通膨。

- 為了打擊通膨，各國央行提高利率，使得許多債台高築的主權國家與民間部門的財務更加脆弱，違約風險已顯而易見。

- 低息借貸時代已一去不復返，全球股市陷入熊市，許多資產（包括加密貨幣）泡沫化。

- 去全球化議題討論已久，全球經濟體系支離破碎，如今去全球化趨勢更將加劇。

- 俄羅斯入侵烏克蘭，以及這項衝突可能以非傳統模式擴及其他地理區域。

- 美國（及其西方盟國）和中國（及其盟友俄羅斯、伊朗與北韓）之間進入新冷戰的議題持續升溫；美中關係在台灣問題上緊張局勢升高。

- 隨著氣候變遷加劇，從印度、巴基斯坦到撒哈拉沙漠以南的非洲，乃至美國西部等地，深受乾旱、熱浪或洪災之苦。
- 中國經濟成長趨緩，再加上對新冠疫情堅持清零政策，可能引發硬著陸風險。
- COVID-19在很多貧窮國家尚未有效獲得控制，且可能進一步產生新變種。
- 糧食、能源以及其他原物料商品的價格飆漲，引發能源短缺、飢餓甚至饑荒的風險。

凡此種種，皆預示我們正走向一個遠比現在更惡劣、更危險的未來。事實上，在2022年春天，一向密切關注經濟情勢發展的國際貨幣基金（IMF）主席喬治艾娃（Kristalina Georgieva）和兩位同事就曾提出警告，世界經濟正面臨自「第二次世界大戰以來最大的考驗」，而且我們可能遭遇的是，「眾多災難匯集的局面。」[1]

關於我們的未來，我也希望一切安好，可以對你說，股市將上漲、盈餘將成長、所得和就業機會將增加、世界和平、各地民主、各國繁榮、經濟永續成長且公平分配、天下為公。我多麼希望自己能做出以上種種令人開心的預測。然而，我看到的未來並非如此。不管我們是否喜歡，變局即將展開。

　　大威脅將重塑我們熟悉的世界。想要在大威脅下生存，現在就必須開始準備，才不會驚慌失措，進退失據。

第一部

債務危機、人口結構失衡
與政策失誤

———— 第一章 ————

史上最大債務危機將至

　　過去四十年，我曾在許多關鍵時刻，以學者身分參與政府財經政策的制訂。對於債務危機，我深入研究過，也多次協助化解危機、解決問題。有些危機只在單一地區發生，有些則橫掃全球。有些危機事後幾乎不留痕跡，但有些卻摧毀了整個經濟部門，數百萬人甚至數千萬人的生計因此深受影響。

　　經濟政策問題一向錯綜複雜，任何人都不該假設自己已找到所有問題的答案。過往的經歷，也讓我領悟到：經驗是很差勁的老師。我們總是學不會，以致一再犯下同樣的錯誤。

　　寬鬆貨幣政策與瘋狂投資人一次次促成了經濟泡沫，這些泡沫最終也毫不留情地一一破滅。在卡通《威力狼和嗶嗶鳥》裡的嗶嗶鳥，能嗅出藏在禮物包裝裡的炸藥，為什麼我們沒有那種能耐？不管是怪包裝得太好，還是人性問題，債務危機已近在眼前，這次將帶來的威脅之大，恐怕是我這一生中不曾遇過的。但絕大多數人卻仍渾然不覺，好像都忘了過去債務危機曾帶來多麼大的傷害。

從阿根廷、美國到歐洲，全球債務激增

阿根廷是最應該記取過往教訓的國家之一。2020年，阿根廷政府再次發生債務違約，這是該國自1980年以來第四次主權債務違約，也是有史以來的第九次。2020年8月，阿根廷財政部長宣布，與國際主要債權國達成債務重組協議。協議中展延部分債務還款期限，並大幅削減它的應付利息。這個南美第三大經濟體原本已準備中止談判，雙方是在最後幾個小時才達成協議。

希望之泉永不枯竭，陷入危機的國家永遠在祈求金融大災難不要降臨。當時，阿根廷總統費南德茲（Alberto Fernandez）公開宣稱：「但願我們永遠不會再陷入這個（債台高築的）迷宮。」費南德茲承諾，未來十年，阿根廷的債務將會縮減一半，並展現決心，竭盡所能地穩定已是四面楚歌的經濟體系。除了感謝當時支持他的各地區首長與國會議員，他還感謝教宗方濟各（Pope Francis），以及墨西哥、德國、法國、西班牙、

義大利的領導人。《金融時報》引述他的話：「這一切並不容易，但阿根廷人知道，跌倒了就必須自己站起來。」[1]

在遭逢逆境時，政治人物很喜歡發表這種彰顯堅毅精神的聲明。只不過，截至目前為止，阿根廷（乃至整個世界）尚未平安度過眼前這場危機。事實上，距離那一天，恐怕還很遠。阿根廷目前仍為約3,000億美元的公共債務所苦，這個金額幾乎是它2020年一整年的全國經濟產出。禍不單行的是，阿根廷在歷經COVID-19之後，爆發極度嚴重的通貨膨脹，預計2022年的通膨率將超過50％。*

愈來愈多國家陷入和阿根廷同樣的困境，債務違約潮已蠢蠢欲動。不僅企業界、金融機構和家庭背負的民間債務增加，各國政府積欠的公共債務早已激增到失控狀態，這還沒有把應對COVID-19的龐大開支算進來。

以美國來說，2021年通過1.9兆美元的COVID-19救助計畫，再加上川普執政期間，通過的兩項巨額經濟振興措施，已使美國的公共債務比2019年遽增4.5兆美元。2021年年初，美國前財政部長桑莫斯（Lawrence Summers）在《華盛頓郵報》專欄中就提出警告：「那意味著，我們正經歷美國歷史上最大手筆的總體經濟穩定政策。」他認為，那麼大型的振興方案太

---

* 譯注：截至2022年10月，阿根廷通膨年增率已達88％，基準利率上調至75％。

過極端，勢必會導致經濟過熱，並引發高通膨。[2]除了應對疫情，拜登政府一上任，就迅速規劃了另一個3兆至4兆美元的基礎建設及社會支出計畫。但問題是，這些計畫的財源僅局部來自增稅（那意味著其他多半得仰賴舉債來支應）；幸好最後國會僅通過部分計畫。

不管哪個政黨或政黨聯盟掌權，面對新冠疫情的衝擊，幾乎都大幅放鬆原本在債務上的限制。

歐洲國家也同樣捉襟見肘。《紐約時報》在2021年2月報導：「歐洲國家的債務激增，已達到第二次世界大戰以來的新高。」[3]許多歐洲國家的債務正在快速增加，甚至已遠超過整個國家的經濟規模。

根據國際金融協會（Institute of International Finance）的數據，截至2021年年底時，全球債務（包括民間與公共部門）占全球GDP的350％。這是怎麼發生的？幾十年來，全球債務持續加速擴大（在1999年已達全球GDP的220％），自COVID-19爆發後，更是急速竄升。[4]在過去，不管是先進經濟體或新興市場，債務相對於GDP的比率都不曾接近這個水準。

美國的債務成長速度和全球平均值相當，而以目前美國民間與公共債務相對於GDP的比率，顯示現在債務已遠遠超過大蕭條期間的最高水準，比起第二次世界大戰結束時（接著進入一段健全成長期）的債務水準，也達到兩倍以上。

超低利率結束，債務危機浮現

　　國際金融協會長期追蹤全球債務的變化，有鑑於債務激增趨勢來勢洶洶，他們直言警告：「根據我們的粗略估計，如果全球債務規模持續以過去十五年的平均速度成長，到2030年，全球債務有可能超過360兆美元，比目前高出85兆美元。」[5]也就是全球整體債務將遽增，達到全球產出的4倍以上，這樣沉重的債務負擔足以吞噬整體經濟成長。

　　在一個宜居的進步世界，國家要能在償還債務的同時，仍維持經濟成長。如果一國政府在經濟衰退時舉債（以刺激經濟成長，終結衰退），可以在經濟復甦時清償，就能維持債務穩健；但如果一國政府根本無力償還債務，它的債務水準就處於不健康狀況。當債務狀況不健康，又面臨債務危機，國家、區域乃至全世界就可能面臨經濟衰退。在這樣的情勢下，當債務償還期限到來，債務國政府只能採取嚴厲的補救措施，沒有其他選擇。他們屆時可用的補救措施，例如央行引導貨幣大幅貶值或是縮減社會安全網，常引發始料未及的嚴重後果，包括市場崩盤、獨裁式民粹主義崛起，甚至偷偷出售飛彈與核子技術給出價最高的流氓國家。[6]

　　國際金融協會早在2020年11月的《每週洞察》（*Weekly Insight*）中，就以「更多債務，更多災難」為題，提出警告：

「2016年以來，全球債務正以驚人的速度擴增。」換言之，危機早已兵臨城下，新冠疫情只是加速它的發生。[7]

　　先進經濟體的債務水準異常的高，已達GDP的420％，不僅高於新興市場，而且還在上升。儘管如此，新興市場卻比先進經濟體，更早陷入困境。

　　以阿根廷來說，比起其他新興經濟體，它甚至稱不上是個高債務國。它的民間債務大約只有GDP的三分之一，這個債務比率應算相對健康。然而，以外幣計價的債務，卻傷害了它償還國際貸款利息與本金的能力。阿根廷很早就採用釘住美元政策。在2001年時，它的經濟走下坡，在美國經濟維持強勁下，阿根廷披索崩盤，使它償還外幣貸款的能力受到重創。如今一場新債務危機正再次逼近阿根廷。

　　即將來襲的債務海嘯，也不會放過中國。由於長年利用信用來驅動經濟成長，中國的債務累積就像喜馬拉雅山一樣高，約為GDP的330％。

　　過去幾十年來，甚至幾個世紀以來，儘管歷經大大小小不同的金融泡沫和經濟動盪，我們總是能幸運地劫後餘生。以我自己來說，過去四十年間，就親眼目睹多次債務危機，那些曾爆發債務危機的國家和區域最終都順利復原。危機來來去去，一生總會遇上幾回，但如果你認為這次危機的最糟狀況，大不了跟過去一樣就是留疤，那你就大錯特錯了。

我們已跨入全新境界。隨著全球所得成長速度放慢，在大多數可預見的情境下，從國家、企業、銀行到家庭的債務，都已超過他們的償債量能。原本在零利率或負利率時，還勉強可管理的債務，未來將變得無以為繼。因為如今為了對抗通膨，各國央行不得不急速升息。

這一次，我們正快速奔向一個轉捩點。不管是借款人或貸款人，公共部門或民間部門，節儉者或揮霍者，都將深受影響。史上最大的債務危機，將在未來十年或二十年內的某個時點發生。

以史為鑑，及早看出危機的徵兆

當前的困境，讓人覺得似曾相識。時間回到2006年春天，美國房地產市場呈現過度狂熱的景象，各地房屋住宅就像熱銷的蛋糕一樣，被賣給任何一個活著有呼吸的貸款人。沒有人在乎那些人的資產或所得狀況，是否負擔得起不動產抵押貸款，而身為貸款人的住宅買家，則一頭熱地指望持續上漲的房價，能為總是寅吃卯糧的他們帶來救贖。當時，我便看出了有個泡沫已然形成，也對外提出警示。

那一年，我在拉斯維加斯參加一場關於抵押貸款證券化的會議，當時在次級房貸市場上，已經可以明顯看到，不顧後果的草率借貸行為及其產生的不良效應。我自己的研究顯示，廉價的債務和寬鬆的信用審查條件，正在將資金注入到房地產泡沫中。研討會結束後，我租了一輛車，打算造訪死亡谷（Death Valley）。﹡孰料我竟在途中發現另一個「人造死亡谷」，那裡的景象加深我對債務危機的憂慮。

在從拉斯維加斯出發，前往死亡谷的路上，車子經過一個全新的社區，裡頭一棟棟全新住宅，空無一人地矗立著，整個社區裡連個鬼影子也沒有。沒有任何燈光、沒有其他車輛，也沒有人入住的跡象。這個「社區」不像是開發商積極興建規劃的宜居城鎮，反像座墓園。房市泡沫因貪婪而起。在馮·史托洛海姆（Erich von Stroheim）的經典電影《貪婪》（*Greed*）裡，兩名主角最後也因同樣的原因命喪死亡谷。

儘管有清晰的證據顯示，房地產泡沫正使借貸雙方陷入風險，那些所謂的專家卻對我的擔憂嗤之以鼻。幾個月後，趁著參加國際貨幣基金主辦的活動，在對一群經濟學家發表的專題演講中，我再度提出警示。

當時已可觀察到油價走升、房價降溫，但尚未太過劇烈。然而，我還是警告，在房地產泡沫的背後，潛藏著一場巨大的金融危機。這個泡沫破滅的結局，將會是大量房屋抵押貸款違約。這不僅徹底擊垮貸款人，也會使一窩蜂購入高風險抵押貸款證券化商品的投資人血本無歸。當時，多數專家無條件相信各信用評等機構（這些機構涉及利益衝突）所做的債券評等，並認定所有獲得最高信用評等的債券不可能出差錯，而我卻像烏鴉一般，預測避險基金、投資銀行、商業銀行、重要金融機構與驚慌失措的屋主們等，將會慘遭數千億美元的損失。

演講結束後，我在稀稀落落的掌聲中走下台。專題討論的主持人大聲的說：「我想我們或許需要來杯烈酒。」那句話逗得台下聽眾哄堂大笑。接著上台的演講者，更直接否定了我的分析，認為我的預測沒有數量模型支撐，只不過是出於一個長期以來抱持悲觀主義者的第六感。

2007年2月，我參加在瑞士達沃斯召開的世界經濟論壇，在探討全球展望的專題討論中，再次強調我的擔憂。當時眾人依舊強烈否定我的觀點。時任美國聯準會主席的柏南克（Ben Bernanke）宣稱房市即將修正，並認為不可能引發任何不良的外溢衝擊。換言之，他不認為會爆發金融危機，遑論發生銀行體系的系統性威脅。

對於柏南克的觀點，我表示尊重，卻不敢認同。我苦口婆心的警示，我們不應安於現狀，金融危機近在眼前，不只將重創美國，也會對全球經濟造成巨大衝擊。我們必須做好準備，以應對未來的動盪。只可惜，我的努力非但沒有促使人們改變

---

* 譯注：以海拔低於海平面、氣候悶熱又廣闊的沙漠聞名，整個景觀和月球很類似，曾有許多人為了挖掘金光閃閃的貴金屬來到這裡，最後因高溫酷暑而熱死。

想法，還讓批判者逮到機會，更強力攻擊我的言論，並為我冠上「末日博士」的封號。實際上，我對於進步且具包容性的資本主義有著堅定的信念，但我也認為只有在良好判斷、健全政策、道德原則盛行下，才存在那樣的資本主義。

我的經驗告訴我，即使是參與世界經濟論壇的頂尖專家，也很難在出事前看出危機的徵兆。這是人類典型的思考偏誤之一：絕大多數人都不願意去想像最糟的情況。人類天生就是樂觀主義者。我個人發現，每年達沃斯論壇定調的時代思潮，都是未來走向的反指標。換言之，如果達沃斯論壇的與會者，一面倒地堅信某件事將發生，無論是好事或壞事，都極可能是錯誤的判斷。

世界精英們常因追求共識而陷入團體迷思，那一次活動給了我另一個機會表達我的逆勢觀點。在我的第二場達沃斯演講中，我探討了歐洲貨幣聯盟的未來，並特別著重於未來風險。專題討論小組成員中，有歐洲央行總裁特里謝（Jean Claude Trichet）、義大利財政部長特雷蒙帝（Giulio Tremonti），他們都對這個貨幣聯盟的健全性與永續性表達強烈信心。但我的評估卻一點都不樂觀。我強調，部分歐盟成員國債務過高，競爭力每況愈下，將可能導致歐元區分裂。

我當時警告，如果義大利、希臘、西班牙和葡萄牙等國，再不改善巨額的貿易與財政雙赤字，提振低迷的經濟成長，有可能撐不到2010年，就會爆發極大的債務危機。我的評論顯然激怒了義大利財政部長。當主持人介紹我時，特別提及我是來分享美國觀點的，但我提醒在場聽眾，我出生於土耳其，在義大利米蘭長大。我想讓義大利財長知道，培育我成長的國家正一步步走向金融崩潰的巨大危險中。但他沒等我說完，就忍不住大喊：「魯比尼，滾回土耳其！」他的情緒爆發被媒體報導為「特雷蒙帝的雷霆之怒」。

三年後，希臘破產。葡萄牙、義大利、愛爾蘭、西班牙也陷入嚴重的金融危機。這五個國家被稱為歐豬五國（PIIGS）。金融危機發生後，經過兩年的經濟大衰退，希臘接受了更嚴苛的赤字限制以重整債務，與被稱為「三巨頭」（Troika）的歐盟委員會、歐洲央行與國際貨幣基金，達成2,000億歐元的紓困協議。

希臘在歷經種種磨難之後，好不容易才度過危機。然而，希臘危機只是序幕。義大利的公共債務比希臘多出10倍，它大到不能倒，但也大到救不了。歐元區沒有希臘還能存續，但一旦失去歐洲第三大經濟體的義大利，歐元區成就霸業的夢想就將淪為不切實際的春秋大夢。

這場全球金融海嘯，源於2007年至2008年間美國的次級房貸風暴。購屋者因為付不起房貸而違約，金融業者搖搖欲墜甚至倒閉，影響所及，股票市場崩盤、資產價值蒸發、放款人縮手、企業倒閉、失業率攀升。聯準會官員驚慌地邀集財政部官員、金融業高階主管商議，企圖止血。

沒有任何人想要遭遇巨大混亂和接踵而來的痛苦。我之前提出警示，就是希望大家提早做準備。我一點也不希望自己的「唱衰」論調成真。邀請我到國際貨幣基金演講的經濟學家後來對我說：2006年時，我的言論聽起來就像是瘋言瘋語，但兩年後，美國各地房價像自由落體般急速崩跌，承作不動產抵押貸款的機構也紛紛陷入危難，我變得像先知般大受歡迎。

追求近利，必有遠憂

經歷那麼慘痛的動盪，以及大幅的反省與修正，你或許以為市場已記住教訓並脫胎換骨，但債務的誘惑實在太大了。

國家、企業和家庭都會基於投資或消費的目的去貸款。新的公共或民間資本財投資，是指購買可存續到長久未來以後的事物。國家可利用公共債務去投資港口、道路、橋樑和其他基礎建設。企業藉由投資機械、軟體和電腦等資本財來生產更多的商品及勞務。家庭貸款則是為了投資住宅或教育。為了投資而貸款，可能是出於相當合理的考量，只要投資的報酬高於融資成本，貸款便是合理的。然而，為了消費而貸款，卻是使用債務來填補理應以收入來支應的經常性支出或赤字。

經驗告訴我們，謹慎的公部門與私部門貸款都應遵守「為投資而貸款，不要為消費而貸款」的金科玉律。基本上，為了消費而貸款的風險，比起為了投資而貸款的風險高。當你一再以借來的錢支應已停滯的薪資、預算赤字、非必要的品項或度假費用，等於步入一條最終可能破產的崎嶇道路。

此外，為了購買價格超漲的資產而超貸，一樣得承擔異常大的風險。世界上最容易衍生虛無資產泡沫的，莫過於大量流入市場的廉價債務。例如，一個投資人把借來的數十億美元，一股腦的投入當紅的光纖網路，僅因聽信政府官員說這是在投資未來。然而，除非這筆投資帶來的可預見營收，足夠償還債務利息，否則可能會對參與投資案的企業造成傷害，甚至導致破產倒閉。誠如很多人在光纖網路剛問世時學到的教訓，以過高槓桿與廉價資金投資超漲資產，最後一定會掀起資產熱潮與泡沫。然而泡沫終將破滅，難逃資產崩跌的命運。

關於泡沫從形成到破滅的發展模式，早在1841年蘇格蘭作家馬凱（Charles Mackay）的著作《非比尋常的大眾幻想與群眾瘋狂》（ *Extraordinary Popular Delusions and the Madness of Crowds* ）中，就有詳實記載。在書中，馬凱提到人往往會為了追求速成利潤，陷入狂熱狀態。他以最早可回溯到17世紀的荷蘭鬱金香狂熱為例，當時鬱金香花莖價格一度飆漲到足以買一棟房子。

不是只有脆弱的新興經濟體，才會爆發債務與金融危機。

近幾十年的金融史上，先進經濟體也出現過經濟與金融危機。當大眾陷入狂熱，失去理性判斷，對他們來說債務就像具快速療效的類固醇，不管副作用會如何。

每一項新政策最初的意圖總是很崇高。尼克森政府在1971年宣布停兌黃金，美元與金價從此脫鉤，在美元匯價就像一般貨幣可隨市場供需而浮動之後，美國終於緩解因越戰引發的龐大財政與貿易赤字融資問題。金本位制是在第二次世界大戰後設計的，目的是要保障全球貨幣穩定。尼克森的決策帶來短期利益，卻也引來長期風險。

從金本位結束迄今的五十年間，先進經濟體（遑論新興市場）已歷經數次的經濟崩潰：1970年代的停滯性通膨；1980年代美國房市崩盤引發儲貸機構危機；1990年代初期的北歐銀行業危機；1992年歐洲匯率機制（ERM）的貨幣危機；日本自1990年代房地產泡沫破滅後，陷入大停滯與通貨緊縮；1998年長期資產管理公司（LTCM）倒閉，儘管該公司成員中有兩位諾貝爾獎得主；2000年代初期掀起網路熱潮，之後泡沫破滅，爆發企業債務違約潮；2007年美國次貸風暴引爆後來的全球金融海嘯；2010年代初期的歐元區危機；當然，還有2020年的COVID-19危機。

從瀕死到復甦，每一次的景氣循環，都讓公共與民間的債務大增。

美國大幅升息，拉美陷入失落的十年

1984年，我碰上人生第一場世界級的債務崩潰危機。當時我還是哈佛大學的博士生，在位於華盛頓特區的國際貨幣基金，展開有生以來第一次的暑假實習工作。那時，我看到許多拉丁美洲國家漸漸被過高的債務壓得喘不過氣來，這些國家在石油繁榮期，投入大量資金在基礎建設現代化，以及提高政府支出。值此同時，在紐約和倫敦上演的百老匯音樂劇《艾薇塔》（*Evita*）卻場場爆滿，該劇正是以阿根廷獨裁者裴隆（Juan Peron）的第二任妻子為原型。現實世界中的阿根廷再次因債務危機受到國際矚目。拉丁美洲債務危機在1982年爆發，但早在1970年代，這個區域的政府就過度舉債，為危機埋下了禍根。

1970年代，在地緣政治因素引發全球油價飆漲下，十年間就爆發了兩次石油危機（分別發生在1973年與1979年）。當時專家也預測，全球對石油的需求將愈來愈大。對外國投資人而言，以原物料為主體的拉美貨幣，有著較高的匯率風險。因此，一些石油蘊藏量豐富的拉美國家（甚至一些能源出口有限的拉美國家），為了取得外國資金，挹注大幅增加的政府支出與投資，開始以「世界上最安全的貨幣」美元舉債，也使這些國家的主權債務，如滾雪球般愈滾愈大。

畢竟，以披索償還的債券或貸款，很可能會受到貶值與通膨的影響,而在一夕之間讓持有披索債權的投資人虧損。然而,以美元計價的債權就不一樣了,今日的一美元,到了明日還是值一美元。

當油價飆漲時,拉美國家尚能維持蓬勃發展。1980年到來之前,充沛的石油收入,仍足以應付愈來愈高的債務成本(這些債務的利率隨浮動利率的指標起伏)。在這樣的友善氛圍下,債權人和債務人維持著有福同享的關係。

但到了1980年,情勢開始逆轉。當時的美國聯準會主席伏克爾(Paul Volcker)為了打擊隨油價飆漲而起的通貨膨脹,刻意採取高利率政策。利率大幅上升到令人流鼻血的雙位數水準。拉美國家的外國貸款利息支出暴增,並開始超過他們的出口收入。由於外債利息必須以美元償還,這些新興市場的美元準備迅速枯竭。為了阻止外國債權人抽回銀根,阿根廷、墨西哥、巴西和其他拉丁美洲產油國迫切需要更多美元。他們瘋狂的尋找解決方案,包括借更多債、貸更多款。

1982年,隨著美國陷入深度衰退,油價崩盤,遊戲宣告結束。石油經濟體因油價大跌陷入經濟停滯,石油輸出國組織(OPEC)的成員國各個背負龐大赤字,拉美國家原本已令人窒息的債務,更是進一步惡化。全世界尤其是拉美國家,努力四處搜刮美元以支應債務本息支出。於是,美元利率飆升。愈來愈多國家在債務到期時,沒錢償還或無法取得新資金融通,別無選擇下，致使債務違約情況倍增，放款人受到重創。

全球債券市場陷入大動盪，國際貨幣基金介入，這個為解決危機成立的機構開始提供各國緊急貸款。雖然比起2008年的全球大衰退，以及我們當前面臨的大威脅，這場危機可說是小巫見大巫，但對拉丁美洲造成極大損害。

1980年代，那十年間，拉美國家陷入經濟停滯，拉美人把這段時期稱為「失落的十年」。那時，阿根廷處於超級通貨膨脹的煉獄，通膨率每個月以雙位數的增幅飆升。直到1990年代，債權人接受阿根廷以較低面額，或較低利息支出的新債券來交換之前積欠的銀行貸款，情況才緩解。

拉美各國自此就斷斷續續和放款人維持和平相處的關係。但是，僅經過短暫的喘息期，墨西哥在1994至1995年間又爆發了貨幣危機。

東亞金融危機，民間部門債務殺傷力更大

東亞在1997年至1998年間，爆發了一場全然不同的新型債務危機：四個亞洲經濟體，原本成功的健全發展，卻瀕臨破產。東亞金融危機發生，讓當時多數分析師跌破眼鏡：因為典型的新興市場危機，就像拉丁美洲那樣，公共部門的外債暴增，接著是某項關鍵原物料商品需求崩跌，但爆發危機的亞洲

國家並非如此。

當時東亞國家的預算赤字和公共債務相對上都很低。主權債務管理也很良善，從各種跡象看來，這些亞洲經濟體，都具備高儲蓄與穩健財政等特色。有亞洲小龍或小虎美稱的韓國、馬來西亞、印尼與泰國，更被吹捧為經濟轉型的模範。這些國家培育了許多活力充沛的企業，且觸角擴及全球。然而，世人到最後才發現，原來這些企業的成長，是靠著巨額債務堆疊出來的，而且那些債務通常必須以外幣償還。從這些國家的經驗可以看到，民間債務造成的殺傷力，有可能跟公共債務一樣巨大，甚至更大。

當時我已在耶魯大學任教，持續關注民間與公共債務的變化。我甚至建立一個專門追蹤相關新聞的網站，並為數千名學者、企業和投資人提供分析。誠如大家熟知的，東亞國家的政府並非揮霍無度的借款人，然而企業借款人、房地產開發商和銀行業者卻在一味追求經濟成長的政府政策慫恿下，承擔了過高的風險，使得原本健全的企業或房地產公司變得岌岌可危；有時候則是因為誤判，接收了即將破產的企業而被拖累。

為了籌措擴張所需的財源，新興市場的民間部門找上外國放款人。這些民間借款人將資金投入許多價值被高估的資產，其中很多是房地產和企業部門。這些波動大的資產，確實能產生以本國貨幣計價的營業收入，但借款人卻必須定期支付以美元或日圓計價的債務本息。最後，這樣的幣別錯配（currency mismatch），*終於毀了那些高度投機的投資活動。東亞金融危機不僅重創這些亞洲小龍、小虎，世界各地的銀行與投資人也深受其害。

隨著這些亞洲小龍、小虎的貿易逆差大幅增加，在提振出口收入的壓力下，這些國家被迫放手讓幣值高估的本國貨幣劇烈貶值，以達到降低出口價格，提升出口商品國際競爭力的目的。逐底競爭的結果，就是隨著本國貨幣持續貶值，這些國家不得不耗費愈來愈多的本國貨幣，才能如數償還美元和日圓給外國放款人。外債實際成本大增，遠遠超出原先利率所設定的債務成本。最後，借款人只能走上破產一途，連帶也拖垮了放款人。隨著各國政府自掏腰包來抵消稅收折損的負面影響，加上提供企業和銀行業紓困資金，政府財政赤字逐漸上升。民間部門的資金短絀現象，就這樣蔓延到公共部門。

1998年東亞危機過後，當時擔任柯林頓政府白宮經濟顧問委員會主席的葉倫（Janet Yellen），寫了一封電郵給我，邀請我擔任委員會的成員。

有機會能夠協助研擬政策，重建與強化全球經濟的穩定，我覺得很榮幸。接下來兩年半，我都待在華盛頓特區，一開始

---

* 譯注：收入是泰銖等本國貨幣，但須以美元或日圓等外幣償債。

是在白宮經濟顧問委員會任職，後來進入財政部工作，在兩位財政部長蓋特納（Tim Geithner）與桑莫斯任內擔任顧問，協助處理了好幾次因浮濫舉債接連引發的危機。

在那段時間，金融危機重創了俄羅斯、巴基斯坦、巴西、阿根廷、厄瓜多、土耳其和烏拉圭，甚至連先進經濟體也難逃衝擊。在俄羅斯經濟體系面臨後蘇聯時期第一次衰退的重創之後，美國最大避險基金長期資本管理公司也於1998年倒閉，那是非常慘痛的教訓。

這一連串的因緣巧合，讓我再次嚴密關注在阿根廷發生的事件。1991年，阿根廷採取釘住美元匯率機制，阿根廷披索與美元以1：1兌換。這個政策減輕了放款人的疑慮，並重啟在阿根廷的外國貸款業務，因為他們相信披索應該會隨著釘住匯率的實施而維持穩定。阿根廷當然沒放過這個大好機會，很快就積累了龐大的公共債務。在1998年至2000年間，我因為前後在白宮與財政部工作，投入非常多時間評估阿根廷的危險處境。當時各方就「該對阿根廷紓困」或「該放手讓它破產」，進行激烈辯論。眼看各方並未提出其他解決方案，我建議採取「由官方引導匯率大幅貶值、債務違約與重整」，阿根廷最終在2001年採取這個途徑。

阿根廷的確實施了多項引發災難的經濟政策，但我們不該把所有問題都怪到它頭上。當一連串負面外部衝擊襲擊阿根廷時，放款人紛紛落井下石連成一氣對付它，也是導致阿根廷爆發危機的因素之一。每當美國聯準會快速提高利率，或是新興市場出口的原物料商品價格大幅下跌，或兩種情況同時發生，新興市場往往會陷入困境。2001年阿根廷違約後，我為了幫助它抵禦禿鷹投資人的激進法律訴訟，有整整十年的時間，經常往返國際法庭作證。

政策失誤，代價極高

每當政府政策制定者動員起來矯正問題時，反而經常埋下未來危機的種子。經濟學家特別點出了「道德風險」（moral hazard）的問題，即經濟紓困會誘使借款人和投資人不把風險當一回事。既然有人會出面承擔你的損失，有什麼理由擔心風險？政策性的決策往往會衍生很多始料未及的後果，尤其是最終演變成2008年全球金融海嘯的那一場次貸鬧劇。

1980年代的儲貸機構危機爆發後（當時不動產貸款的投機風潮，導致無數小型金融機構倒閉），監理機關組成資產重組信託公司（Resolution Trust Corporation），將風險資產組合在一起，再轉賣給高風險偏好的投資者。敏銳的買家看見高風險不動產放款的高報酬潛力，趁著當時的「跳樓大拍賣價」，大量吸納這類資產。於是，次級貸款產業開始起飛。

接著，華爾街的創意才子們開始想方設法，將敗絮化為金玉。在這當中，債信評等機構因收了債券發行人的好處，對那些債券做出輕率的債信評等，讓風險看似消失無蹤。這個共謀型態讓購屋者在接下來十年陷入瘋狂，在幾乎無法度、無顧忌的無良放款人唆使下，積極舉債。

時序快轉到今日，COVID-19危機最初造成全球陷入第二次世界大戰以來最嚴重的經濟衰退。這場大流行病重創了原本就已背負巨額民間與公共債務的全球經濟體系。為了應對這場疫病，先進經濟體主要是採取非常規的貨幣、財政與信用寬鬆等措施，他們假設只要挹注現金，就能讓多數家庭與企業擺脫收入或營收短缺的窘境。以正式的經濟用語來說，就是當局認定這些民間借款人只是暫時流動性不足，並非失去償債能力。

各國政府原本預期一旦疫苗開始施打，這場大流行病就會漸漸消退，所以挹注巨額資金，幫助流動性不足的企業繼續維持營運。但儘管如此，疫情還是造成不少傷害，大大小小的企業都難以倖免。在此過程中，公共與民間債務已雙雙大幅增加。然而，要解決問題，各國央行必須以更甚於應對2008年危機的速度，加速印製貨幣，採行量化寬鬆與信用寬鬆，也就是進一步增加民間與公共債務。

然而最貧窮的國家缺乏採取積極財政與貨幣提振措施的量能。於是，不堪負荷的債權人應用金融「檢傷分類」，把貸款人分成兩類：一類是可能倒閉且無力償債的貸款人；另一類是提供最少協助就有能力倖存的低流動性貸款人。但如今即使是後者，也需要緊急協助才能繼續運作。而新興市場和較貧窮的開發中國家，缺乏資源為民間提供廣泛的協助，紛紛陷入「疫情型經濟蕭條」（pandemic depressions），正式經濟活動形同凍結。這一切都讓全球各地的放款人感受到疫情帶來的苦楚。事實上，有60％的低所得經濟體迄今仍極易受到債務傷害。根據聯合國統計，在當前多重災難的綜合打擊下，有高達70％的開發中經濟體，可能在未來幾年間面臨債務違約的風險。[8]

有些政府和國際機構，允許較貧窮的國家暫時停止償還債務利息，但民間債權人則通常拒絕外界要求他們降低索賠金額的呼聲。幸好有各式各樣的第三方提案，使國際貨幣基金和其他全球性多邊官方放款機構的放款量能提高，為極可能爆發債務危機的脆弱經濟體，提供補貼性貸款。不過，在2021年、2022年，即使全球經濟已因疫情趨緩，從衰退漸漸恢復成長，脆弱的新興市場與開發中經濟體卻仍舊積弱不振。究其緣由，這些國家沒有完善的衛生醫療系統，也難以取得便宜的疫苗，再加上他們在金融市場上沒有足夠信譽，也就沒有太大的空間採行寬鬆的貨幣與財政政策，在疫情導致所得遽減下，這些國家的債務比率大幅提高。

2022年，能源、原物料商品和糧食價格的飆漲，對非原物料商品出口國的新興市場與開發中國家造成進一步重創。糧食短缺、飢餓甚至饑荒的幽靈，成了脆弱的開發中經濟體數千萬甚至數億的貧民，揮之不去的夢魘。從查德、衣索比亞、斯里蘭卡、索馬利亞到尚比亞等國家，徹底違約（outright default）的風險急速攀升。誠如世界銀行總裁馬帕斯（David Malpass）在2022年4月提出的警告：「開發中國家正面臨多項交互作用的危機，包括大流行病、通膨升高、俄烏戰爭、大規模總體經濟失衡，以及能源與糧食的供給短缺等。這些危機正導致除貧以及教育、衛生與性別平等的發展出現大逆轉。」[9]

從遊戲驛站到加密貨幣，散戶嚴重受害

擁有充沛資源的先進經濟體，卻放任風險瘋狂升溫。2021年，新的警鐘響起：一些自詡為投資人的民眾，積極舉債並瘋狂購買遊戲驛站（GameStop）的股票，完全不管這家實體電動遊戲零售商的根基，早已因線上遊戲交易服務而動搖。那些自稱投資人的民眾，使用網路股票交易服務商提供的槓桿，將遊戲驛站的股價，炒高到以盈餘評價而言極不合理的水準。他們的動機很清楚：打擊放空者（即軋空），襲擊看壞GameStop前景的做空投資人。

這是個迷你規模版的「繁榮－衰退－崩盤」情境。債務泡

沫會助長一個無以為繼的資產泡沫出現。等到遊戲驛站與其他股票的價格跌回原點，小散戶們嚴重受害。事實上，很多迷因股（meme stocks）歷經2021年的評價泡沫後，紛紛在2022年下跌70％以上。*

在2021年至2022年間，加密貨幣也出現了相似的榮枯循環。加密貨幣是另一個沒有內含價值可言的資產類別，在投機散戶「害怕錯過」（Fear of Missing Out）的狂熱心態驅動下，泡沫就這樣形成了。很多專家並沒有把這些狂亂的情境當一回事，認為那只是投資人一時失去理性判斷的行為。但看到數百萬名美國成年人將政府剛發放的紓困支票，一轉頭就浪擲在這些投機活動上，我們可以漠視不管嗎？

數百萬人以他們微薄的儲蓄，利用當日沖銷的手法來操作，甚至下注在迷因股，或是一些絲毫沒有內在價值可言的加密資產。這種拿紓困金去賭博的行為，當然無法實現政策制定者幫助民眾與企業脫困的初衷，更不可能協助經濟重回正軌。

誠如《泰晤士報》的報導，這些民眾的錢在投機行為中化為烏有，只留下一堆債務，和一件印有聯準會主席頭像的紀念運動衫（聯準會主席被畫成有一團金光圍繞的耶穌基督，手上拿的不是《聖經》，而是宣稱「經濟衰退危機解除，股票將只

---

* 譯注：迷因股是指透過社群媒體獲得眾多狂熱追隨者的企業股票。

漲不跌」的福音）。[10]

藉由放寬信用，讓許多人取得投資門檻、降低信用成本
等方式來進行金融民主化，形同開啟洪水閘門，而這些洪水閘
門鮮少得到應有的審查。2000年代初期，消費者爭相以廉價的
債務搶購住宅，這在後來長達600頁的《金融危機調查報告》
（*Financial Crisis Inquiry Report*）及其他許多報告書中，已有詳
細的事後剖析。

如今，拜低利率與可比擬電玩的交易應用程式之賜，天真
的投資人有了舉債的新理由和新管道。他們積極吹捧那些脫離
基本價值的股票和沒有內含價值的加密貨幣。而且，一如當年
民眾只需要簽名就能申請到住宅抵押貸款，如今低所得、沒有
很多資產、對工作不滿且技能有限的民眾，再次耐不住誘惑，
妄想以擴張信用來獲取近利，卻因此再次陷入災難。更奇怪的
是，極左派與極右派政治人物竟聯合起來，親手奉上索命繩，
供那些過度樂觀的借款人自我了斷。

泡沫破滅的明斯基時刻

未來十年，這個史上最大的債務危機將會如何發展？一如
這個世界過去一個世紀的變化，從過去的景象，我們可以看見
令人不寒而慄的未來。

第一次世界大戰後，儘管歐洲仍在努力償還戰爭所衍生的債務，加上西班牙流感造成數千萬人死亡，全球經濟產出遭受重創，在如此艱困的環境中，我們卻奇蹟式地迎來持續繁榮的「咆哮二〇年代」（Roaring Twenties）。隨著經濟、金融與技術的大創新，史上第一台電視機、收音機、留聲機、有聲電影、吸塵器、量產汽車與電動交通號誌，都在這個時期問世，世界瀰漫著欣欣向榮的樂觀氣息。持續上漲的股市掩蓋了金融泡沫、濫用信用以及債務累積等惡兆。不過，眾所周知，那些絢麗榮景最終以悲劇收場。1929年股市大崩盤，之後政府卻又出現政策錯誤，致使我們陷入1930年代的大蕭條。

歷史或許不會自行重演，卻經常似曾相識。如今，有眾多跡象顯示，我們經歷了另一個「咆哮二〇年代」。大規模的貨幣、財政與信用提振措施，在全球市場上吹出一個個金融資產泡沫。在低利環境下持續擴增的債務、大量信用擴充與政府巨額經濟振興措施的支持下，提供商品與勞務的實體經濟體系勢必會持續繁榮一陣子。

這場歡樂派對持續酒酣耳熱，直到各種恣意而為的投機活動變得無以為繼，才有可能停止。等到一窩蜂看好的情緒不可避免地崩潰，這場派對終將戛然而止，這就是所謂的「明斯基時刻」（Minsky moment）。這是以經濟學家明斯基（Hyman Minsky）命名的一種現象，說明的是當市場監管者突然開始清醒，並對市場上的非理性繁榮感到憂慮時，那個時刻就會到來。一旦他們的情緒轉變，資產與信用的泡沫與熱潮很可能會突然破滅，屆時崩盤便在所難免。

掀起熱潮、形成泡沫之後，終將是泡沫破滅和市場崩盤。但這一次崩盤的規模，將遠遠超過我們以前的經歷。如今不管是先進經濟體或新興市場，都背負了更甚於過往的沉重債務。先進經濟體的經濟成長潛力已降到極低水準，在走出新冠疫情的陰霾恢復成長的過程，也是一路跌跌撞撞，而隨時間消逝，在大威脅環伺下，經濟復原的腳步勢必會進一步趨緩。各國政策制定者已動用所有可用的貨幣與財政資源來重振經濟，剩下的彈藥已經不多。因此，這場經濟大戲的下一幕，絕對會不同於過往出現過的任何場景。

哪裡的債務會先炸開？

2022年上半年，即使很多股市陷入空頭，暗示著這個最新的泡沫已逼近幻滅時刻，卻沒有人有能力預測出引爆下一場衝擊的精確因素會是什麼。

可能的導火線有很多。例如和1929年相似的巨大市場泡沫破滅；急遽上升的通膨，逼得各國央行雷厲風行地採取緊縮貨幣政策，導致利率上升到無以為繼的水準；隨著人畜共通且高

致病性的疾病，愈來愈頻繁出現，未來可能爆發比COVID-19
更嚴重的大流行病；隨著利率上升，信用緊縮的風險提高，進
而可能引發公司債危機；新房市的泡沫與泡沫幻滅，將徹底打
垮屋主和放款人；如2022年俄烏戰爭之類的地緣政治衝擊風險
日增且更嚴重，將導致原物料商品價格與通膨進一步飆升。

　　或是隨著美中之間愈來愈可能爆發地緣政治衝突，保護主
義可能復活，或使美國和中國脫鉤；義大利最終有可能宣告破
產，致使歐元區走向崩潰之路；奪得權力的民粹主義者可能以
民族主義掛帥的政策，不當治理國家經濟，並累積更多無法償
還的債務；當地球的各個區域變得不再宜居，全球氣候變遷的
引爆點便可能來到。

　　上述某個或多個衝擊，一旦引爆嚴重的經濟衰退與金融危
機，過去曾被各國當局用來緩和同類衝擊的傳統因應對策，將
不再可行。若連官方的最後擔保都付之闕如，高槓桿的家庭、
企業、銀行和其他金融機構的破產，將使我們的儲蓄與其他資
產快速化為烏有，最後只剩債務。屆時所謂財富，將有不同的
定義：我們的地位將是由我們的負債決定，而不是由我們的資
產決定。

　　此時此刻，隨著利率上升，處於艱困狀態的政府，將更沒
有償債能力，各國央行必須決定是要雙手一攤，讓政府破產，
還是引發另一波高通膨，一筆勾銷政府的債務（這是債務違約

的另一種形式）。歐元區可能最先面臨這個衝擊，因為它的成員國沒有本國央行可阻擋本地貨幣危機發生。

背負高債務且貨幣弱勢的新興市場，正處於兵敗如山倒的困境。一旦這些經濟體無法賺取足夠的出口收入，對外國債權人履約還債，本地貨幣勢將轉弱，甚至崩潰。如果貨幣急速貶值，導致國內通膨在經濟萎縮與貨幣價值縮水之際遽升，便可能陷入避險基金橋水創辦人達利歐（Ray Dalio）所謂「通膨型蕭條」（inflationary depression）的那種經濟瀝青坑。到時候，這些陷入掙扎的新興市場將不再出口貨品或原物料商品，而是出口公民到更優質的地方生活。

即使是中國，也變得非常容易受到一連串全球債務的違約傷害。近幾十年，中國的快速成長，已使它的公共與民間部門積累了巨大的債務負擔能力。不過，近年經濟成長趨緩，再加上過高的民間債務，如不動產部門槓桿過高、產能過剩，已造成經濟非常大的壓力，一些大型的不動產公司現已瀕臨債務違約與破產邊緣。一旦世界經濟嚴重衰退，排擠中國商品的保護主義興起，中國的出口市場勢將萎縮，並使其經濟猛然陷入衰退，爆發債務危機，嚴重程度可能不亞於其他地方。

前述種種風險匯集，使全球經濟陷入另一次衰退的風險正持續上升。

債務危機就像傳染病，會跨越國界，從一個部門擴散到另一個部門。自2008年的全球金融海嘯以來，我們採行的貨幣政策與財政振興措施，或許減弱了「這場傳染病」的進展，但我們的貨幣與財政彈藥也已經漸漸用罄，背負龐大債務的跨國機構與國家，如今更顯得搖搖欲墜。小型企業和個人，將必須重新設定經濟的優先考量才得以維持生存，而政府則將削減基本的重要服務。我們陷入一個深坑，隨著坑裡的水位愈來愈高，未來遲早將有溺斃的可能。

這可能是我們有生以來，見過最嚴重的一次債務危機。但這場危機還只是未來即將來襲的眾多巨大威脅之一。如果在此威脅來襲之際，我們的公共政策與民間行為卻嚴重失控，又會有什麼後果？

第二章

失控的民間與公共債務

「幸福的家庭都是相似的，不幸的家庭各有各的不幸。」
這是文學巨擘托爾斯泰（Leo Tolstoy）在名著《安娜‧卡列尼娜》（*Anna Karenina*）的開場白，用在借款人身上似乎有異曲同工之妙。在正常情況下，借款人須依約還款，而那些未能履行義務，債務到期後仍未償付款項的借款人，卻總有各種理由。

無論個人或政府，還款有困難時，都會尋求協助。對於政府來說，當有債務違約危機，處境岌岌可危時，往往要靠國際貨幣基金、世界銀行等國際性組織及時伸出援手，才能穩住國家經濟。也只有這樣的組織才有夠強的同理心與資金穩固性，可以對不同國家伸出援手，承受這些國家因人為過失、政策錯誤、誤判或運氣不好等等因素造成的昂貴經濟後果。

債務違約潮蠢蠢欲動

實際上，當今世界的整體財富比以往任何時期都來得多，但一個國家要是陷入債務危機，卻愈來愈難取得強大奧援，因為擁有深厚資本的主要大國本身也同樣債台高築。

債務危機可以透過下猛藥的方式解決，當然過程也會比較痛苦。為了取得紓困資金，必須妥協讓步，回應這些要求往往會帶來很大的傷害。經濟重整不僅打擊投資人，還會造成勞工失業，最後可能還是發揮不了作用。刺激通膨，可以減輕實質債務的壓力，但對存錢的人卻不利：因為物價上漲，錢的購買力下降。課徵資本稅，是壓榨那些擁有實質資產或金融資產的人。金融壓抑（financial repression），則是政府把問題丟給揮霍無度的金融機構，再由他們甩鍋給全民買單。緊縮政策看似謹慎，卻可能引發嚴重的經濟衰退。唯一受歡迎的解決方案，是經濟成長。但要是債務惡化到阻礙經濟成長，就前景堪慮了。

在這一章中，我們將會探討七種解決債務問題的策略，以及為什麼這當中有多項策略到最後，不僅無法改善問題，反而使得問題更加嚴重。

對無力償債的經濟體提供紓困，並不會使其經濟體質恢復健全，這就像兩個清醒的朋友試圖讓喝醉酒的友人站直，以保持清醒一樣，無法根除問題，只是讓問題延遲發生。

以阿根廷為例，自 1980 年以來，已面臨五次違約風險。儘管一再與債權人達成協議，讓它屢次得以重返國際資本市場，但也埋下更多債務危機的種子。

2016 年，國際貨幣基金在援助阿根廷時，就曾提出警告：該國的總體經濟失衡、個體市場扭曲、法規制度不健全。[1] 2020 年 10 月，與債權國達成協議還不到兩個月，一位高級官員的報告就指出，阿根廷的公債占 GDP 的比率正在攀升，這表示該國的債務風險等級不僅未改善，反而更惡化。一位阿根廷的經濟學家，也在智庫貨幣金融機構論壇（ Official Monetary and Financial Institutions Forum）上指出，他的國家已「再次處於危險邊緣」。[2] 如今，像阿根廷這樣出現債務違約的情形已成常態，而非例外。

持續擴大的財政赤字、國際收支逆差，以及不知節制的舉債，讓許多國家走向債務違約的不歸路。看看希臘、義大利、西班牙、黎巴嫩、土耳其、厄瓜多、衣索比亞、查德、尚比亞、斯里蘭卡等國家，但不要以為只有他們有債務違約危機，事實上，沒有哪一個國家可以排除在外。前美國總統川普執政期間，曾在公開場合戲謔地說，違約是擺脫國家債務的捷徑，講得好像美國只是個管理不善、聲譽欠佳的家族房地產事業。

在此必須澄清的是，我並非反對負債。舉債可以為各項重要投資提供充沛資金，尤其在健全發展的經濟體，它的貨幣穩定、債務比率在可控範圍內、國際收支保持順差，還有國民所得不斷增加。只要整體產出（也就是GDP）持續成長，就能夠維持債務的可控性。當經濟蓬勃發展時，政府當局也只需將重點放在微調政策以確保經濟能夠持續成長。債務穩健，再加上經濟成長，就可以改善當前生活，不會債留子孫。如果在景氣好的時候，可以用主要財政盈餘（primary fiscal surpluses，扣除利息支出的預算餘額）降低並穩定債務比率，那麼在景氣差的時候，透過舉債來提振疲弱的經濟，是可行的。

個人、家庭、企業債務愈滾愈大

在第二次世界大戰結束後的七十年裡，我們大多數的時間處於承平狀態，促使了工業化世界，進入合作而非衝突的關係。許多工業國因為強勁的經濟成長，都擺脫了戰爭帶來的龐大債務。然而，這種狀況從1970年代開始，有了變化。起初改變速度很慢，後來在各國高舉全球化的旗幟下，轉變的步伐穩定加快。

新興市場競相追逐最低成本生產商品，跨國公司則紛紛採取離岸外包方式以降低成本。他們捨棄國內生產設備，將工作機會移轉至低工資的區域，使得新興市場的財富日增，數百萬人擺脫貧困，消費也跟著提升。為了滿足愈來愈龐大的市場需求，成長型的企業與具競爭力的國家，開始在全球債務市場尋求資金來源。

由於全球工資低價競爭，先進經濟體的許多勞工都深受其害，收入受到影響，使得個人與家庭債務激增。在許多曾經繁榮的社區裡，愈來愈多人淪為卡債族。現今，美國信用卡的債務未償餘額已經超過儲蓄總額。國家經濟靠家庭經濟驅動，家庭所得縮水就意味著稅收變少。許多勞工不再受雇於有福利保障的全職工作，生活因而陷入困境，他們的購買力下降，但醫療保健與教育成本卻在升高。貧富差距愈來愈大，促使政治上和經濟上的民粹主義崛起。陷入經濟拮据的公民愈來愈多，從地方、各州到聯邦政府的財政負擔也愈來愈沉重。

民眾以信用卡或信用貸款借來的錢，用在食物、住宅、衣服、教育等日常所需的開支比重持續增加；市政債券的資金，用在補貼公立學校及地方服務；政府公債的資金，則用在從醫療保健到國防軍備不等的國家優先項目。現今，從民間到政府的債務，都在不斷攀升，但所得與經濟成長的幅度卻不足以用來償還積欠債務的本金和利息。

為了讓消費力道維持，貸款人及監管機構放寬學生貸款、信用貸款、住宅貸款等項目的申請資格，銀行家更發明嶄新且風險更高的借錢方式，這些都只是讓借款人累積更多債務。

如何在個人與家庭收入下降時，維持民間消費力道？在社會福利良好的歐洲國家有不同的做法。它們不鼓勵民眾借錢消費，而是廣泛提供免費或給予補貼的公共服務。醫療保健、教育、退休金、失業救濟金、福利金等都由國家買單，而非個人負擔，卻沒有課徵相應的稅賦。這些政策有利拉攏選民，卻推升了預算赤字，致使公共債務的膨脹速度遠比私人部門更快。

從過去歷史來看，美國相對較不願意承擔社會福利成本，但在全球金融海嘯和新冠疫情後，早已將謹慎舉債這件事拋到九霄雲外。共和黨執政時期經常減稅，並假裝努力推動削減開支和政府津貼計畫，但通常以失敗收場；民主黨則是經常提出慷慨的社會改善方案，卻沒有足夠的新增稅收來推動。這一切都使美國債務占GDP比率迅速升高，快要趕上歐洲國家了。

在1997年出版的《政治循環與總體經濟》（*Political Cycles and the Macroeconomy*）一書中，我和我的好友、已故經濟學家阿萊西那（Alberto Alesina）共同探討黨派衝突對財政危機的影響。藉由剖析左派與右派在選前增加預算的傾向，我們發現無論由誰執政，這種做法導致工業化國家編列過多預算，使得預算規模愈來愈龐大。從那時起，這個趨勢已變得更加明顯，而且更不易改變。

借貸雙方的積習已深，要改掉恐怕很難。高利率曾經讓借款人卻步，但世界早已習慣低利率環境，直到最近因通膨率攀升，幾乎重演四十年前的兩位數通膨惡夢，低利率政策才開始轉向。60歲以下的消費者可能很少人知道：1981年時，購屋者要承擔的住宅貸款利率高達10%。我們大概從那時候起，失憶症現象開始發作。隨著通膨消退，大眾對便宜債務的態度，就如同《抓狂》（*MAD*）雜誌那個滿臉雀斑、牙掉一顆、經常嘻笑的當家封面人物牛阿福（Alfred E. Neuman）說的：「什麼？我哪裡要擔心什麼。」

三種嚴重錯配，提高違約風險

了解政府部門和私人部門到底是如何借錢的，也很重要。債務的絕對數字是一回事，但產生這些數字的工具本身卻更值得警惕。有三個嚴重的錯配，使得現在所處的困境更加複雜。

首先是**期限錯配**（maturity mismatch），即以短（資金來源）支長（資金運用），造成資產端與負債端的期限不匹配。

比起長期貸款，短期貸款對政府或私人部門來說，可以節省利息費用，因為短期貸款的利率比較低。但這也隱含較高的潛在成本：如果發生流動性風險，貸款到期很難再取得融資，將導致無法償還本息的風險。

期限錯配（也就是擁有短期負債和較長期的非流動資產）可能存在致命風險，例如2008年貝爾斯登（Bear Stearns）和雷曼兄弟（Lehman Brothers）事件給我們的教訓。當貸款人拒絕借新還舊時，不管是家庭、企業或政府就可能缺乏正常營運所需的現金。如果債權人對陷入困境的債務人願意及時再給予融資，或是政府的紓困能夠填補暫時的資金短絀，流動性缺乏的問題就可能自行修正。但如果缺錢的借款人，必須賤賣資產來償還債權人，最後很可能直接破產或是倒閉。

第二種是**幣別錯配**（currency mismatch）。當本國貨幣利率較高時，以外幣借款也可能顯得比較便宜，但同樣存在致命陷阱。許多新興市場都採取釘住美元的匯率政策，當本幣匯率被高估且／或出口商品價格下降時，將會擴大貿易逆差。然而，當該國因持續的貿易逆差，導致貨幣重貶，這個小型新興市場以美元計價的債務就會暴增。阿根廷披索就是長期釘住美元，而阿根廷外債多以美元計價。當阿根廷披索貶值，其以外幣債務換算成本幣的實際金額就會飆升，導致所謂幣別錯配的資產負債表效應。

當收入或資產是以本幣計價，債務卻是以外幣計價，這樣的幣別錯配，有可能使低度開發國家的人民，連基本生活都難以維持；當外幣計價的債務及相關債務費用暴增，收入和資產以本幣計算的債務人很可能因此破產。

第三種是**資本結構錯配**（capital structure mismatch），這種風險是借款人必須權衡的另一個關鍵因素。公司通常以貸款或售股為新投資籌措資金。當一家公司陷入困境時，負債權益比就會變得至關緊要。在時機好的時候,公司通常可以維持較大的債務規模,但遇到危機時,債務過高可能變得致命。

以背負房貸的家庭來說,負債權益比也有很大的影響。房貸族每個月要支付貸款利息,但住宅本身並不會產生收入。謹慎考量債務和房屋淨值的比率,才能確保每個月繳得起房貸。要是房屋淨值太低,貸款太高,產生資本結構錯配,一出狀況就可能導致違約。在2008年房市崩跌時,對於房屋淨值接近零,甚或負值的屋主而言,就是個讓人措手不及的重大打擊。

國家跟公司、家庭一樣,也必須注意債務與權益的平衡。當進口支出大於出口收入時,國家就會出現經常帳赤字。填補赤字的方式,可以向國外借款,或是由國外直接投資,但這比較像是讓外資取得股東權益而非債務融資。儘管財政當局想要減少利息負擔,但通常還是偏好舉債,因為國外股權投資可能迫使他們至少要放棄部分的天然資源、國有企業、電網或其他私人資產和公司的掌控權。

私人借款者將債務極大化,有兩個主要原因。首先,就像公共部門一樣,他們偏好保有對資產的控制權;其次,即使借得愈多,風險愈大,在稅務考量下,仍會誘使他們走向借款一途。儘管有著極低的債務比率,可取得AAA的信用評等,代表公司在財務方面有絕佳表現,但這個良好的信譽標記已失去光環,公司寧可善用稅務優勢來提高收益,以壯大自己。1980

年代，發行低於投資等級的債券，也就是垃圾債券，成為企業取得龐大資金的管道。

借款人都知道，貸款是一種合約，無論時機好壞都要支付債務利息，債務到期就必須償還，或者以新的貸款再次取得融資。股權投資就不一樣了，發行股票公司可以視情況提高、降低或甚至取消股權投資人的每股股利。一家公司的市值可能不會因為高額債務而有所改變，如同房貸的金額多寡並不會改變房價一樣，但資本結構風險卻是將房屋所有人、公司和國家推向破產邊緣的極關鍵因素。一旦發生，我們都要分攤後果。

期限錯配、幣別錯配、資本結構錯配，這三種錯配都會加劇無力償債的風險，會讓借款人更容易積欠超過收入所能負擔的債務，最後通常只能走向重整和違約。

積習難改，愈借愈多

在歷經2008年全球金融海嘯衝擊後，借款人與貸款人開始重新評估龐大債務的潛在風險。最起碼有那麼一段期間，人們認真看待這件事情。有些專家侃侃而談保障措施的重要，銀行監管機構制訂了更嚴謹的法規，信評機構的評等也變得更透明化。美國聯準會及其他銀行監管機構，還對主要銀行進行了多次的壓力測試。

一些利用財務高槓桿的家庭和銀行，透過增加儲蓄或部分債務違約，減少負債。然而，全球風險並未減緩，其他機構例如政府、企業、影子銀行（不像銀行那樣要受到許多監管的金融機構）積習難改，持續超額借款，而且愈借愈多。

地質學家都知道，一座山只能達到重力允許的高度，當上層的重量開始壓碎底下的石頭時，就會停止增長。債務總量也應該用類似原理來加以限制，可惜地球上沒有相關的重力能夠限制人類的舉債行為。隨著債務水準攀升，應該存在一個機制來重新評估我們的風險胃納量。

每個借款人都可以衡量風險。比較兩個同時到期的債券利率，就可以知道哪個違約風險較高。違約風險愈高，殖利率也就愈高。以美國政府來說，它不太可能違約，所以發行不同期限的債券殖利率，通常被認定為具指標意義的無風險利率。而無法印鈔救自己的借款人，如家庭、企業、市政府、州政府或其他國家，就必須為他們的債務提供更高的殖利率，才能吸引貸款人。這兩個殖利率（有風險 vs. 無風險）之間的差額，就是信用風險利差，反映市場對未來違約風險的預期。

假設美國10年期公債殖利率為2%，現在有家名叫超大的公司也發行10年期債券，殖利率為6%，兩者利差就有4個百分點。這反映出兩件事，一是超大公司債券殖利率須高於美國公債殖利率，否則投資人不會願意購買它的公司債；二是兩者利差愈大，顯示市場預期超大公司違約的風險愈高。然而，儘管明知有違約風險，卻沒有因此抑制需求，反而吸引了想要賺取利差（補償違約風險報酬）的投資人。隨著利差加大，最終可能的違約風險也在上升，於是更高風險的債務堆積如山，也愈滾愈大。

當利差太大，例如接近兩位數時，反映市場預期債務水位將無法持續。此訊息也會增加市場不穩定性。假如超大公司已有數億美元的債務，當債務到期時，貸款人可能會要求提高利率或是拒絕再借。隨著債務問題激增，貸款人就會開始卻步。一旦恐懼浪潮席捲而來，沒有人能擋得了。

錯誤的紓困方式，造成另一種生存威脅

無論是超大公司，或是本國政府和其他國家，在面臨債務危機時，都必須從糟糕的選擇中做出決定。

在你走投無路時願意伸出援手提供貸款者，通常會對紓困有附加條件。例如企業的經理人必須受到嚴密審查，公司支出和資本配置也會受到限制；經常向世界銀行或國際貨幣基金借款的國家政府，也會面臨嚴格的「附帶條件」：為了獲得貸款，必須承諾採取財政緊縮政策且／或結構性改革，以確保債務更具有可持續性。

貸款人會試著將債務人（一家公司或一國政府）區分為兩種：只是處於暫時性的流動危機，或是體質不佳已無力償債。在這方面，政府享有比企業更多的優勢。有些國家大到不能倒，國際貨幣基金很可能給予援助，以避免全球金融市場受到系統性衝擊。然而，這並不代表這些援助就沒有風險和痛苦。任何援助在附帶條件要求下，都會帶來風險和痛苦。

　　當債務人並非只是缺乏流動性，而是無力償債，就變成了「殭屍」，也就是即使現金援助也沒辦法復活。2020年6月，《雪梨晨鋒報》（*Sydney Morning Herald*）提出警告：「聯準會創造了債務怪獸，殭屍們正蠢蠢欲動。」[3] 同年，雅虎新聞也報導：「在殭屍公司背後，隱藏著一個關於全球經濟令人不安的事實。」根據美國金融數據與軟體公司FactSet的報告，截至2020年，在全球45,000家公開發行股票的公司中，有將近17%，在過去三年間，沒有足夠的現金流量支付利息。[4]

　　為了因應新冠疫情，各國央行紛紛採行非傳統貨幣政策，低廉的借款成本，讓許多早已債台高築的企業，又借到了更多錢，變成了更大型的殭屍。2022年，超額借款者終於嘗到了惡果。美國聯準會開始緊縮貨幣政策，急遽拉升「高收益」債券（俗稱垃圾債券）與相對安全債券之間的利差，使得依賴垃圾債券的高槓桿公司在極短時間內借款成本大增，違約情形開始增多。

拯救殭屍企業，延緩不可避免的破產，這只有對按鐘點計費的律師來說是好消息。更多的「超大公司」有一天終將面臨破產和重整。實際上，重整過程也可能會使許多貸款人和勞工感到痛苦。在典型的重整過程中，並非所有的貸款人都能夠被公平的對待。比較早到期的債權，在企業發生違約前，還有機會可以全數收回，然而，比較沒有影響力或較長期限的債權，通常被迫只能收回一部分，這也提高了這些貸款人本身無力償債的風險。

　　隨之而來的是厄運循環。政府拯救銀行、企業和家庭，增加公共債務的規模，會使國家陷入風險。而一個有破產風險的國家又會導致私人部門面臨破產，因為銀行、企業和家庭投資了政府發行的新公債。這樣的厄運循環，導致2010年和2015年間爆發嚴重的歐元區危機，然而那時候的公債未償餘額，其實遠比新冠危機後的現在還要少。

　　錯誤的紓困方式，也會造成另一種生存威脅。當借款人心存僥倖地認為別人一定會出手相救，就會出現經濟學家所說的道德風險。假如你相信一旦高風險賭注輸了，政府會來救你，那為什麼不賭賭看？風險愈大，潛在報酬就愈高，更何況可能沒壞處。如果你賭贏了，就賺到；賭輸了，自然有人來救你，改天還可以再來賭賭看。身陷這種困境的納稅人，只能眼睜睜地看著冒道德風險的人有好處，卻賠上了整個社會。

比起支出太多，支出太少反而危險？

　　諷刺的是，有種具爭議性、但廣受歡迎的方式，可以解決巨額債務問題，那就是借更多錢來刺激經濟成長。一個多世紀以來，經濟學家不斷爭辯有關經濟緊縮與財政刺激的優缺點。

　　當債務及財政赤字升高時，奧地利經濟學派偏好採取緊縮的解決方案。簡單來說，就是少消費、多儲蓄。這是任何家庭都應該聽從的建議：如果可以減少消費並避免卡債，你的家庭經濟狀況會比較好。但涉及到政府，規則就和家庭不一樣了。政府有家庭沒有的選項，可以發行債券、增加貨幣供給，或是刺激需求。

　　英國傳奇經濟學家凱因斯（John Maynard Keynes）的追隨者，反對奧地利學派的做法。在大蕭條期間，這些經濟學家提倡以借錢的方式來活絡低迷的經濟。凱因斯學派主張，財政刺激可以防止令人痛苦及具破壞性的蕭條和破產。凱因斯認同「節儉的矛盾」（paradox of thrift）。當一個家庭的債務負擔超出能力範圍時，撙節的家人將盡可能減少消費並多儲蓄。但在景氣低迷的時候，如果每個家庭都這麼做，經濟動能將因民眾集體縮手消費而急速下滑，這時政府就必須介入，扮演最後消費者的角色。

　　在2007年全球金融危機期間，國際貨幣基金採行奧地利學派的做法，堅持要求債務過多的國家實施財政緊縮。對某些觀察家而言，國際貨幣基金代表的是「主要是財政」（It's Mostly Fiscal）的縮寫，意味以限制支出來減緩財政的混亂。然而，在當今這個時代，卻普遍認為必須多支出，才能解決債務問題，即消費救經濟，最後大家都受益；如果不這麼做，將面臨更嚴重的衰退，伴隨更多債務違約發生。

從拜登總統現任顧問與2009年歐巴馬總統顧問之間的意見差異，說明了美國立場的轉變。當年歐巴馬總統的顧問大力主張，以減少支出來度過全球金融海嘯。而川普和拜登政府則認為，比起支出太多，支出太少反而更加危險。也因此，美國目前的預算赤字，遠比2008年全球金融海嘯後更高。

美國及其他許多經濟體使用非傳統貨幣政策來紓困，透過增加支出來重啟經濟活動。其中，零利率政策（zero interest rate policy，簡稱ZIRP）是一種更廣泛的量化寬鬆或信用寬鬆政策，允許聯準會透過購買公共或私人債務，甚至是投資等級邊緣的債務，將資金挹注到經濟活動中。這些政策促使短期及長期利率都跟著降低。實際上，歐洲和日本甚至實行負利率政策（簡稱NIRP），結果造成歐洲與日本有相當於18兆美元，最長10年到期的公債，在2021年的名目報酬率是負值。這意味著：貸款人必須付錢給借款人，以保住他們借出去的錢。在一些斯堪地那維亞半島的國家，甚至連房屋抵押貸款也是負利率。

只要今天更有錢，明天的債務無須煩惱？

這種「直升機撒錢」的方式，確實抵消了封城對經濟的最壞影響。支持者認為，這是現代貨幣理論（Modern Monetary Theory，簡稱MMT）的優點，即政府可以中央銀行印鈔票的方式來管理持續存在的龐大財政赤字；印鈔救市就是量化寬鬆的極端變形。質疑者像是投資大師羅傑斯（Jim Rogers），則擔心這個做法會引發破壞性的效應。他認為，MMT的概念是：「今天更有錢」（More Money Today）就萬事大吉，明天的債務無須煩惱。

如前面提到的，我對於達沃斯論壇達成的任何共識，一向保持警覺，我也謹慎看待MMT相關的新共識。當然，我理解當利率接近於零或負利率的時候，政府為了推動國家經濟成長，選擇增加支出和舉債，而不去面對日益膨脹的債務成本問題。然而，這種倚賴金錢魔法的思維，卻不能永久持續下去。儘管過去超低利率盛行，但如今不斷擴大的赤字缺口，正導致債務比率快速上升。

如果缺乏強勁且持續的經濟成長，終將會出現某個事件，戳破全球債務泡沫。新冠疫情已經讓我們搖搖欲墜，下一次的衝擊很可能將我們推入谷底。

摧毀債務對債務人來說是好消息，卻也摧毀了債權人。有許多債權人，是擁有儲蓄存款和401K退休帳戶的一般民眾。
這些民眾透過直接購買政府債券來儲蓄，或是往來的存款銀行
購買政府債券，直接或間接持有政府公債。假如銀行破產或政
府違約，銀行要如何支付存款人？這是持續不斷的惡性循環。

　　以違約解決債務問題是個差勁的做法，也將造成許多複雜
的問題。首先會看到信用緊縮，然後銀行倒閉、信用枯竭、公
司破產、民眾失業、家庭失去收入和房子、股市下跌。這不像
《聖經》上說的豁免債務那樣良善。無論公共或私人債務，只
要債務人基本體質健全，只是暫時現金短缺，缺乏流動性，卻
不至於破產，比起違約與重整，紓困是比較好的方式。但當瀕
臨破產時，違約和債務重整則是無法避免的選項。有秩序地解
除棘手債務危機的方式，包括集體行動條款，即促使堅持己見
的債權人，接受多數債權人同意的重整條件。

　　積欠國外債權人很多錢的借款人，最能夠感受到經濟上的
痛苦。他們可能會極力爭取、發起訴訟、改革創新，並獲得一
些成功，但不會永遠如此。時序回到1980年代，當時資金短缺
的拉丁美洲國家就曾經取得小小的勝利，他們成功說服惠而浦
（Whirlpool）等公司購買大量以美元計價為主的債務，然後再
兌換成幣值被高估的當地貨幣，這不僅對惠而浦有利，對需要
美元償還外債的巴西來說也是一種勝利。

　　然而，以目前的債務水準來看，如此微小的勝利只是徒勞

無功。當新興市場已經無力支付國外債務時，原本有的選項也就失去用處。無可避免的債務違約，關閉了通往全球資本市場的道路，致使他們無法取得資金，經濟就會陷入緊縮。本國貨幣變得不值錢，印更多鈔票只會引發通貨膨脹和惡性通膨。貧窮人口增加，無法供養人民的政府也支撐不了多久。如此混亂的局面，為大開空頭政治承諾的民粹主義者和武裝民兵，開啟了大門。

歷史一再告訴我們，先進經濟體並不是無懈可擊的。值得注意的是，在1899年，謹慎的投資者公認，統治奧匈帝國的哈布斯堡王朝所發行的百年債券是安全的。當無政府主義者普林西普（Gavrilo Princip）在1914年6月刺殺奧地利斐迪南大公，點燃第一次世界大戰的戰火時，哈布斯堡主權債券相對於其他歐洲債券仍保有價值，也就是說，沒有專家看到末日即將到來。然而，短短四年內，哈布斯堡王朝就成為歷史。百年債券成了廢紙。二十年後，德國被戰後債務及賠償要求壓得幾乎喘不過氣來，促使第二次世界大戰的爆發。

強大經濟體以本國貨幣借款，這是需要以外幣借款的新興國家沒有的選項。強大經濟體可以用自己的貨幣償還債權人以避免違約，亦即用央行印製的鈔票，就可持續借款。一開始，發行更多貨幣或許能支撐經濟的穩定性，但最終這種補救措施將使自己受到傷害。通貨膨脹悄悄回升，最後導致另一種形式的違約，這部分在第五章會詳加討論。跟違約一樣，通貨膨脹導致財富從債權人和儲蓄者，移轉到債務人和借款人。美國和其他先進經濟體以自己本國的貨幣借款，當債務變得難以持續時，無須經歷正式違約，取而代之的是通貨膨脹，就可以縮減長期固定利率債務的實際價值，算是一種較溫和的違約形態。

通貨膨脹會造成社會大眾的財富重分配，是因為債券的價格與利率或殖利率之間的關係，有如翹翹板的兩端，呈現反向關係。當利率上升，債券價格就下降，反之亦然。當發生通膨時，貸款人會要求更高的利率，而當利率升得更高時，一張10年期債券支付利息1%，是不太有吸引力的。如果投資其他債券可以賺更多，為什麼要每年只賺1%？當通膨率為1%，我以2%的利率借給政府十年，實質報酬率是1%，但之後要是通膨率變成10%，那麼實質報酬率將會變成負8%。

貨幣政策的走向，取決於市場對利率的敏感程度。低利率環境下已堆積如山的龐大債務，逼使利率不易上升，因為利率上升，將導致債券價值下降。然而，低利率會鼓勵借款和未經思考後果的財務槓桿，將導致未來更嚴重的債務問題。

政策制定者也可以實施金融壓抑。這個機制很複雜，但對於那些想要籌措資金，又不想得罪太多選民的政客來說，基本上這可以回應他們的期待。政府指示大型金融機構救助小型企業、家庭，甚至營運困難的銀行，相當於是對金融機構課徵隱形稅。2020年，貨幣、財政及信用的寬鬆與紓困創下了歷史紀錄。「這些措施，終究會被當做是政府在包括綠色倡議等各式各樣的政治議題上，必須的風險投資。如果這些投資的資產體質變差，除了產生或有負債之外，政府無須承擔任何費用。」《金融時報》在報導中指出。「解決此類信用問題，有個老方法，就是挹注更多資金，讓債務人的本金和利息都能維持流動性。搖錢樹才剛開始晃動而已。」[5]

如果解決債務危機的建議方案，不對個人財富課稅，是否比較完美？這對於沒有財富的人來說或許具有吸引力，但也暗藏著缺點。假如當權者對累積的財富課稅，或者對超高的所得課徵更高的稅率，就會有愈來愈多的人避稅，而無法籌措到足夠的資金來減輕全球債務負擔。當許多工作者所得拮据且已面臨高額稅率時，就政治上的考量，也不會為了降低債務水準而對勞工階級課稅。

當債台垮掉，誰會是受害者？

補救高額債務的措施都會付出代價：節儉的矛盾、違約的混亂、紓困的道德風險、傷害富者且可能導致私人資本投資減少的財富稅、傷害最弱勢者的勞動稅，以及散盡債權人財富的意外通膨。這也就是為什麼會達成MMT這種新共識，因為就好像是在享用免費的午餐。維持低利率和持續增加債務，已成為最不受到抵抗且最為溫和的方式，將財富／所得由儲蓄者／債權人重新分配給借款人／債務人。但從定義上來看，寬鬆的貨幣餵養更多的債務，也將導致資產膨脹，最終形成泡沫。報應即將到來，它可能會以某種形式的重大衝擊，戳破泡沫並引發違約或通貨膨脹，甚至是停滯性通貨膨脹。

以目前情勢看來，過去的債務危機只不過是前方更大危機的一點影子而已。我們不願意面對這個事實，所有人都在否認。我們不想勒緊褲帶減少花費，或者承認未來缺乏所得成長的機會，更不願意接受購買力可能下降的事實。

雖然我不希望惡夢成真，但看來不論透過通膨或直接違約，所有可能造成債務崩潰的源頭，似乎都難以避免，更何況還在加速前進！反正無處可逃，就選條路走吧。我們可以選：動起來做些事情，也可以等著像以前一樣又度過另一個債務危機。但這一次，我很遺憾地說，要有變得更糟的心理準備。

不要以為這種規模的崩潰，只會傷害貸款人和借款人，銀行會受到影響，但我的家庭不會有事。我們應該記住，當今世界上存在許多風險，不只在經濟上和財政上，還有地緣政治上的風險。債務危機的影響遠遠超過經濟學的領域。

1998 年夏天，我在美國總統經濟顧問委員會任職期間，參加了處理俄國債務危機和違約的會議。有一次是在白宮地下室的戰情室舉行，通常在電視裡看到的是有著高科技的堡壘，事實上，它是一個數十年來沒有更新或重新裝修的破舊地下室。這個安全的空間允許我們和高階軍事官員談話。我們都擔心俄國的債務惡化可能導致國家解體，進而可能使得它的一部分核子武器落入惡棍手中。違約和致命武器形成危險的親密關係。時至今日，有著核子武器的俄國因為遭制裁，國外資產凍結，差點違約。

1999年，我們在權衡是否對巴基斯坦援助時，也有類似的擔心，因為這個國家一樣有嚴重的外債與核子武器。後來，美國財政部和國際貨幣基金共同合作，幫助巴基斯坦避免經濟崩潰，並重整它的國外債務；然而，到了今天，該國的債務水準仍然岌岌可危。

對於地緣政治制約的關注，有助於我對抗團體迷思。2015年，華爾街一致預期希臘將退出歐元區，部分原因是當時鷹派的德國財政部長朔伊布勒（Wolfgang Schauble）向總理梅克爾（Angela Merkel）提議，讓希臘離開歐元區會比提供資金援助來得好。對此，我抱持不同的看法。我認為，希臘與歐盟執委會、歐洲央行及國際貨幣基金等所謂三巨頭將達成協議，以避免希臘脫歐。我相信希臘會檢視三巨頭的解決方案，而德國也不會阻止，冒著歐元貨幣聯盟瓦解的風險。後來事實也證明，希臘和三巨頭達成協議，以實施緊縮政策和改革換取高達2,000

億美元的巨額紓困金，並避免了希臘脫歐。

在思考問題時，除了經濟和財政因素，我會考量更廣泛的因素，例如當數百萬難民聚集在土耳其通往歐洲大門的希臘邊境時，我會將地緣政治上的後果也納入考量。我尋求希望的曙光，也尋找問題的徵兆。把我貼上「末日博士」標籤的人沒有注意到，我以同樣嚴謹的態度在檢視經濟上升和下降的趨勢。無論樂觀主義者或悲觀主義者都稱我為反主流論者，假如我能選擇自己的稱號，「務實博士」（Dr. Realist）會比較貼切。

今天，我們隨處可見前所未有的龐大債務。然而，就像冰山一樣，愈來愈多的潛藏債務（implicit debt），暗藏在看不見的水面之下。我們明確知道，借款人與貸款人之間有多少借貸金額，卻無法衡量像是挽救沒有資金來源的年長者醫療保健和退休金負債的潛藏成本、氣候變遷的成本、未來全球流行病的成本，以及其他未知項目的負債。即使只面臨這項大威脅，甚至政策制定者如同古希臘政治家梭倫（Solon）那樣睿智，我們正迎來的債務危機仍是非常棘手，而且情況還在日益惡化。

過去的歷史經驗，都是在人口不斷增加的同時，伴隨著持續成長的勞動力，經濟才得以走出困境。但當人口成長達到顛峰，勞動力下降，更少的勞工必須支撐逐漸高齡化的人口，將會發生什麼情況？接下來要分析的巨大威脅，就是這些沒有資金來源挹注的負債。

第三章

人口結構的定時炸彈

在經濟大蕭條時期，工業化國家面臨一連串的嚴峻問題。商業活動幾乎停頓，民眾付不起帳單、企業經營失敗、金融機構倒閉，失業率超過了 25%，破產的農民、屋主只能拋售房產來償還債務。生活充滿了不確定，民眾對經濟前景也失去了信心。鼓吹極權與軍國主義的勢力，在德國、義大利、西班牙和日本興起並取得政權，他們一方面承諾要讓國家強大，另一方面卻打壓人民的政治權利和基本人權。

在當時氛圍下，美國當權者也感到不安，把維持國家穩定看得比長久以來信守的民主原則來得更為重要。愛達荷州共和黨參議員博拉（William Borah）提議，賦予即將上任的小羅斯福總統「憲法範圍內的獨裁權力去施政一段期間」。[1]

從民間企業到政府部門，大家都在舉債。企業借錢來維持經營，政府借錢以刺激經濟。小羅斯福總統實行新政（The New Deal），推出一系列計畫，將資金挹注到各種經濟活動中，像是造橋鋪路、恢復銀行運作、讓人民吃飽、請藝術家來豐富文化資產等等。當時的情況很糟，街頭有許多等待發放救濟食物的隊伍大排長龍，人民只能勉強溫飽。

高齡化如何左右你我的未來？

為什麼全球經濟經過這麼大的動盪，卻未完全崩潰？我們只注意到嚴重股災和大量飢民，忽略了大蕭條時期其實存在兩個現在沒有的關鍵優勢。第一，那時候工業化國家債務較少，舉債空間仍很大，美國政府可以舉債，再以增加的稅收來償還債務。第二，1935年通過的社會安全法案與1965年的醫療法案，讓退休勞工可以享有退休金和醫療照顧的保障，即便日後退休人口增加，只要勞動力持續成長，就會有源源不斷的資金挹注，讓這些社會福利制度能夠維持運作。

然而，時至今日，隨著人口結構高齡化，上述制度卻變成陷阱。在經濟成長不易的當下，未來要如何支付在社會安全與醫療方面的龐大費用，這個巨大壓力將讓人無法喘息。即使是第二次世界大戰過後的經濟重建期間，潛藏負債（implicit liabilities）占 GDP 比率，也不曾有過這麼高的水準。我們現所承受的，是前所未有的沉重債務負擔，而且正勢無可擋的推向新高峰。

對於 X 世代的人來說，在他們 40 歲或 50 歲的時候，還有幾十年的工作生涯。社會安全支出的給付，取決於老年及遺屬保險（Old Age and Survivors Insurance）信託基金的運作狀況。但受到新冠疫情影響，該基金資產預計將提前一年在 2033 年破產。[2]預計在那之後退休的人，享有的福利可能只剩下原本的 76%。[3]屆時退休的人，主要得靠個人儲蓄過活了。這對於想要好好享受退休生活的人來說，無疑是個壞消息。聯準會發現，當今每 10 個美國人中，就有 4 個人沒有經濟能力更換大型家電設備；約有過半數的人，儲蓄在 5,000 美元以下，也有三分之一的人口，存款不超過 1,000 美元。[4]

你是否注意到，福斯、CNBC 等有線電視網的廣告，正鋪天蓋地對準長者？銷售威而鋼、止痛藥和生髮補充劑的廣告充斥，明確指出一件事：人口高齡化陷阱已經形成。

人口老化警報響了數十年，卻一直被忽略。身為長期研究動盪衝擊與應對方法的經濟學家，我深感責無旁貸，必須喚醒人們正視壞消息。我蒐集事證資料，找出可能不受歡迎、被人誤以為是雜音的重要警訊，提醒大眾及早注意。世界正處於危機當中，我們絕大多數人卻仍渾然不覺。

貧窮陷阱，退休族、未退族都害怕

透過這本書，我希望能幫助夠多的人覺醒。注意到關鍵警訊，並看出其中關聯，釐清各大威脅的真實面貌，找出因應對策，及早做好準備。

在前面兩章，我談到了明確債務（explicit debt），即借款人與貸款人之間訂有契約的債務。但還有一種形式的債務，會讓汽車貸款、住房抵押貸款、信用卡、私人借貸、房屋淨值貸款、公共債務等明確債務相形見絀。那就是潛藏債務，即我們在可預見的未來，所有應負擔的給付義務。

大部分的潛藏債務主要來自兩方面：一是為了高齡化勞工提供金融安全網；另一是為了減輕全球氣候變遷造成的破壞性後果。這一章會把焦點放在前者，後者將在第十章說明。

隨著退休人口持續增加，先進經濟體已經沒有足夠資金，兌現對在職勞工與退休人口所做的財務承諾，現在甚至連中國、俄羅斯和韓國等高齡化的新興市場，也陷入同樣的困境。我們要如何支付這些龐大費用？順帶一提，還有全球移民潮所造成的負擔，也必須納入考量。

靠提高稅負，不能解決問題。因為要支應已退休和即將退休勞工的退休金及醫療照顧，就需要大幅調升現有勞工的薪資稅，但即使如此，政府根本無法保證當這些年輕勞工屆齡退休時，還有足夠資源給他們應有的醫療照顧和退休金。印鈔救市則會刺激通膨，甚至造成停滯性通膨。違背對已退休、即將退休或延後退休的勞工所做的承諾，又會引起政治動盪。

因此，為了滿足需求，我們愈來愈依賴唯一剩下的選項：積欠永遠無法償還的債務。但這種做法不會有好結果，我們終將自食惡果。

「大自然憎惡衰老」，這是愛默生（Ralph Waldo Emerson）在第二次工業革命初期寫下的話。現代觀察家也得出了相同的結論，但他們的理由，卻是寫出〈自立〉（Self-Reliance）一文的愛默生所無法預見的。

許多先進經濟體的勞工正邁向高齡化，屆齡退休的人口也日益增多，特別是在日本及歐洲，其實美國也面臨相同困境。我對變老沒意見，畢竟沒有人能逃得過。對於成長已達高峰的經濟體，勞動力老化有可能引發成長急速下滑。因為高齡化讓勞動人力減少，加上企業減少對新機器的投資，最後將使生產力下降。政治人物為了兌現對退休金和醫療照顧的財政承諾，將愈來愈多的國民所得，移轉到老年人口身上。在工作機會外移和機器人迅速增加下，先進經濟體在本國雇用的勞工人數愈來愈少，而這些日益減少的勞工人口，卻必須支撐起日漸龐大的退休人口。

如果這個趨勢持續下去（也沒有理由不會如此），我們的社會將不能像以往一樣，一代比一代進步。在職勞工的薪水，將被迫拿出更高比率去挹注支撐老年人口的社會安全網，而不是讓年輕家庭去購買商品和儲蓄。年輕世代日益減少的消費支出和儲蓄率，終將使得經濟成長踩下煞車。

經濟成長趕不上退休金膨脹速度

諾貝爾獎得主傅利曼（Milton Friedman）是強烈反對政府干預的經濟學家，也是最早提出警告的人之一。早在1980年代，當時我們還有更多時間可以避免危機降臨，他就提出嚴厲的警示：

> 你們正處於這樣的體系，繳稅給享受福利的人。截至目前為止，這些享受福利者得到的，遠比他們實際付出的還多：那是因為你們有著持續成長的勞動力，也拿到較高的薪資，但薪資稅上升得非常快，而且比起繳稅的人口，享受福利的人口擴增更快。這就是社會安全何以處於如此大的財政困境，只因準備金已愈來愈少。你們應該極力要求國會採取行動，負起對社會安全的財政責任。[5]

弔詭的是，數十年過去了，儘管鐵證如山，大威脅確實存在，事情卻沒有任何改變。2012年，經濟學教授克里寇夫（Laurence Kotlikoff）和伯恩斯（Scott Burns）在《世代衝突》（*The Clash of Generations*）一書中，也提出示警。他們計算美國的官方公共債務，與實際債務（包含未提存的應負擔給付義務）之間的差額，並將此稱為財政缺口（fiscal gap）。他們算出當時的官方債務是11兆美元，而實際債務則是驚人的211兆美元。[6]儘管他們發出警告，但政策制定者卻沒有任何作為。

一般來說，當一國債務總額等於年度經濟產值或GDP時，總體經濟學家就會開始擔憂。但在《世代衝突》出版後迄今，又過了十年，現今美國的財政缺口已是GDP的14倍。更令人訝異的是，「直到現在，人們才注意到，財政缺口是官方債務的22倍。」這不是個好預兆。克里寇夫和伯恩斯寫道：「如果美國破產，陷入經濟混亂和世代衝突，連帶整個世界都會受苦，或許這是沒有人能想像或願意去想像的場景。」[7]

他們對財政缺口的估算稍顯誇大，因為沒有考慮到GDP會隨著時間成長的事實，數十年後到期的許多負債可以由更高的經濟產出來支付。但即使考量未來會有更高的所得，那些政府許下的承諾和屆時應付相關費用的財源，收支之間的差距，以任何標準來看都相當龐大。比起許多國家，美國的經濟體質已經算相對健全，其他地方的狀況恐怕就更糟了。

愈來愈少的勞動力，支撐愈來愈多的退休人口

巨大的財政缺口是全球經濟現況的一部分。世界銀行曾經警告：「高齡化是全歐洲的現象。」以波蘭為例，1950年時還是人口相當年輕的國家，有一半的人口是26歲以下，但今天，年齡中位數已接近40歲，在2050年將達到51歲。不僅年輕人口在萎縮，總人口數也在減少。2050年波蘭總人口，預計將比1995年還少600萬人，只有3,200萬人。[8]

早在爆發新冠疫情前，世界銀行的研究人員就已計算出，因人口結構變化，波蘭十年後的人均GDP，將減少三分之一以上。他們在報告中指出，儘管波蘭在十年前曾全面重整退休金體系，以提升償付的能力，但未來在資金撥補上，仍是關鍵難題。除了退休金問題，這份報告預測，波蘭將會有更多的老年人口需要全天候的社會關懷服務，所需的費用支出會更顯著增加，而且這種情況將持續很長的一段時間。報告中也指出：「波蘭現在的新生嬰孩，很有機會活到100歲。」這個趨勢背後隱含一個未被解答的關鍵問題，那就是這個國家該如何支付相關的衍生費用。

從已開發國家的經濟數據中也可看出一個極為凶險的失衡現象。愈來愈多的國民所得，須拿來用在維持退休人口生活，而不是用在年輕工作者身上。隨著薪資收入和勞動人口的雙雙

縮減，再加上高齡化負債的膨脹，這種失衡現象每年都在惡化。對於挹注資金給退休人口養老，自己的未來卻未必受到保障，年輕工作者就算現在沒有站出來抗議，但心中怒火最終還是會爆發。從愈來愈多頭條新聞，報導關於年輕人與年長者之間的世代衝突即可見端倪。[9]

我們沒有向上提升，反而在退步。在1960年代的美國，平均每五名在職勞工支持一位退休或身心障礙勞工。根據社會安全局的數據，這個比例在2009年下滑到3：1以下，到2030年恐怕將趨近2：1。[10]

比起歐洲，美國的勞動力與退休人口的比例，還不是最糟糕的，這要歸功於移民人數持續增加。美國生育率遠低於所謂的「生育替代率」（即要維持目前人口數，一名女性約要有2.1個孩子），但美國總人口尚未減少，因為從亞洲、中美洲和拉丁美洲等地區持續湧入的移民，不僅使得美國勞動人口增加，也助長美國人口成長（雖然幅度不太大）。

儘管有移民移入，但還是趕不上退休人口膨脹的速度。社會安全的受益人數，即將膨脹到7,300萬人，幾乎是2010年的2倍。未來即將到期，且未提存的應負擔給付義務，現值超過5兆美元，這是2021年拜登政府雄心勃勃所提就業法案金額的2.5倍以上。

你的社會安全網，我的沉重債務負擔

日本是世界最長壽的國家之一，出生率非常低，平均餘命很長。根據日本政府在新冠疫情前的估計，由於隨收隨付退休金制度（pay-as-you-go pension system）沒有其他資金來源，*每月退休金將只有退休前工資的61.7%；這個比率，到了2040年代後期，將再下降到51%；在某些很糟的情況下，到了2050年代，可能跌破40%。[11]

歐洲和日本因全面實行社會福利制度所遺留下的種種問題，注定還有一段既漫長又艱辛的道路要走。比起美國，這兩個區域的高齡化速度更快，而對於退休金的承諾普遍來說又比美國更大方。上個世代讓勞工羨慕的社會安全網，卻成為這個世代及未來世代沉重的債務負擔。

因進入高齡社會掉進潛藏債務陷阱的國家，不只日本與歐洲，美國正緊跟在後，問題根源不只跟聯邦政府有關。潛藏債務有個重要的衡量方式，是找出在全美五十州的退休金體系中，整體資產與積欠債務之間的差額。根據皮尤慈善信託基金會（Pew Charitable Trusts）的資料，各州政府退休基金的整體短缺數字，已攀升到1.2兆美元的新高。[12]

州政府員工的退休金只有一部分是由公庫支付，如果將包括教師在內的數十萬名聯邦政府、州政府、市政府員工的退休及醫療保健成本算進來，將使得未提存的應計負債急遽升高。至於私人部門，許多產業已經沒有固定支付的退休金計畫，但問題仍在，而且政府已承諾透過年金給付保證公司（Pension Benefits Guarantee Corporation）給予資助。現在，資金提撥不足的私人部門退休金計畫，在最佳情況下，可能讓納稅人多承擔1,850億美元的開支。

比起退休金支出，美國醫療保健支出的成長速度更驚人。2020年，包括醫療保險、醫療補助、私人保險、醫院、醫生和臨床服務、自付費用、處方藥在內的支出成長逼近10%，總金額達5.4兆美元，相當於每人每年在醫療保健上花費達12,530美元，約占美國GDP的20%。這筆巨額帳單，有三分之一以上是由聯邦政府支出，25%由家庭承擔；據美國聯邦醫療保險和補助服務中心的數據，州政府和地方政府僅負擔略高於14%。[13]

這些財政壓力勢必會持續升高。據估計，在2028年之前，美國醫療保健支出將以年均5%以上的速度成長。隨著投保人數擴增，醫療保險支出預計將快速超越其他的醫療項目開支。

美國國家經濟研究局在2006年發表了一篇論文，揭露一個即將引爆的地雷。奧托（David Autor）和杜根（Mark Duggan）在〈社會保障和殘疾成長：一場財政危機正在展開〉文中，指

---

* 譯注：隨收隨付退休金制度，即今日退休者的退休金由目前工作者負擔，等目前工作者退休時，再由下一代工作者負擔。

出社會安全保險有超過八成，是提供給罹患身心傷殘的非老年成年人，這個比率遠比過去高。這類保險對象會快速擴展，他們歸納出三個因素：一是立法降低了福利門檻，使得患有背痛、關節炎和精神疾病的勞工因此受惠；二是增加對失能保險金的稅務優惠，誘使勞工極力爭取權益；三是女性勞動力急速增加，擴增了被保險的勞工人數。文中還指出，當有理賠爭議申請上訴，有75%的案件會獲判理賠。[14]

如何不讓高齡社會拖垮財政？

由於從退休金、醫療保健到傷殘福利等社會福利，幾乎都是採隨收隨付制，隨著愈來愈多國家進入高齡社會，未提存的應計負債將更加龐大，隨時都可能爆發。這個危機不只會發生在先進經濟體，在一些高齡化的新興市場也難以倖免。根據估計，前20大經濟體（也是OECD會員國）未提存或資金不足的政府退休金負債，約有78兆美元；這還只是退休金的部分，不包括醫療保健或傷殘支出。[15]潛藏債務顯然是我們面臨的一顆巨大定時炸彈，一旦引爆將造成嚴重傷害的大威脅。

如何解決高齡化困境？對此政治人物和政策制定者都感到很苦惱。沒有哪個解決方案可以取悅每個人，也沒有任何人能夠保證，嚴厲的解決方案就會恢復財政平衡。政策選項之間必然有所衝突。

　　每個可以減輕潛藏成本的計畫，都會影響相關的利益團體。顯然地，你不能斷然剝奪退休者認為他們應得的福利。擁有3,800萬會員的美國退休協會（AARP）不會大方同意任何此類提案。提高退休年齡，是個政治上要謹慎處理的議題。大量資料顯示，白領階級的壽命比藍領階級長，平均來說，藍領階級在20歲前就開始工作，平均餘命是70歲。為什麼他們要補貼那些在20多歲完成大學和研究所學業的白領階級？這些人還可能會領二十年或更久的社會安全福利！

　　另一種做法，政府可以課徵更高的薪資稅。這可能會使年輕勞工感到不安，擔心現在被課徵高稅負，但當自己退休時，政府已沒錢可付。更何況，透過課稅，縮減勞工的可用所得，可能反過來增加雇主的薪資壓力，最後影響到企業淨利。

　　解決資金問題的另一個選項，是對少數選民的族群課稅，即財力最雄厚的公民，他們會以大方的政治獻金，對立法者施加影響力。課徵富人稅，對改革派具有吸引力，但就算沒有適得其反，也可能失效。因為即使從億萬富翁那裡徵收到數千億美元的稅收，對於數兆美元的潛藏負債來說，也只是杯水車薪。更何況，億萬富翁底下有一群精明的會計師，他們總是可以找到方法顛覆高額課稅的體制，讓自己不被課稅。資助對他們友好的政治人物就是普遍的做法。如果這些嘗試都失敗了，這些富豪們不管是反對或是不反對富人稅，都可以搬到對他們課徵較低而非較高稅務的地區。

當愈來愈多勞工受到社會安全網保護，政治改革意願卻又很低落，未提存的應計負債只會不斷膨脹。「制伏社會安全怪獸」的話題，是政治上的紅線，幾乎沒有政治人物敢提議削減社會安全福利。

更長的平均餘命，更新的醫療技術，曾經是有遠見卓識者期盼的夢想，現在卻成為了夢魘。先進經濟體建立社會安全網時，許多勞工無法活到法定退休年齡。那時候沒有人能預見，維持這個社會安全網要付出多大的代價。一個65歲屆齡退休的人，可能領取長達數十年的月退休金，遠遠超過任何社會安全的稅收。更別提還有年長者的醫療開支，這是醫療保健部門成本最高的項目。我們該如何支付這所有的帳單？過去我們一再逃避這個問題，如今卻已惡化成隨時可能引爆的大威脅，未來二十年內就會爆發。

高齡少子化，缺工潮非短期現象

另外，要注意的是，高齡化會降低一個國家的潛在成長能力，致使任何一種未提存的應計負債更加惡化。生產力是指每個勞工的產出，當勞動人口減少，如果每單位生產力不變，產出會等比例減少。但生產力成長可能隨高齡化而下降，因為生產力成長大多取決於企業對新生產資本的投資，而投資率會隨勞動人口減少而下降。難怪日本這個高齡化程度最高的先進經濟體，在本世紀的大多數時候都面臨生產力的成長停滯。

那麼，該如何提升潛在成長？一部分的解決方案是放寬年輕移民加入本國勞動市場。

的確，如果經濟成長強勁且工作機會充足，移民也許可以部分解決困擾先進經濟體的高齡化問題。更多有薪青年，不僅可貢獻更多資金挹注社會安全和醫療保健，也代表有更多的消費需求，可刺激經濟成長，減輕目前的潛藏債務負擔。

過去在美國各地的廠房和服務業，到處可見到大量移民的身影。因為他們的加入，美國經濟才得以成長。自由女神像歡迎世界上疲累、貧窮、緊靠在一起渴望呼吸自由空氣的群眾。時至今日，情況已大不相同。反對移民人士可能會在自由女神身上，擺放新的三明治廣告看板，上面寫著：「空位已滿」。

身為一個來到美國的移民，我並不樂見對移民緊閉大門。我和大多數移民一樣，認為美國是一個充滿機會的地方。1983年，我來到美國攻讀研究所，畢業後，因為有工作機會，我留了下來，成為一名學者、政策制定者，還創立了一家經濟顧問公司。這家顧問公司已經成長到超過五十名的員工，其中有許多人像我一樣是移民。新移民往往是創造財富的一大助力，

2018年，《富比士》有篇報導寫道：「美國市值10億美元的新創公司中，有55%是由移民所創立。」[16]

　　經濟學家羅德里克（Dani Rodrik）主張，已開發國家應該放寬移民政策。因為研究顯示，移民與較高的經濟成長率之間有正向關聯。擁有技術專長的勞工，會移往工資較高、生產力強勁，且經濟成長的地區。更有野心的移民，則創立新事業，成為創業家，這在獲利豐厚的高科技領域，特別明顯。此外，移民將收入匯回給家人，也有助於母國經濟穩定。羅德里克說，比起貿易、資本移動或金融服務的自由化，更自由的移民政策，對國內生產毛額有更多正面的淨效益。

　　根據標準的經濟理論，自由貿易有助於提升全球福利。開放的移民政策，讓人力自由流動也有同樣效果。假設有兩個國家，其中一個國家勞工很多但資本很少，工資將會很低；另一個國家較為先進，資本很多但勞工很少，工資將會很高。當勞動力可以自由移動時，工資會趨於平衡。有著同樣智力和潛在技能的人，在美國或歐洲的工資高於在奈及利亞或孟加拉的4或5倍，這解釋了為什麼某些先進經濟體會抗拒移民，其部分原因就在於原先較高的工資將趨於下降。

　　嚴謹的奧地利經濟學派代表人物之一馮‧米塞斯（Ludwig von Mises）也支持移民政策。他的思想啟發了好幾代的經濟學家，以及許多當代保守的政治家。馮‧米塞斯認為，對移民設限，迫使人們必須承受經濟上的痛苦，最終導致歐洲戰爭。

然而，很難說服先進經濟體的選民支持移民，其原因即在於，藍領和服務業等專業技能門檻較低行業的工資水準已停滯不前，如果開放移民，將使工資再往下降。新移民對學校、住房及醫療保健等公共服務也會造成壓力，將引發更多民怨。再加上移民的語言不同又來自陌生的文化，容易激起社會反彈，特別是當本土主義政客為了黨派目的，而詆毀他們時，將使得情況更加嚴重。

高齡化趨勢難逆轉，以機器人解決缺工

過去，移民搬遷到其他的國家找工作，要和本地人競爭；現在，則是和演算法競爭。人工智慧實現全面自動化，阻礙了移民就業。機器人取代在工廠和辦公室工作的大量勞工，各種專業人士都會受到影響，擁有一技之長的移民，也可能找不到工作。在競爭職缺稀少的工作時，移民更是愈來愈不受歡迎。由於高齡化趨勢難以逆轉，先進經濟體的企業已日漸依賴機器人和人工智慧。

日本勞工的平均年齡比其他工業化國家還要高，他們並不是以移民來解決高齡化的問題，而是加速朝機器人和自動化的方向發展。全世界的雇主也可能會走同樣路線，讓演算法取代

人類工作。隨著技術性失業急速增加,來自國外的勞工與本地勞工競爭更少的職位,將深化對移民的強烈反彈。

事實上,拜登政府的移民政策,最終與本國主義者的川普政府並沒有太大的差別。面對來自中美洲的經濟、氣候和政治難民的湧入,拜登總統同樣選擇限制他們進入美國。但正如我們在後面章節會討論的,隨著全球氣候變遷、失敗國家、個人安全、經濟低度開發及貧窮等等問題激增,未來幾年內,從貧困國家遷移至較富裕國家的移民潮將會暴增。屆時,各國恐怕仍會選擇將大門深鎖,不會大開門戶和邊境,讓龐大的移民進入。不僅是日本,美國和歐洲國家也會加速朝機器人和自動化的方向發展。

我必須遺憾地說,這種局面實在令人擔憂。即使先進國家能夠接納前所未有的移民數量,但在可預見的將來,對於年長勞工退休金和醫療保健的承諾,也將難以兌現。公共部門與民間部門的借款人,將競相爭奪資金。可以印鈔救市的國家會繼續運作,而其他國家則會面臨債務違約或經歷高通膨,引發衝突連連的社會混亂,進而加速人口外移。

面對這些壓力,各國政府應該怎麼做?有一種難以抗拒的誘惑,就是想辦法擠出錢來,然後撒錢到每一個問題上,讓消費者容易借款,並通過支出法案,讓政府能夠借到更多巨額資金。第四章將探討這個一直以來的誘惑。在債務水準達到歷史高點、人口高齡化等挑戰下，政府持續印鈔，導致更多低成本的借款，以及不斷將經濟推入泡沫形成與破滅的榮枯循環，構成了當今的另一個大威脅。

寬鬆貨幣陷阱和榮枯循環

央行的任務是維持經濟的穩定，但回顧近期頭條新聞可以發現，金融危機的源頭，往往與央行高層的錯誤判斷脫離不了關係。大家在激辯如何對抗通膨或減緩失業時，經常忽略一個可悲事實，就是政策制定者不管用什麼方法，總是無可避免地造成經濟動盪。

1951年，派克兄弟公司（Parker Brothers）推出棋盤遊戲「繁榮或衰退」（Boom or Bust），獲得大眾廣大回響。當時全球經濟正進入第二次世界大戰後傳奇的繁榮時期，道瓊工業指數在兩年後，才終於回到1929年華爾街股災前的最高點。棋盤遊戲玩家依隨機出現的經濟新聞，決定買賣房產的價格，骰子一擲，榮景可能瞬間變衰退（或相反過來），最後勝利者是遊戲中唯一沒有破產的玩家。[1]

　　玩家們光靠擲骰子當然無法解讀經濟情勢，畢竟現實世界極為錯綜複雜。但如果你仔細觀察，這個世界其實每天都提供了許多關於榮枯循環的線索。當寬鬆的貨幣政策使資金太長時間過於廉價，人們不需要福爾摩斯，就能偵測出所有超額風險即將戳破泡沫，引發市場崩跌。在低利率誘惑下，屋主不斷借新房貸去支付各種帳單；個人和企業投資人債台高築，購買借錢才負擔得起的金融資產。政府大幅舉債，以填補龐大的預算缺口；央行大量印鈔，放寬貸款限制；監管機構長期處於鬆懈狀態。如果看到這些現象，還不能出聲警示危險即將來臨，我實在不知道該說什麼。

　　但正如歷史記載的，這種形成泡沫，然後崩跌的模式，在大多數時候並未引起重視，即使專家也不例外。

借貸成本低廉，大開槓桿投資

　　為了振興因新冠疫情而停滯的經濟，儘管已負債累累，聯準會、各國央行及財政制定者皆拋開謹慎做法，採取比2008年全球金融海嘯後，更加寬鬆的貨幣、財政和信用政策。

　　但是，當有人把政府寬鬆貨幣和移轉性支付資助的資金，拿來全部投入金融市場，寧可承擔較高風險以賺取更高獲利，這時又會發生什麼意想不到的後果？看看前明星基金經理人黃聖國（Bill Hwang），他的投資組合策略聽起來就像是2008年的翻版。2021年初，Archegos 資本管理公司破產時，黃聖國成了頭條新聞的人物。

華爾街再次因低估風險，爆發危機。Archegos 下了很大賭注在總報酬交換（total return swap）這種衍生性金融商品上。所謂總報酬，是立約雙方所約定標的資產的總報酬，包括配息和資本增值。總報酬收受人不必真的擁有資產，只要支付一筆固定費用，就可享有資產總報酬。交換（swap）交易讓積極型的投資人，隱藏超過規範門檻的高槓桿權益部位。壓對買權（call）確實可以獲得豐厚利潤，但當非常大的高槓桿部位突然遭到襲擊時，就會引起市場動盪。

2021年4月，Archegos因為過度持倉的亞洲科技股股價暴跌，急需現金，試圖清算ViacomCBS的槓桿部位，但是，當時ViacomCBS正在做大規模的增資，致使公司股價進一步的下挫。消息很快就傳了出去，華爾街貸款人發出保證金追繳通知，要求Archegos償還大筆貸款，但它已經沒有錢補繳保證金。接著，高盛快速拋售Archegos持股，其他公司很快跟進，Archegos股價重挫。CNN報導：「這種強制平倉造成大屠殺。」[2] Archegos陷入困境，宣告破產。

2008年的全球金融海嘯，以及政府後續所需提供的大規模紓困，帶給我們許多教訓。但我們卻一再犯相同錯誤。《金融時報》指出，Archegos崩盤是「華爾街最奇觀的事件之一」。[3]五家全球性銀行吞下超過百億美元的損失，這是過度信任泡沫經濟所遭受的懲罰。

Archegos並不是唯一一家因低廉借款成本，而重度迷戀風險的玩家。據《華爾街日報》報導，格林希爾資本（Greensill Capital）在被監管機構接管後不久，聲請破產。這家投資公司替各種具風險性的新創公司提供融資安排，客戶從核子潛艇製造商到穆斯林麥加朝聖用品業者都有。報導中指出：「儘管創辦人格林希爾還有一些更投機的想法還未付諸行動，這家公司已證明了他的野心，以及對高風險投資的高容忍度。」[4]

長期低利引發資產泡沫，也改變消費習慣

《彭博社》曾捕捉到新冠疫情首次緩解時，全球各地展現的興奮氣氛。在香港，一位加密貨幣交易員在懶骨頭沙發上打盹，他每天有18小時都在處理數位資產訂單，因為巨大的加密市場泡沫已經形成。在紐西蘭威靈頓，房屋就像被熱烈競標的物品，房價不斷創下歷史新高。在紐約，一位避險基金經理人考慮是否要雇用一位年僅13歲的應徵者，因對方聲稱自己的投資報酬率高達400%。「從世界主要央行湧出的龐大廉價資金，

不僅造成資產價格膨脹，也改變了我們儲蓄、投資和消費的方式。」[5]

在這股熱潮中，掛牌上市的特殊目的收購公司，又稱SPAC，成為新潮流。這種公司沒有實際經營的業務項目，存在目的就是為了收購或併購有販賣商品或提供服務的公司。

2021年5月，《金融時報》報導：「過去這一年，SPAC曾被認為只是金融界的餘興節目，但現在已變成資本市場和交易撮合的驅動力。這類『空白支票公司』受到華爾街知名人士及名人、運動明星的支持，募集到的資金令人瞠目結舌，創造出高達1,420億美元的資金池來尋求各種併購對象。」[6]

其中有一項備受矚目的交易案，是太空運輸新創公司莫門圖斯（Momentus）與SPAC的穩定道路收購公司（Stable Road Acquisition Corp.）協議合併案。據《金融時報》報導，莫門圖斯聲稱到2027年公司收益可能超過40億美元，他們對投資人的推銷訴求是，投資外太空將是「獨一無二且激發人心的機會」。他們預計將推出專門提供大型太空船的機器人運輸服務。但在美國證券交易委員會（SEC）對此合併案聲稱的美好前景展開調查後，宣布擱置該交易案，同時提醒投資人對所有SPAC都要更小心審查，或尋找其他投資機會。

當一個產業正黯然沒落，另一個產業將取而代之，渴望風險的投資者不可能按兵不動。2021年5月，《金融時報》報導：「新一代當沖交易者喜歡在上下激烈震動的市場追求快感，他們再次掌控主導地位，在加密貨幣價格走弱時，帶動熱門股價格飆漲。」一位追蹤零售業投資動向的分析師表示：「過去的當沖交易者，傾向將焦點擺在特定主題或股票類別，但新一代當沖交易者，卻傾向在全球市場的『不同資產泡沫』之間操作。」[7]

歷史清楚記載，當一個賭場充滿幾乎零成本的資金，會導致容易破滅的泡沫。最明確的指標，就是投資者願意為預期收益支付的價格。本益比（price-earnings ratio）是以一家公司的每股股價除以每股盈餘，假如股票以100美元的價格轉手，預期這家公司每股可賺10美元，那麼代表享有10倍的本益比。成長快速的股票有較高的本益比，因為投資人期待，成長可以為他們的投資帶來更高的收益，但未來的成長一向無法確定。較高的本益比代表著更多希望及更高風險，這就是該比率何以在不同產業之間變化非常大。

1950年代以來，各產業的平均本益比，介於10到20之間，然而在新冠疫情後的欣喜中，原本熟悉的基準，看起來變得平淡乏味。標準普爾500指數成分股的公司，本益比達到約30，超越1929年華爾街股災前的水準，並可媲美2000年網路泡沫時的水準。炙手可熱的科技業，本益比更是創下相當高的水準，達到50以上。

另一項警訊來自新奇投資項目的市場表現。一件數位藝術品，竟可賣得6,500萬美元。2021年，加密貨幣飆升到極高價格，但它們實際上是沒有內在價值的垃圾幣。市場上充斥著關於加密貨幣、去中心化金融（Decentralized Finance，簡稱DeFi）和非同質化代幣（Non-Fungible Token，簡稱NFT）的各種雜訊，散戶投資人在「害怕錯過」的心理下，被仍處於「西部蠻荒時代」不受監管的內部人士給矇騙了。在紐澤西州，一家公司的市值飆升至1億美元，但它的資產僅有一間收入微薄的熟食店。[8] 房價也跟著上漲，因為原本居住在市區公寓的人競相搬到郊區有後院的房子。

華爾街的成功，靠上漲市場和短暫記憶

我們在「非理性繁榮」、過度承擔風險等錯誤判斷下，造成經濟大蕭條、儲貸危機、網路泡沫化、2008年全球金融海嘯接連發生。這是無法矯正的人性弱點，如果我們能從歷史經驗中記取教訓，控制住內心的貪婪，就不會一再發生同樣的誤判。但如同那句老話，華爾街的成功有兩個要素：上漲市場和短暫記憶。我們非但沒有腳踏實地提升經濟穩定，反而再次朝向自己造成的泡沫榮枯循環。比起過去，這一次將受到更嚴厲的懲罰。

由於長時間的零利率，使得金融市場像賭場一樣，提供零成本資金給巨獸般的資產泡沫和信用泡沫。量化寬鬆和信用寬鬆，降低了公共和私人借款人的借款成本。財政刺激過度紓困殭屍企業，也支撐了股價（尤其是成長股和科技股）、房價、私募股權、SPAC、加密資產、迷因股、政府債券、高收益和高評等的公司債券、詭異的信用工具如擔保貸款憑證、影子銀行和避險基金投資。聯準會從2020年3月開始紓困，致使所有形式的資產價格皆飛漲。

　　2021年底，泡沫減緩。這種大規模的貨幣、信用和財政刺激，將通膨率推升至1980年代後未曾見過的水準。由聯準會開始，接著是各國央行，所採取的行動就好像通膨上升只是暫時現象。直到發現通膨持續擴大，各國央行才終於踩下煞車，停止量化寬鬆和信用寬鬆，並開始升息。

量化寬鬆時代結束，揭開升息序幕

　　隨著貨幣和借款零利率的時代結束，資產大泡沫開始破滅。2022年5月，股市進入熊市，當時股價下跌超過20%。那斯達克指數中的高成長股及科技股的股價瞬間爆跌，強勁的尖牙股（FAANG），*包括臉書、亞馬遜、蘋果、網飛和谷歌都不堪一擊，即使績優的藍籌股也疲弱不振。

壞消息愈來愈多。迷因股股價由2021年的荒謬高點，下跌超過三分之二以上。加密貨幣市場崩潰，比特幣從幾個月來維持的高價暴跌70%。更脆弱的加密貨幣跌得更慘，跌幅超過80%以上。SPAC泡沫化，交易大不如前。美國公債殖利率升破3%，高於投資等級債券與低於投資等級債券之間的信用利差也急遽擴大，致使超過百兆美元的全球債券市場，瀰漫著不安的情緒。

在2022年初，聯準會及其他國家央行終於表態，為了抑制通膨，需要大幅緊縮貨幣，自此揭開升息序幕。資產價格因為升息而下挫。當貨幣緊縮引發大眾對衰退的恐慌，風險性資產價格將會進一步下滑。

總體經濟學家不是遊戲設計師，雖然看起來或許有點像。我們以宏觀的大規模資料建立模型，運用設想的概念匯集所有驅動生產與消費的因素，即找出所謂的供給與需求。我們小幅調整如價格、稅率、工資和匯率等變數，看看會有什麼情況發生。我們尋求可促進成長的要素組合，同時避免因誤判和厄運產生災難。我們試圖平衡因貨幣供給超額增加造成的通膨，以及有時可能因為嚴重衰退和信用緊縮而形成的通縮。我們監控長期和短期債券殖利率的變化，以了解未來利率的趨勢。我們

---

* 譯注：FAANG，即 Facebook、Amazon、Apple、Netflix 和 Google 的首字母大寫。

觀察數據資料，尋找低失業帶來之後偏高通膨的證據。就像棋盤遊戲一樣，要遵守規則；但與棋盤遊戲不同的是，規則會逐漸演變且後果真實存在。

這只是一場遊戲？結局總有人會受傷

繁榮和衰退並非隨機發生。但很不幸的是，大多數人對於它們都有著錯誤的基本認知。一般人的說法就像這樣：一開始我們擁有健全成長的經濟，在強勁的動物本能帶動下，推升股價節節上漲，直到某些事情發生，我們的動物本能轉弱，在幾乎沒有預警的情況下經濟崩潰。而這一切要歸咎於群眾瘋狂行為，從非理性的繁榮轉變為非理性的恐慌，民眾的焦慮心理致使市場需求疲弱、企業收入下降、勞工失去工作，最後陷入衰退和通縮。如果沒有大規模的政府干預刺激需求，經濟就會跌入死亡漩渦。

然而，上述說法有兩個明顯缺陷。首先，它忽略了短視的貨幣和監管政策，實際上在一開始就會助長泡沫形成到破滅的榮枯循環。其次，它並未衡量全球經濟的發展，可能讓政策制定者立意良善的最佳政策完全失效。傳統說法將危機歸咎於未來發生的一切，以及對於群眾瘋狂行為的無能為力。然而，正是因為有那樣的既定認知，才造成了巨大的超級債務循環，讓所有關於創造財富與成長的法則都失效。

當經濟衰退或財政危機發生時，總體經濟學家總是試圖引導經濟遠離大蕭條，沒有人希望1930年代重現。無數的電影和書籍記載著那段恐怖時光，從等待發放救濟食物的隊伍、銀行擠兌到身敗名裂的華爾街投資人從窗邊一躍而下。在經濟學家的辭典裡，大蕭條見證了通縮最醜陋的一面。

1929年10月24日，股市大崩盤，史稱「黑色星期四」。儘管市場早已不穩定，但這天通常被視為經濟大蕭條的開端。一夕間，財富消失。最績優的藍籌股股價持續一週急速下跌。受到驚嚇的投資人和消費者開始延遲購買，所有商品和服務的需求都下跌。當營收減少，企業削減工作機會，個人所得變少，需求又進一步縮減，造成更多的工作機會消失。原本有經營能力的公司，因現金短缺而倒閉。經濟衝擊最終演變為大蕭條。

如果不是當權者的政策失誤，這次衝擊應該不會導致如此嚴重傷害；它可能被限縮為一個股市事件，伴隨著輕微的經濟衰退，然後經濟就會自我修復。但在美國胡佛政府執政時期，當時的財政部長也是著名的銀行家梅隆（Andrew Mellon），卻帶頭提議採取緊縮政策。他支持讓陷入困境的消費者、銀行和企業破產，讓通縮「清除」體系裡的所有缺陷。以梅隆的觀點來看，現金短絀的機構注定失敗。

從那時開始，政策制定者學到了，當經濟體系面臨崩潰和

（或）衰退的威脅時，他們可以介入干預並幫助提振。央行可以挹注資金到體系裡，國會也可以增加支出。

貨幣和財政刺激，阻止毀滅性通縮

自從第二次世界大戰以來，已開發國家很少發生通縮，美國及歐洲曾經短暫出現，但只有日本經歷過長期的通縮。1990年後，日本的經濟進入停滯的二十年，被稱為「失落的數十年」。經濟成長停擺，消費力道疲弱，經濟強勁時累積的財富被耗盡，人民生活水準也沒有成長。

在體質健康的經濟體，民眾對於通膨習以為常。每年物價都在上漲，帳單也隨著增加，但我們可以期待工資、所得、儲蓄和投資，也能同樣快速成長，甚至成長得更快。在這樣的情況下，通膨實際上幫了借款人的忙。

如果每年通膨率是2%（這是大多數央行的長期目標），則每1美元每年的實際價值會損失2%。這就相當於每年需要增加額外的2美分，才能保持1美元的購買力。假設前一章提到的超大公司借10萬美元，購買新機器，到了年底，這筆債務的實際價值會減少為98,000美元。只要超大公司的成長與通膨維持同步，實際債務負擔將持續縮小。在每年維持2%通膨率下，十年後，這筆10萬美元債務的實際購買力，將降至81,000美元以下。

　　現在想像一下，超大公司同意以3%名目利率支付借款利息。實際上，通膨率會抵消名目利率。每年實際債務的利率是3%，但通膨率扣除了2%。因此，超大公司可以將利率減去通膨率，來計算借款的實際經濟成本。在這個例子中，3%減2%，得出實際借款成本為1%。

　　當然，現實生活中，通膨率經常波動，但原則不變。只要通膨和實質所得皆呈穩定成長，債務增加速度沒有比名目所得成長得更快，那麼相對於所得，債務負擔就會減輕。然而，通膨並不是降低債務的萬靈丹。通膨要是更急劇升高，可能讓債務減輕地更快，但新借款人將付出代價，必須支付高得難以承受的利率才能借到錢，而且會因為債務而難以翻身。

　　通縮則具有反向效果。借來的每1美元會比將來要還的同樣1美元，有著更高的實際價值。這種現象被稱為打擊借款人的債務通縮（debt deflation）。

　　債務通縮會使得債務的實質負擔愈來愈重。假設超大公司以3%利率借款，而通縮率是2%，不像通膨會帶來意外之財的效益，借款的實際成本是借款利率再加上通縮率，超大公司的實際借款成本將上升至每年5%，是前面通膨案例的5倍。的確，利率會隨著時間推移而下降，但失去工作的借款人和現金周轉困難的公司，通常缺乏以較低利率再融資的選擇，取而代之的是違約的隱憂。在經濟大蕭條時期，有數百萬人陷入這樣的遭遇。

1933年3月，羅斯福上任成為美國總統後，開啟了歷史新頁。他宣示：「這個國家需要採取大膽且可持續的政策實驗。如果失敗，就坦然承認並重新嘗試。最重要的是，試著去做出改變。」[9]

當時對商品和服務的需求，幾乎處於停滯狀態，政府於是擔負起最後支出者的責任，出手干預。小羅斯福總統為新政的一系列新法案進行遊說，其中最大膽的莫過於1933年的《全國工業復興法》。它授權聯邦監管機構固定物價與工資，訂定生產配額，並限制公司組成聯盟等，這些措施的目的都是為了促進金融復甦。

想要擺脫螺旋式通縮，需要的不僅是監管機構的因應措施（其中有些措施最終被最高法院裁定違憲）。美國和其他先進國家的執政當局，必須透過放寬或放鬆貨幣供給來提供更多貨幣。流通的錢變多，就能創造出更多的錢來支出，而更多支出可以振興經濟。政府印鈔，並助長大眾借款，印出或貸出的每一塊錢，最終會進到某個人的口袋或銀行帳戶裡。

胡佛政府期間的政策失誤教訓顯而易見。凱因斯在《就業、利息和貨幣的一般理論》（*The General Theory of Employment, Interest and Money*）一書中已詳加說明，他的偉大巨著提出對抗通縮和衰退的經濟策略。他支持大規模的貨幣和財政刺激，將錢交到消費者手裡；消費增加會提高企業營收，接著企業就會雇用更多勞工。

大多數的經濟學家都認同，1930年代的貨幣和財政刺激，阻止了毀滅性通縮發生。然而，在一些景氣循環裡，並不適合實施這樣的貨幣措施。

承平時期累積的債務，比二戰時期還高

毫無疑問地，凱因斯的學說具有持久的價值，但我們太容易忘記大蕭條並不是偶然出現的無辜錯誤。人們並不是忽然間就毫無理由對未來感到悲觀、停止消費、動物本能消失，接著就發生不好的事情。

當我們經歷重大的需求崩潰，為什麼不能歸咎於自然而然發生的悲觀主義？難道還有其他原因會讓人們突然轉向悲觀？實際上，資產和信用泡沫會破滅，是因為相關條件已經成熟。

如果把經濟當作一棟房屋，1929年時，房子並沒有自己起火，而是我們太有自信的躺在床上抽菸。在咆哮二〇年代，也就是致命的西班牙大流感結束之後的時代，股市飆到歷史新高。一些領導人預測前景一片看好。長年為《紐約客》撰寫金融年鑑專欄的作家布魯克斯（John Brooks），在他的著作《葛

康達往事》(*Once in Golconda: A True Drama of Wall Street 1920-1938*)中,記錄了1920年代和1930年代華爾街極具戲劇性的金融歷史,他以印度傳奇鑽石礦區葛康達來做比喻,每個造訪葛康達的人都變富有。[10]

需求推升了股價,而且人人都想投入其中,信用泡沫於是產生。人們以信用貸款購車、買房、添購家電設備,貸款金額創歷史新高。那些巨大的投機泡沫,幾乎都沒有防護網。肆無忌憚的內部人士集資炒作股價,誘使不了解狀況的散戶進場之後,就獲利了結出場。一些知名的銀行家把存款人的錢全賭在股票上,其中有些人後來被捕入獄,職業生涯因此終結。

市場上的流動資金真的很多,在股災發生前,任何人即使只有少許存款,也能融資買進100美元的股票,也就是借錢去投資。接著融資債務激增,債務和槓桿飆升。當派對結束,泡沫破裂時,深受打擊的投資者只剩下空盪盪的銀行帳戶和龐大債務。儲蓄消失、消費減緩、破產增加,如果沒有干預來支撐需求,這些效應將如滾雪球般擴大為一場金融危機。

榮枯循環往往以這種熟悉的模式一再重演。基本上,過去四十年來,我們都以同樣的方式,處理每一次泡沫破滅後的衝擊與危機。我們創造出更多的寬鬆貨幣、寬鬆財政和寬鬆信用,這就是為什麼全球債務比率一直在攀升,由1999年占GDP的2.2倍,到2019年升至3.2倍,在新冠疫情期間又持續上升,現在已達到3.5倍。先進經濟體的債務比率在2019年，就已達到4.2倍，而且仍在快速升高。美國現今的民間和公共債務總額，已超越大蕭條時期的高峰，更超越第二次世界大戰累積的債務高點，但我們今天並不是剛經歷一場大蕭條，或一場世界大戰，這種趨勢是史無前例的不祥之兆。

在一個典型的泡沫裡，寬鬆的貨幣和信用政策會導致超額借貸，所有這些現金都在追逐金融資產。歷史的評價標準不再有太大意義。害怕錯過的心理讓人迷失，致使資產價格很快超越它的潛在價值，助長了財富效果：隨著資產增值，財富明顯提高，刺激了更多的資產購買及商品和服務的支出。過度膨脹的需求也出現在房市。你借款、你買房，更多的購買者跟進，人們想在房價變得更高之前出手，於是房價飆漲，擔保品看起來更好了，房屋所有人可以在風險較高的貸款成數下，以較少淨值借到更多的錢。

更多消費、更多產出及更多建設造成浪費的積累，而浪費的資本支出卻也提高企業利潤及國家稅收，一開始皆大歡喜，但最終這個脆弱的紙牌屋到了某個時點會變得極度不穩定，最後崩塌。

泡沫破滅與市場崩潰，往往有幾個導火線。在泡沫期間，非常寬鬆的貨幣政策會引發市場過熱和通膨升高，迫使央行停止寬鬆貨幣政策。地緣政治策略、外國戰爭或傳染病，會導致供應鏈斷裂，並產生骨牌效應，這些負面的供給衝擊會降低成長，提高生產成本。此外，人類的動物本能也可能毫無來由的變得起伏不定，觸發像最近一次在 2020 年至 2021 年出現的資產泡沫，以及緊跟在後的 2022 年泡沫破滅。

警報鈴聲，由四面八方響起

我們身處在充滿經濟、政治和社會摩擦的世界裡，不論受到衝擊的是需求面或供給面，都會讓脆弱的經濟和錯誤的政策變得更不堪一擊。這些衝擊可能引起通膨或通縮，而且幾乎沒有預警。沒有人會忘記新冠大流行，它可做為負面需求衝擊（也是負面供給衝擊）的教材，這個衝擊幾乎在一夜之間讓消費停滯。反觀正向的需求衝擊，則會刺激買氣，大幅帶動更多的消費支出，如電動車、數位電話就是典型例子，這些顛覆性商品的上市，刺激了消費者對新商品的需求。

在生產方面，當生產因為科技、勞動力供給或監管方面出現有利變化而急速增加時，就會產生正向的供給衝擊；回想一下網際網路對提升工作場所效率的影響。相反地，當生產因為一些因素而突然下降，就會導致負面的總供給衝擊，例如 2021 年勒索軟體的攻擊，迫使美國的主要石油和牛肉供應商停止營運；或者更嚴重的俄烏戰爭，使大多數的商品價格飆漲。年紀較長的人，應該記得1970年代受全球石油供給衝擊，加油站大排長龍的景象。新冠危機則對供需兩方面都帶來負面衝擊，我們為了防止病毒擴散，讓經濟活動暫停。

將崩潰和衰退，歸咎於我們無法控制的隨機且不可預測的衝擊，已使得專家和政策制定者，持續以錯誤視角來看待隨後的危機。生活中存在各種隨機且不可測的衝擊，但這不表示我們不能誠實面對，即使不知道何時會發生，我們仍能為會發生這些衝擊的世界做好準備。

花旗集團前董事長普林斯（Charles Prince）、穆迪公司股東巴菲特（Warren Buffett）、高盛集團執行長布蘭克芬（Lloyd Blankfein）等人都曾經斷言，房地產泡沫及隨之而來的崩跌，是一場「意料之外」的衝擊，超出大多數美國人所能理解，或者說這就像「颶風」。這種說法顯然忽視了明擺在眼前的證據和歷史。《金融危機調查報告》（*Financial Crisis Inquiry Report*）詳細分析了2008年大衰退的成因。報告中指出：

> 事實上是有警訊的。在崩潰之前的十年裡，有許多跡象顯示房價被抬高。有太多房屋所有人用抵押貸款借錢，積欠了他們根本無法負擔的債務，金融體系的風險逐漸變得無法控制，最後導致事情一發不可收拾。警報鈴聲由四面八方響起，來自金融機構、監管

機構、消費者服務組織、各州政府執法機構，以及全美國的企業和這個國家的各個社區。許多有見識的高階主管看見問題，並設法避免災難。正當無數美國人參與這場席捲全國的金融狂歡時，也有許多人向華府的政府官員和州政府立法機構喊話，指出這一切不僅將造成經濟的崩潰，更將演變為一場大災難。[11]

為了振興經濟，卻累積更多債務

我們遇見了敵人，就是我們自己。下錯結論，會用錯補救方法，造成更大的風險。如果你始終認為，房地產泡沫是無端發生的，純粹因為人類有所謂的「動物本能」，那麼你大概就會覺得，當泡沫發生，可以做點什麼來減緩泡沫的影響，是不會有任何問題的。於是央行降息並印鈔，財政當局支出更多、實施減稅，並增加對企業和勞工的移轉性支付。當央行和財政當局資助現金短缺的家庭、銀行和企業時，貨幣政策和財政政策間的界線變模糊了。

現在重點已經不在於一開始讓經濟陷入困境的借貸狂熱，因為另一個借貸和支出的狂熱即將到來。為了解決龐大且持續增加的民間債務危機，公共債務也愈滾愈大。隨著市場上流動的資金愈來愈多，謹慎借貸和魯莽借貸之間的區別變得模糊不清。只要資產價格持續上升，投資顧忌就變少，因為希望總是無窮，而風險似乎也不怎麼令人擔心。

這是一道難題。一旦危機爆發，就沒有脫身的機會。政策制定者和監管機構採取行動會被罵，沒有行動也會被罵。如果他們沒有採取行動，這個體系或許會崩潰，產生新的衰退。如果他們採取行動，用貨幣、信用和財政刺激各種經濟活動，就會累積更多的公共和民間債務。有償付能力的企業能夠從中受益，但無償還能力的殭屍企業、家庭、銀行和影子銀行也會存活下來，這將阻礙更健康和可持續性的復甦。提供更多藥給戒斷中的成癮者，可以減少短期痛苦，但也會使成癮症狀變得更糟，長期如此甚至可能致命。

透過低利率、信用和財政刺激的機制所產生的廉價貨幣，埋下了資產和信用泡沫形成而後破滅的榮枯循環種子。隨著債務不斷增加，每次循環最終都會走到一個轉折點：我們終於發現眼前所見盡是債務，也就是今天的處境。

我們已陷入困境，沒有任何解方不會帶來痛苦。減少債務，借款人就沒有太多錢去購買商品和服務，經濟成長可能減緩甚至停滯。升息會讓企業、銀行、勞工和政府的償債成本，提高到令人窒息的地步；更多利息支付，也會使成長型投資的資金減少，嚴重削弱未來的營運績效，許多公司將面臨破產。負債累累的政府也可能課徵更高稅率，或減少支出和移轉性支付，私人部門的壓力將會更大。成長被嚴重拖累，可能進一步讓債市和股市更不安。這些都是當前泡沫瀕臨崩潰時的前兆。

在寬鬆的貨幣、信用和財政政策下，整個已開發世界累積的龐大債務已造成大威脅。當權者該怎麼做？可悲的是，他們幾乎都被迫鼓勵借款人，因為如果不這麼做，所有人將陷入債務陷阱，會付出更高的代價。

總會有藉口說，嘿，我們有崩潰的危險了，打開貨幣、信用和消費的水龍頭，才能避免通縮和衰退。但在這麼做之前，我們應該先問問市場崩潰是怎麼發生的，答案一點都不討喜：崩潰的發生，是因為時機好的時候，我們不夠聰明或謹慎，非但沒有鼓勵私人和公共部門要有足夠的儲蓄，反而陷入了瘋狂借貸。我們允許金融循環的派對失控，直到歡樂的音樂停止，才發現已經走向崩潰之路。這看起來像是不可預見的衝擊，但是當超額的金融債務、槓桿和泡沫出現，實際上卻是可以預見的後果。

想要避免更糟的崩潰情況發生，就必須跳脫這個持續不斷的泡沫形成而後破滅的榮枯循環。人往往會在錯誤的時機陷入更高風險之中，卻不自知。例如通膨升高，既無法讓我們從龐大債務中脫困，也無法改變我們的行為來避免崩潰。至少截至目前為止，這種情況並未發生。

調整2%通膨目標，避免泡沫一再發生

有一種較為明智的策略，是重新評估通貨緊縮或低通膨（lowflation，是 inflation below target 的簡稱，指通膨低於目標通膨）。監管機構一看到或想到通縮或低通膨，就會認為那是很糟的情況，但並非總是如此。我同意國際清算銀行（各國央行經常在此開會）的研究員所寫的：「根據我們對歷史的研究，過去的通縮分為三大類：好的、壞的和醜陋的。」他們在2005年一份標題為〈從歷史觀點看通縮〉的論文裡寫道：

> 在第一次世界大戰前的一個世紀裡，許多國家的物價水準下降頻率和上升頻率一樣，而且物價下跌並不總是與經濟衰退有關。實際上，許多通縮事件是「好的」，因為它們與生產力導向的經濟成長相關。[12]

政策制定者經常對通膨的原因有錯誤解讀。他們將低於「目標通膨率」（在最近幾十年裡是低於2%）視為不可預見的總需求下降。一看到通膨低於目標通膨率，各國央行就直接下結論，認為這是有問題且危險的。因此，固執地維持低利率，同時繼續採行購買長期資產等非傳統政策。每當看到經濟疲弱不振的跡象，就會一如既往地持續鼓勵借款和消費，然後一再

引發似曾相識的泡沫形成而後破滅的榮枯循環。

實際上，對通膨低於目標通膨率的原因，政策制定者所做的假設不一定正確，還有另外一種可能。這二十年來，並非每一次通縮或低通膨的發生都是不好的。相反的，這當中有許多次是反映技術、貿易、全球化和移民等面向的進步，以及隨著中國和新興市場加入全球經濟體，促使全世界的勞動供給增加。在很長一段時間裡，這種好的通縮，讓物價有下降空間。直到2021年隨著新冠疫情降溫，通膨都徘徊在多數先進經濟體央行設定的2%目標通膨率以下。

有缺陷的假設，會使通縮的影響惡化。因為誤診，使得政府用了錯誤的工具和目標。如果在全球化貿易、更好的技術和充足的勞動供給下，經濟沒有受到什麼傷害，倒讓物價緩解，實際通膨率趨近於零，那麼通縮自是好事；但現在各國央行的共同信念，卻認為將名目通膨率的目標，設定在2%是合適的。於是警報響起，各國央行擔心步入通縮和低通膨的危險，因此再次祭出同樣非傳統的應對方式：將利率降到零或是負利率；以量化寬鬆或信用寬鬆之名，從私人部門購買金融資產；放寬信用限制；從私人部門貸款人的手裡承擔債務。

一旦祭出這些政策，就很難回頭，可能持續進行好幾年，甚至數十年，而且如同歐洲央行和日本央行的官員所證明的，效果不會令人滿意。

各國央行嘗試解決一個不需要解決的問題，而不是接受好的通縮或低通膨是種新常態。它們刺激借款，因為更多借款人會競相爭取貸款利率接近央行2%的目標值。央行得到想要的結果，但這不僅不必要，還會產生反效果。超額借貸會引發下一個泡沫。

這種瘋狂的模式已經持續數十年。1966年，道瓊工業指數首次達到1,000點；之後，在1968年12月時，因突發的股市狂熱又將指數再次推升至將近1,000點。當時投資人偏好皮靴和電子產品類的精品股。不分產業地收購其他公司以追求最大收益的企業集團，在當時出盡鋒頭。但在戲弄投資人之後，道瓊工業指數一路下滑，在1970年5月爆跌36%至631點，直到1972年才回到1000點以上。儘管1969年開始的經濟衰退是溫和的，聯準會卻在1970年放寬貨幣政策，以刺激經濟成長。[13]

從官方角度來看，石油危機引發1970年代中後期兩次停滯性通膨的衰退。然而，仔細觀察，我們可以看到這些危機的根源在於財政及貨幣政策，並不完全是石油輸出國組織的錯。

越戰的花費導致龐大的財政和貿易赤字。美元對黃金的固定匯率，使美國面臨外國債權人對黃金的提領需求。為了不交出黃金準備，美國在1971年退出金本位制，其他國家紛紛跟進。貨幣不再與貴金屬價格掛鉤，而是依據發行國的經濟實力與聲譽，在可以任意印鈔的情況下轉為浮動匯率。

因此，第一次石油危機衝擊的，是一個貨幣和財政政策過於寬鬆且通膨快速升高的世界。當時的因應政策，是將利率提高到比上升的通膨率低一些，如此就可以保持負的實質利率。各國央行的做法仍然落後於形勢，既沒有緩解高失業，也無法打壓分歧的通膨預期。高通膨預期，伴隨高失業，就是教科書上對停滯性通膨的描述。

　　到了1974年7月，情勢已定，《紐約時報》報導：

> 　　如何治療華爾街嚴重的恐慌？民間和政府信心的療癒師，都已提供了許多補救措施。本週稍早時候，當克里夫蘭中央國家銀行（Central National Bank of Cleveland）對其信譽最好的企業借款人提高它的優惠利率到12.25%，且多數主要銀行提高到12%時，這種需求特別強烈。股票市場應聲暴跌。[14]

成功壓制通膨巨獸，卻留下長期後患

　　1979年上任聯準會主席的伏克爾，實施超級緊縮政策，使通膨率在1980年代降至個位數，並在1980年至1982年間引發嚴重的雙底衰退（double-dip recession）。值得慶幸的是，從那時候開始，沒有任何事情需要如此緊縮的政策。伏克爾的抗通膨措施，讓全世界都嘗到苦果，特別是讓阿根廷等拉丁美洲國家，陷入停滯成長的十年。當時這些國家以為高油價會持續下去，向國外大量借款，1982年，大多數拉美國家因無力償還美元債務而破產。這就是所謂的拉丁美洲債務危機，又稱為拉美失去的十年。

成功壓制通膨巨獸，存在長期的黑暗面，那就是強化過度自信（以為聯準會總是能夠開啟或關閉貨幣供給的水龍頭，達到想要的結果）。為了避免再度陷入雙底衰退，美國和世界其他國家在1982年之後逐步放寬貨幣和信用。到了1984年，當雷根競選連任時，因政府放寬對房地產貸款的監管，下一輪的信用泡沫已開始升溫。1990年至1991年的衰退，就是緊跟在房地產泡沫之後發生，泡沫破滅重創了許多貸款人，主因正是數百家儲貸機構對所承貸房地產的風險準備不足。

國會在1980年代初期，通過兩項法案：1980年的《存款機構解除管制》（Depository Institutions Deregulation）及1982年的《葛恩—聖喬曼存款機構法》（Garn -St. Germain Depository Institutions Act），解除了大蕭條時期對儲貸銀行的儲蓄和支票帳戶訂定的利率限制。這兩項法案，讓儲貸銀行得以與華爾街競爭，卻也造成致命後果。

大多數儲貸機構習慣承作和保留房屋抵押貸款，並向存款人支付低於借款人所付的利息。它們無法與經營靈活的金融機構相比，這些金融機構購買、出售並交易住宅和商業抵押貸款，其中有許多是投機性的業務。

為了滿足購屋者對金融機構需要，儲貸行業於一個世紀前開始發展起來。它們以儲貸機構或儲蓄銀行的形式，經營貸款業務，並將抵押貸款這項資產放至到期。這個缺乏活力的行業僅提供一項有用服務，而商業銀行卻可借錢給有營收的公司。

華爾街則是學會如何以數千件抵押貸款的收入為基礎，創造和交易證券化商品。儲貸銀行受限於監管法規與文化，根本無法與其競爭。1970年代發生嚴重通膨時，它們擁有低於市場利率的抵押貸款，每天都在賠錢。利率上限抑制新存款流入，以致沒有資金來源辦理新的抵押貸款。於此同時，華爾街和商業銀行卻僅短暫保有抵押貸款，隨後便將它們出售給投資人。

當利率管制放寬，房地產開始蓬勃發展時，儲貸銀行遭受致命的打擊。為了加入這個最火熱的市場，儲貸銀行冒險從事高風險業務。但當房市泡沫破滅，這些從激烈競爭中倖存下來的儲貸銀行，紛紛倒閉。

與1970年代的停滯性通膨相比，這次短期的經濟傷害，顯得相對短暫且溫和。監管機構關閉了無力償債的儲貸銀行，並將資產移轉給較穩定經營的機構，大多數存款人的權益都受到了保障。然而，長期的大屠殺即將到來，實際上，只花了一點時間就展開了。

放寬管制、寬鬆貨幣，預告全球金融海嘯到來

房市泡沫破滅，促使聯準會在1989年至1992年間，將政策利率由8%調降至3%，這是利率走勢的重大變化。為了加速就業成長，聯準會維持低利率，但成效並未快速彰顯，至少沒有快到讓老布希總統（George H. W. Bush）在1992年競選連任時，打敗對手柯林頓（Bill Clinton）。

1990年代，被認為是大平穩（Great Moderation）時期的開始。「良好的低通膨」主要來自網路及生產力的全面提升，讓通常伴隨著低失業和穩定成長的物價上漲，受到了抑制。

然而，在美國以外地區，1990年代發生了好幾次因金融不穩定和寬鬆貨幣政策造成的危機。

瑞典和其他斯堪地那維亞半島的經濟體，對銀行管制大幅鬆綁後，歷經動盪，預告全球金融海嘯的到來。「銀行、抵押貸款機構、金融公司等機構進入新紀元，可以在國內信用市場自由競爭。」金融學教授英格倫（Peter Englund）在一份關於瑞典銀行業危機的報告中提到：

解除管制的影響立刻顯現。金融機構的新貸款成長率，在1980年代前半期，每年落在11%至17%之間，到了1986年跳升至20%。在1986年到1990年

的五年間，貸款更增加了136%（按實質價值計算為73%）。[15]

如同美國一樣，瑞典的立法者和政策制定者，並未正視失業率正處於歷史新低、物價上漲速度比其他國家快等現象。1989年，瑞典股市全年上漲42%。沒多久，一家瑞典主要金融機構，因過度曝險在房地產，無法對關係著日常現金流的短期放款進行展期；這種情況若是發生在2008年，足以顛覆華爾街的主要金融機構。英格倫在報告中指出：「危機擴大到整個市場，幾天後流動性就枯竭了。」

1990年，瑞典有五家金融公司在短期貸款項目違約；六家主要銀行中，有兩家最終未能達到資本要求而接受紓困，另有一家則是違約。

緊接著是歐洲匯率機制（ERM）產生劇烈變化，在歐元誕生前，英鎊、德國馬克、法國法郎、義大利里拉及其他貨幣透過這個機制，訂定相對的價值。*在普林斯頓大學經濟學系發表的一份報告中，作者做出結論：「歐洲匯率危機（ERM crisis）曾在斯堪地那維亞半島上進行彩排。」[16]英國和全歐洲的幣值再次被高估，但在寬鬆的貨幣和財政政策下已導致巨額的貿易赤字，使英鎊等有貶值壓力，因此引發危機。

同樣面臨困難的，還有墨西哥，它的半固定匯率機制在

1994年底和1995年崩潰。1997年，東亞因龐大的民間部門債務，使貨幣如自由落體般大幅貶值。不久之後，厄瓜多、巴西、俄羅斯、阿根廷、土耳其、巴基斯坦和烏克蘭等新興市場經濟體，因相繼陷入貨幣及其他國際收支和債務危機，而受到重創。在普林斯頓大學發表的報告中寫道：「儘管這些國家的經濟情勢及根本問題有明顯差異，1990年代的貨幣危機都很相似，那就是投機性的浪潮，快速且『具感染力的』從被攻擊的國家或一群國家，傳播到具有或被認為有著類似總經樣貌的整個區域。」[17]這份報告在1998年發表，與全球金融海嘯相隔了整整十年，但文中已提供充分的警訊。

經濟已經過熱，卻仍在降息

1996年，網際網路引領經濟繁榮，在以科技股為主的那斯達克股票市場，新的網路股迅速崛起，網路泡沫開始形成。原本聯準會可以緊縮貨幣和信用政策，減緩讓泡沫膨脹的借貸行為，但它並沒有這麼做，使得興奮的股票投資人，希望好日子

---

* 譯注：即每一種貨幣只允許在一定的匯率範圍內浮動，一旦超出規定的匯率浮動範圍，各成員國的央行需透過買賣本幣進行市場干預，使該國貨幣匯率回到規定範圍內。英國於 1990 年加入歐洲匯率機制，錨定貨幣是低通膨與高成長支撐的馬克，導致英鎊被高估。

就這麼持續下去。但發生在半個地球外的事件，中止了這場慶祝行情，亞洲貨幣危機和俄羅斯無預警的違約，使全球市場混亂，資本已經枯竭。

高槓桿避險基金因沒有維持營運所需的流動性，更感受到緊迫的壓力。長期資本管理公司讓總投資價值幾乎達到淨值的100倍，相當於擁有一棟100萬美元的房屋，卻有99萬美元的抵押貸款。當金融資產大貶，避險基金損失慘重。長期資本管理公司的失敗，具有毀滅性和傳染力，導致整個美國金融體系面臨崩潰和衰退，迫使聯準會安排長期資本管理公司的所有債權人，主要是美國和外國的銀行，對它進行私人紓困。儘管在網路股的主宰下，經濟已經過熱，聯準會仍採取降息，來穩定被長期資本管理公司攪亂的金融市場。

然而，以貨幣寬鬆做為解決方案，再次助長泡沫。在獲取暴利的投資人鼓舞下，那斯達克指數一路飆升。已經到了該緊縮信用的時候，然而聯準會仍然拒絕這麼做。

那時，任何公司的股票只要聲稱與數位的將來有關，就會成為檯面上的熱門股。還記得販賣寵物用品的Pets.com和雜貨零售商Webvan，或世界通訊（Worldcom）及環球電訊（Global Crossing）？隨著這麼多公司的帳面價值暴漲，經濟學家席勒（Robert Shiller）創造一個新的名詞「非理性繁榮」。2000年網路泡沫破滅，在那斯達克掛牌的科技股，市值蒸發了四分之三。接著發生世貿大樓恐怖攻擊事件，到了2002年，道瓊工業指數在這幾年間，暴跌43%。

網路泡沫破滅，使許多負債累累的公司倒閉，不只是科技業，也包含其他產業。一些經營管理鬆散，及規避法規或詐欺舞弊的公司，紛紛被揭露。例如財務槓桿用到極致的安隆（Enron）、世界通訊及泰科（Tyco）等企業醜聞，都是聲名狼藉的破產事件。

然而，聯準會再次加快腳步。具即時影響力的聯邦資金利率，也就是聯準會每天拆款給會員銀行的利率，在短短一年內，由6.5%跌至1%，寫下歷史新低。這個利率維持在1%，長達兩年，直到八個季度之後，GDP終告成長，揮別衰退。

最終利率開始往上爬，但與突然遽降相比，速度就像蝸牛爬行般緩慢。聯邦資金利率花了三年時間，才在2006年達到5.25%。於此同時，借款人湧向新的資產領域，住房貸款和次級貸款突然受到歡迎。低利率及監管機構的無作為，促使野心勃勃的貸款人可以恣意妄為。

你會驚訝，低利率和鬆散的監管導致魯莽的借貸行為嗎？來到大量行銷信用可疑抵押證券的時代，即可一探究竟。已有無數報導，包含我的著作《末日博士危機經濟學》（*Crisis Economics*），都已詳述2007年至2009年導致數百萬房屋所有人違約、數百家銀行破產，及著名華爾街公司倒閉的故事。

為了拯救經濟從全球金融海嘯中脫困，聯準會做了什麼？它將利率降至零，意即銀行為因應貸款組合，而提存在聯準會的準備金，將拿不到利息。聯準會同時購買長期債券和住宅用不動產抵押貸款證券，開始並強化量化寬鬆和信用寬鬆。藉著取得這些證券的所有權，聯準會提供銀行資金，以低利率擴大貸款業務。這場遊戲持續了很長一段時間，當中精神並不複雜：貸愈多，借更多，落後者吃虧。

三次量化寬鬆，將債務推向更大規模

當第一輪量化寬鬆結束後，隨之而來的是第二輪和第三輪，被稱為QE1、QE2、QE3。一連進行數回合後，代表限制愈來愈寬鬆。看到寬鬆似乎無止境，投資者開始半開玩笑稱它為「無限QE」。隨著資金湧入央行曾經放棄的資產，大規模紓困來了。真是太好了，如果你想經歷更多泡沫形成而後破滅的榮枯循環的話。

全球金融海嘯才剛停歇，從家庭、企業到政府卻已利用低利率，開始將債務推向更大規模。2017年川普總統大規模減稅1.5兆美元，在經濟成長良好的一年裡，美國聯邦赤字飆升至每年超過1兆美元。當銀行被更縝密地監管的同時，影子銀行激增，其所創造的融資安排業務，風險遠遠超出監管範圍，更助長了企業債務的泡沫。從2014年開始，企業債務爆增，特別是高風險和高槓桿的公司及「墮落天使」（fallen angel）。*

非銀行金融機構創造出新的風險貸款型式：低門檻貸款（covenant-lite loan），在違約時對貸款人沒有什麼保障；擔保貸款憑證則是將企業貸款打包證券化，類似次貸危機時惡名昭彰的擔保債權憑證。這些致命的方案，使得具風險性的債務在短時間內蔚為風潮，但很快就變成一場浩劫。到了2019年，在新冠疫情前，甚至聯準會和國際貨幣基金都對日漸增加且具風險性的企業借貸提出警告。

歷史即將重演，泡沫開始形成，緊隨在後的崩潰與衰退也在醞釀中，而且似乎無路可逃。在疫情大流行的前幾年，各國央行認為通膨太低而維持寬鬆政策。接著，因美國與中國之間的貿易爭端，經濟成長減緩，聯準會在2019年（疫情爆發前），又進行了相當於第四輪的量化寬鬆，增加貨幣流通量並降息。

其他先進經濟體的央行，在全球金融海嘯之後，也跟隨潮流，公布自己的非傳統貨幣政策。在歐洲和日本，政策利率降至零以下，也就是負利率，意味著央行對銀行提存的現金準備

---

* 譯注：墮落天使，是指因高額債務，信用評等由投資等級重挫至垃圾債券等級的公司。

不用付息，而是收息。

　　央行操作範圍不斷擴大。除了購買公債外，歐洲和日本的貨幣政策准許央行購買公司債，在日本，甚至還可以購買股票和房地產。如果你還不信這個世界充斥太多現金，不妨看看2019年，全球已有17兆美元，是到期時限最長為十年，名目殖利率為負的政府和民間債券。這意味借款人承諾要支付的殖利率為負數，換句話說，貸款人反而要付利息給借款人。

　　聯準會在2017年中期，曾一度緩步升息，並計畫在2019年達到3.25%。然而，民間和公共部門的借款人已經負債累累，小幅度的利率上升就讓他們感到震撼。無風險的指標公債，及有違約風險的債券，在相同期限下，兩者間的關鍵利差擴大，顯示出貸款人的焦慮不安。接著，企業借款人之間的信用利差飆升，股市在2018年第四季下跌20%。這一切迫使聯準會，重回到採取更多的量化寬鬆政策，並停止升息。央行已經被困住，無法停止餵養這頭巨獸。

　　2019年1月，聯準會主席鮑爾釋出將停止升息與縮表的訊息。然而，幾個月之後，經濟復甦開始失去動力。有一些怪異的金融證券，像是附買回交易（repurchase agreement，簡稱repo）被摒除在資本市場之外。聯準會於是又以一貫的方式，為即將到來的衰退做準備，將利率降至2%以下，並恢復量化寬鬆政策。在新冠疫情改變一切的近一年間，聯準會甚至連溫和的政策緊縮，都不敢冒險採行，只能走老路，直接陷入債務陷阱中。

新冠疫情是沒人能精準預測到的衝擊，雖然醫學專家早已提出警告可能發生這類大流行病。2020年3月，股市暴跌，數百萬美國人失去工作，經濟面臨停頓的威脅，每個貸款人都把資金留在手中，沒有現金流通來推動經濟前行。值得稱道的是，監管機構對懸而未決的債務問題開始感到擔憂，只是限於經濟情勢而無法行動。銀行、影子銀行、避險基金、私募股權基金、經紀自營商、中小型企業及抵押權所有人，都因債務負擔過重而無法付款給貸款人。債務市場搖搖欲墜。聯準會的唯一選項是維持快速地提供資金，而且比2008年全球金融海嘯時還要更快，範圍也更廣。

到處都是即將破裂的泡沫

到了2020年底和2021年，當我們逐漸從大流行病走出來時，已債台高築、財政赤字飆升、貨幣政策比史上任何時刻都還要寬鬆。政策制定者是否學到教訓？也許有，也許沒有。他們已經重新表態，傾向以印鈔取代發債來為巨額赤字取得融資。除了量化寬鬆和零利率，政策制定者似乎想要讓債務貨幣化，成為央行的永久特色。

這種做法會導致什麼後果？到處都是即將破裂的泡沫：股票；加密貨幣；對風險狂熱的避險基金；不知情的散戶盲目跟風，買入遊戲驛站（GameStop）的股票，加入與華爾街做空大戶對戰；數百萬Z世代和X世代的當沖者，以他們極少的儲蓄和財政移轉性支付來押注股票；私募股權集團和公司大規模借錢；更糟的是，房價已飆到天際，股價也從2020年3月疫情爆發後的最低點，到2021年底時，已上漲將近一倍，本益比遠高於歷史平均值。

我無意暗示沒人注意到要阻止泡沫變得更大。相反地，許多睿智者正在努力。這是個相當大的挑戰。問題不在於漫不經心、沒人注意，或是疏忽大意。事實上，總體經濟領域的每個決策都有龐大的利害關係，錯誤的決定會造成嚴重的傷害。

為了減輕傷害，全球金融海嘯後出現一堆雜亂無章的規則和監管。過去的傳統做法，聚焦在維持個別金融機構的健全，現在不得不轉向更大的領域。國際貨幣基金曾提出警告：「維持個別金融機構的健全是不夠的，政策制定者需要更廣泛的方式來保護整個金融體系，他們可以利用總體審慎政策（macro-prudential policy）達成目標。」這是一種花俏的說法，讓我們考慮整體狀況，而不只有變動的部分。

聯準會考慮的總體審慎政策有兩種類型。一種是永久性的，建立資本牆，這樣即使泡沫破裂，銀行也能生存。這是為麻煩預先做好準備，屬於總體審慎政策的結構性方式。

另一種方式是週期性的，隨著民間部門債務的積累和泡沫化，以更嚴格的借款限制來減少危險的信用循環。週期性的方式嘗試在泡沫變得不穩定前讓它減壓，因此依賴精準的時機點，然而時機點總是引發熱烈討論，誰能分辨何時達到高峰，是一星期、一個月，還是一年？這使得監管機關不願干預，沒人願意減緩經濟成長，即使是聯準會也不願意，它的工作向來是在情勢變得過熱之前才會出手。就防止泡沫形成和破滅而言，結構性的解決方案占上風。但也許有人會認為，總體審慎的監管，其實偏向做排水系統而不是防洪閘門，是很短視且禁不起考驗的想法。

此外，歷史經驗告訴我們，當貨幣政策長期過於寬鬆時，總體審慎政策並無法阻止泡沫的形成。當權者必須升息，讓泡沫在開始形成時就被阻止，但所有央行都有這樣的意識形態：抗拒使用貨幣政策來戳破泡沫。央行傾向依賴未證實可行且無效的總體審慎政策，但這些政策即使試了，也通常沒有效。因此，我們一直在孕育壯大債務的超級循環。實際上，寬鬆政策除了在短期造成資產泡沫，就中期而言，終究會引發商品和服務的通膨，這部分在下一章會說明。

缺乏流動性時紓困，經濟過熱時緊縮

凱因斯學派和奧地利學派的經濟學家，對於泡沫形成而後破滅的榮枯循環，提出不同的解決方案。凱因斯學派偏好干預；奧地利學派支持緊縮和債務重整或減少，而非紓困。如果在泡沫破裂初期，你是純粹的奧地利學派，在總需求崩潰的情況下，你將如過往歷史以另一場大蕭條做為終結。

我傾向採取折衷做法：在循環初期缺乏流動性時，政策制定者應該是凱因斯學派，但不能永遠維持凱因斯學派的做法，因為那將會積累更多寬鬆的貨幣、信用和財政，最終造成下一個泡沫榮枯循環。他們必須打破對寬鬆貨幣的迷思。

看看新一批央行總裁。幾年前，聯準會有柏南克、葉倫等傑出經濟學家帶領，歐洲央行有德拉吉（Mario Draghi），英格蘭銀行有卡尼（Mark Carney），他們都是具有聲望的央行總裁，擁有扎實的經濟專業背景。即便如此，他們也都一一困在債務陷阱中。在葛林斯班賣權（Greenspan put）之後，有柏南克賣權（Bernanke put）、葉倫賣權（Yellen put）及目前的鮑爾賣權（Powell put），他們的對策在做法上會有差異，但底線都是相同：當債市和股市不穩定時，這些央行總裁會出面拯救。

如果受過經濟學訓練和泡沫榮枯循環洗禮的央行總裁，會被困在債務陷阱中，那麼沒有豐富經驗的經濟學家發號施令，應該更難讓人保持樂觀吧。但這種看法已經有所改變。2021年，律師出身的拉加德（Christine Lagarde）和鮑爾分別接掌歐洲央行和聯準會，英格蘭銀行總裁貝利（Andrew Bailey）來自銀行業務端，他們都沒有精通貨幣政策的背景。

隨著債務累積，各國央行不再具獨立性時，它們的運作會變成怎樣？央行已偏離對長期大局的嚴密關注，轉而接受那些迎合變化的政客和槓桿投資者的暗示。當以短期目標來決定政策時，央行會強烈依賴寬鬆的貨幣和信用，因為那是選民想要的，可以讓槓桿市場避免崩潰。

總體經濟不是遊戲，專家們絕對不應該如此看待它，但可以這麼說，錯誤的診斷已經造成傷害。我們以錯誤的方式遵循規則，以致步入難題。寬鬆的貨幣、信用及財政政策，並不會讓我們從一再發生的泡沫榮枯循環中解救出來，反而會將我們推向債務的超級循環。我們需要調整規則，以停止這個債務陷阱，如果不這麼做，沒有人是贏家，每個人都會在接下來的巨大危機中崩潰，並承受重大損失。

截至目前為止，我已剖析了不同的總體經濟威脅發生的模式，以及在這些威脅下，我們曾經歷過的嚴重短期市場混亂和衰退。現在，我們正要進入一個未知世界，有好幾項大威脅會交互發生，預期將有令人擔憂的後果出現，那就是史上最嚴重的停滯性通膨。

———— 第五章 ————

大停滯性通膨來了

　　大多數人對於經濟苦難的恐懼，都是聯想到 1930 年代的大蕭條。但實際上，我們現在正處於不同的險境，不是蕭條，而是情況更加危急的停滯性通膨。

　　回顧 1970 年代，那十年間，我們經歷泡沫、衰退、金本位制終結、美元貶值、債務累積、高風險的金融改革、貨幣與財政政策的實驗，以及地緣政治衝擊引發的石油供給危機。這一切最終導致雙位數的通膨率、難解的失業問題、持續的經濟衰退。這就是所謂的停滯性通膨，亦即伴隨高通膨的經濟停滯。

　　幾乎所有令人頭痛的經濟問題，在 1970 年代都發生了。但今天有誰還記得那些動盪？走過 1970 年代，至少到 2008 年大衰退之前，世界就已變得很不一樣了。有將近三十年，世界僅發生短暫且溫和的衰退，經濟反彈回升也相對快速。如果把全球金融海嘯帶來的大衰退時期納入，我們已足足享受了四十年伴隨低通膨的強勁就業，還有多數時候的經濟成長。一連串的創新、全球化、移民、弱勢的勞工與工會，以及數十億來自中國、印度和其他新興市場的勞工，促使生產力提升，並維持物價穩定。在國際和睦氛圍下，我們共創了所謂的大平穩時期。

央行掌控貨幣供給的開關

對抗停滯性通膨的戰役，在1980年代初期終於獲得控制。這場勝仗讓大多數專家信心滿滿，預期經濟大平穩能夠一直持續下去。因為聯準會總是能夠開啟或關閉貨幣供給的水龍頭，達到想要的結果：採取較低的利率和寬鬆的信用，就可以刺激成長並避免通縮；實施較高的利率和緊縮的信用，就可以冷卻過熱的經濟、過度的成長和上升的通膨。

前聯準會主席柏南克在2004年2月宣稱：「在過去約二十年的時間裡，經濟局勢最顯著的特徵之一，就是總體經濟波動大幅下降。」[1]他認為，有許多因素改變金融經濟的結構，同時預測大平穩將會持續下去。然而，三年之後，世界卻遭受重大且劇烈的衝擊。

2007年至2009年的全球金融海嘯，推翻了所謂一切都在控制中的想法。但這場災難是否從根本上改變了各國央行總裁和政策制定者的行事方式？這場浩劫的導火線，包括貪婪的貸款者和影子銀行家、不顧後果的買房者、鬆懈的監管機構和信評機構、錯誤的風險定價，以及提高住宅自有率的短視政策。難道我們就不能好好填補這些漏洞、對銀行進行壓力測試、制定新的金融規章，然後繼續朝美好前景前進嗎？

有些批評者提出了更深層的問題。堪薩斯大學奧斯華（Oswald）總體經濟學講座教授巴奈特（William A. Barnett），也是位於紐約的金融穩定中心（Center for Financial Stability）的主任。他在《誤導：錯誤的貨幣統計如何毀了聯準會、金融體系及經濟》（*Getting It Wrong*）一書中，針對監管機構所運用的資料，做出直率評論。

聯準會是否真的知道自己在做什麼？巴奈特寫道：

這一切都是假象。這些年來貨幣政策的設計並沒有重大改進，基本上仍是依據半個多世紀以來使用的方法。那些表面上的改進，其實都來自聯準會體系之外。聯準會唯一真正的改變，就是提供的資料品質變差了。當私人部門因金融商品日趨複雜，而需要更多且更好的資料時，聯準會提供的資料數量和品質都在下降。[2]

的確，暫且不論其他市場，就以房屋抵押貸款和信用貸款來說，不透明又複雜且難以定價的全新衍生性金融商品不斷增加。這些具危害性的金融工具如雨後春筍般冒出頭，所衍生的風險極高，實在難以衡量與評估。

　　然而，造成全球金融海嘯的原因，遠遠不只是缺乏良好的總經數據。專家們喜歡從後視鏡剖析問題，看不見留意不到的地方正潛藏著風險；而大多數人遇到麻煩時，則只會停下來觀望。2006年，當我警告會有巨大的房貸和信用泡沫，讓全球金融體系陷入險境時，人們不理會我，即使我提出數據，也徒勞無功。現在，當我警告危機就在眼前，得到同樣消極的回應。

不能銘記過往，注定重蹈覆轍

　　當其他人還在爭論通膨升高是否會持續時，我提出警示：準備步入停滯性通膨時代，我們將迎來經濟衰退、高失業率、抑制就業成長的高通膨三者同時存在的世界。在我看來，引發災難的各種條件已具足。

　　在寬鬆貨幣使得信用貸款成長飆升之際，資產和商品的價格也跟著膨脹，但龐大債務卻使得可抑制通膨的政策被排除在外。四十年前，聯準會曾提高政策利率到將近20%，那個解決方案在1980年至1982年間是很嚴苛的，造成嚴重的雙底衰退，但如果用在今天，衝擊恐怕更加劇烈。由於我們已處於債務陷阱中，同樣的解決方案在今天可能造成致命衝擊。隨著通膨的醞釀和飆升，任何持續的政策利率變化，都會降低成長，並增加對抗通膨的貨幣成本，如果再出現其他負面的供給衝擊，就會讓我們再度陷入停滯性通膨和債務危機。

從2021年開始，我發表了一系列文章，探討停滯性通膨發生的風險，[3]但人們看待我的方式，就好像我失去了理智。2006年，我在國際貨幣基金演講後，也曾遇到相同情形。觀眾點點頭，但未改變任何事情。他們沒有將眼前的事件有系統地串連起來，只是戲謔地說，我們需要來杯烈酒。實際上，他們真正需要的，是哲學家桑塔亞那（George Santayana）的著名警語：「那些不能銘記過往的人，注定要重蹈覆轍。」

我們已經到達債務超級循環的轉折點。*寬鬆的貨幣和財政政策，如今已帶來災難。除了最穩固的機構、銀行、全球化企業及國家之外，衰退和高利率將讓我們陷入全面困境。失控的通膨將重創先進經濟體和新興市場，結構性問題會成為生存的威脅。假如義大利再次崩潰，德國選擇不出手救援，歐元區將會瓦解。

四十年來，全球消費者和投資人已經習慣在溫和通膨中，

---

* 譯注：超級循環，是指超過一般景氣循環 7～10 年的週期。

期待全球市場成長。但接下來，我們很可能面臨利潤暴跌、薪資下降、財富消失、成長停止的場景。我們有能力應對長期的停滯性通膨嗎？我感到懷疑。英國央行負責金融穩定的前副總裁康利夫爵士（Sir Jonathan Stephen Cunliffe）曾說過：「金錢最終是一種社會習俗，在壓力下可能非常脆弱。」[4]我們將會認同他的觀察。

1970年代，這個脆弱的社會習俗也曾面臨考驗。為了衡量壓力有多大，經濟學家奧肯（Arthur Okun）發明痛苦指數（misery index）。計算方式很簡單，就是通膨率加上失業率的總和。廣受歡迎的聯合專欄作家波特（Sylvia Porter）問道：「當失業率和生活成本同時升高，會把我們推進財務深淵，還有什麼比這更好的方式來測量我們在經濟上的痛苦呢？」[5]

假如通膨率2%、失業率4%，痛苦指數則為6%。在卡特（Jimmy Carter）競選美國總統時，當時痛苦指數高達兩位數，讓他擊敗福特（Gerald Ford）。四年後，痛苦指數攀升到更高水準，雷根（Ronald Reagan）又以此說服選民，讓他擊敗卡特。

1970年代的經濟苦難將會重演，痛苦指數會重新出現在日常生活中，我們要做好準備。儘管2022年失業率低，但因通膨率超過8%以上，痛苦指數已攀升至兩位數。我們即將步入持久的動盪。

失業未改善，通膨卻升高

銘記過往教訓，有助於預測未來將發生的事。

第二次世界大戰後，經濟成長強勁，然而到了1970年代，由於兩項超級昂貴的行動，使得經濟成長消退：一是在越南開打的戰爭；二是為了對抗貧窮而發展福利國家的戰爭。投資者原本期待1970年代能夠像前二十年一樣，但很快就感到失望。經濟學家古德哈特（Charles Goodhart）與普拉丹（Manoj Pradhan）將韓戰結束至1973年這段期間，稱為「總體經濟的黃金時代」。貨幣和財政策略皆產生預期效果。「然後，一切都走樣了。」[6]

為了挹注越戰，以及偉大社會計畫（Great Society）的國內社會方案所需資金，造成龐大的預算赤字，事情開始變得一團糟。過度支出導致經濟過熱，並促使通膨上升。為了讓經濟降溫，聯準會透過溫和的升息，試圖阻止持續升高的通膨。在1970年的衰退中，經濟產出僅縮減不到1%。這次溫和的衰退，在1970年11月結束，然而它的影響卻依然存在。

股市方面，道瓊工業指數在1968年幾乎破1,000點，到了1970年11月則在800點以下盤整。[7]對市場和經濟而言，這是段黯淡的時期。

勞工方面，則是團結一致，聲勢浩大地準備抗爭。罷工和停工癱瘓了關鍵產業。根據勞動統計局的數據顯示，1970年共有5,716場罷工，總計300萬名勞工參與。

上述情況造成通膨升高，而非增加就業機會。通常來說，低失業率意味經濟在活躍運作，但當時有些事卻很不尋常。當經濟活躍，大眾對商品、資本和勞動的需求升高，往往會刺激通膨。相反地，如果失業率提高，勞工對薪資比較沒有議價力，隨著收入減少、需求減弱，這時商家訂價力低，通膨率就會下降。然而，1971年5月，根據《紐約時報》報導：「儘管自去年11月以來，失業率一直維持在6%左右，通膨卻仍居高不下，阻礙美國經濟成長。」[8]隨後，通膨率繼續升破4%。

致命錯覺：成長會持續，買在什麼價位不重要

尼克森（Richard Nixon）總統在競選連任時，制訂一套經濟方案用來振興美國產業。「有著明確的希望，將提供非常多就業機會，並降低具威脅性的失業率。」《愛荷華市新聞公民報》（*Iowa City Press Citizen*）在1971年8月做了如此報導。[9]

第二次世界大戰後，居主導地位的美元，與黃金掛鉤，這讓美國人驕傲自滿了起來，但也讓銷往海外市場的美國商品失去競爭力。企業如果在弱勢貨幣及高生產力成長的國家設廠，特別是德國和日本，就能以更低價格銷售更具競爭力的產品

（也就是目前中國享有的優勢）。隨著進口增加、出口成長疲弱，消費支出超過國家所得，美國的貿易逆差逐漸擴大。

持續貿易逆差的美國，開始向海外借款以填補國際收支缺口。外國人累積的美元債權愈滾愈大，至於債權是在美國境內或境外都不重要，最終還是由美國民眾來共同承擔這些負債。

自1945年以來，美元一直由黃金支撐。這不僅是實務上的機制，更是建立信心的方式。實際上，美國不能拿所有既存的美元，來換取金庫中的黃金。所以，當法國政府挑戰美國，要求以35美元兌換1盎司黃金的固定匯率，將美元資產兌換成黃金時，美國退縮了。白宮高級顧問向尼克森總統示警，必須放棄固定匯率，因為美國持續貿易逆差，金本位制已無法再維繫。尼克森總統起初採取暫停黃金贖回，到了1971年，進一步動用核選項（nuclear option），[*]通過退出金本位制，美國不再假裝遵守。從那時起，美元成為浮動貨幣，透過自由市場決定與其他國家之間的兌換匯率。

沒有金本位制限制貨幣供給，美國於是有了新的政策選項：可以印鈔、降息鼓勵借貸，並讓美元逐漸走弱。從固定匯率轉變為浮動匯率，美元相較於其他貨幣走貶，使激增的進口

---

* 譯注：核選項，是指允許參議院以簡單多數推翻日常規則，而不是三分之二的絕對多數。

商品變得更昂貴，物價上漲導致通膨升溫。

在新經濟環境帶動下，有一類股票蓬勃發展，即投資者深信買完後就放著不用再管的藍籌股。這類股票的每股盈餘和本益比有很強的韌性，一旦買入，永不拋售。當時被視為固若磐石的恆久藍籌股，包括通用汽車、埃克森美孚、可口可樂、IBM、全錄、輝瑞和寶麗來等。《富比士》解讀背後因素：「人們有個錯覺，就是以為這些公司營運得非常好，買在什麼價位並不重要，它們勢無可擋的成長將使你擺脫困境。」[10]

比起精準的明牌名單，更容易被記住的「漂亮50」（Nifty Fifty），這些股票的本益比，翻倍飆升，遠超過歷史的評價紀錄。[11]如同《今日美國報》（USA Today）後來所描述：「藍籌股深受機構法人和個人投資者歡迎，使得投資心態由原本的『價值』投資，急遽轉變為『不惜任何代價的成長』；這種心態在四分之一個世紀後的科技股泡沫中重現，而且更加狂熱。」[12]

1973年1月，由於受到持續上漲的物價、難以解決的失業問題、不斷提高的利率、戰後貨幣協議的終止及迫使尼克森在1974年8月辭職的水門案醜聞等因素影響，股市重挫。道瓊工業指數在1974年9月以略低於608點做收，一年內下跌36%，僅比1962年7月的收盤價高出10點。[13]「漂亮50」也未能倖免於難，它們的股價隨著整個市場一起崩跌。

燃料價格狂漲，通膨率飆破兩位數

隨之而來的是一個翻轉全球局勢的動盪，影響持續至今。1973年10月，以色列在贖罪日戰爭中擊敗阿拉伯鄰國，石油輸出國組織的十二個成員國對美國，及其他與以色列友好的西方國家，實施石油禁運，做為報復。最終導致石油價格在幾個月內上漲三倍，讓已經攀升的通膨迅速飆高，引發1974年至1975年間的嚴重衰退，各國動盪不安、消費者驚慌失措、公司瀕臨違約邊緣。

還記得1970年代，人們在加油站前大排長龍的景象嗎？1974年冬天，我和父親探訪倫敦，當時正值假期，皮卡迪利圓環（Piccadilly Circus）一片漆黑，所有節慶的燈光都很微弱或熄滅，包括聖誕樹在內。依賴石油的國家都被困住了，燃料價格狂漲，其他物價和工資也隨之上揚。美國司法部及工資穩定委員會開始調查物價暴漲的問題，特別是糖價漲幅超越其他食物，[14]即使無糖飲料價格也上漲。1974年，通膨率飆升至兩位數，達到11.4%，這是好幾十年來首次升破10%。

根據專欄作家波特的說法，那是一段惡劣的時光。在某些層面上，甚至比經濟大蕭條時期還糟糕。波特將原因歸咎於通膨：「就某種意義而言，這是最嚴重的一次衰退。因為在1929年至1932年間，至少物價隨著所得一起下跌；但這一次，物價在衰退之初就急速上漲，即使在十八個月後的今天，物價仍以令人無法忍受的速度，持續攀升中。」[15]

1974年7月，《紐約時報》針對急速升高的利率做出報導：「當克里夫蘭中央國家銀行對信譽最好的企業客戶，提高優惠利率到12.25%、多數主要銀行提高到12%時，股市應聲暴跌。」[16]

對抗通膨的歷史，曾有令人沮喪的紀錄。1971年，當通膨還算溫和時，尼克森總統在電視談話中宣布，對所有物價和工資凍漲九十天，並成立薪酬委員會和物價委員會來管制物價。然而，暫停通膨，卻造成供給嚴重短缺。尼克森想在競選連任的同時遏制通膨，但事與願違。

1973年初，通膨再度急速升高，尼克森在6月重新實施物價與工資的管制，同樣以失敗收場。葉金（Daniel Yergin）及史坦尼斯洛（Joseph Stanislaw），在關於那段期間的經典著作《制高點》（*The Commanding Heights*）裡寫道：「牧場主人停止運送牛隻到市場，農場主人把他們的雞淹死，消費者將超級市場貨架上的商品一掃而空。」[17]

然後，1973年爆發石油危機，重創經濟，導致更嚴重的衰退。1974年8月尼克森總統因水門案醜聞辭職。同年10月，福特總統以「立即打擊通膨」（Whip Inflation Now，簡稱WIN）的座右銘及相關徽章，號召所有美國人投入對抗通膨的戰役。

結果WIN失敗了，總統的所有幕僚都無法讓經濟復甦。通膨可以用另一種形式打擊政府，使當局者聲望下降。痛苦指數不斷創下新高，福特政府終告結束。

　　進入卡特政府時代，即使民眾是因為痛苦指數急遽上升和水門案醜聞，而將選票投給卡特，但他同樣沒能提出長遠的好解方。當時通膨稍有緩解，主要是因為1974年至1975年的衰退，勞工暫停對工資調漲的要求。1976年，經濟恢復成長，通膨率和失業率仍然頑強地居高不下，物價持續上漲，所得卻未跟著同步提高。1977年6月，媒體人哈維（Paul Harvey）寫道：「數個世代以來，認為神聖不可侵犯的規則，已經起不了作用。我們仍然被同時存在的高通膨與高失業率困擾著。」[18]

重溫歷史，但不要翻錯頁

　　「停滯性通膨」從此成為家喻戶曉的名詞，但很少人能真正理解它的意思。哥倫比亞大學社會學教授愛茲安尼（Amitai Etzioni）在《商業週刊》（*Business Week*）的專欄寫道：「經濟學家看待停滯性通膨，就如同物理學家以違反萬有引力定律，看待懸浮在半空中的物體一樣，是種科學上的褻瀆行為。由於不了解，在嘗試尋找解方時，當然會困難重重。」[19]

　　愛茲安尼敦促經濟學家，權衡供給與需求以外的因素。

「指稱停滯性通膨是個謎，只是顯示他們選擇透過計量經濟學的狹隘視角，來看待這個世界，而不是從更廣泛的社會、政治和經濟的視野來解讀。如果真的有個謎，那它就是存在觀看者的眼中，而不是在真實世界裡。」

到了1979年初，伊朗的伊斯蘭革命導致第二次石油危機，再一次石油禁運、油價再度飆升，甚至引發更高的通膨，經濟再次回到完全的停滯性通膨。然而，財政和貨幣政策在第一次石油危機後仍然維持寬鬆，助長了通膨，使通膨率在1979年幾乎翻倍，飆升至13.3%。然後，決定性的干預政策終於出現了，在批評者圍攻下，卡特選擇對抗通膨的鷹派人物伏克爾帶領聯準會。

伏克爾銜命上任，全力打壓通膨，專心一志瞄準目標。為了減緩貸款需求，聯準會將聯邦資金利率提高到20%。以這個利率借款，在不到四年的時間裡，利息就會超過本金；按這個速度發展，沒有企業或房屋所有人能夠維持下去。嚴苛的貨幣緊縮政策，在石油危機發生的當下，確實遏止了通膨，但也付出慘痛的代價，引發1980年及1982年雙底衰退中的第一次衰退（伴隨著德黑蘭人質危機），卡特因此失去總統寶座。

在1981年6月，《紐約時報》的一個新聞標題，道出許多人心中的疑惑：「雷根能夠治好通膨嗎？」新任總統承接棘手的挑戰：兩位數的通膨、兩位數的利率、落後的儲蓄和投資、遲緩的生產力成長、長期的失業及在全球市場的競爭力下滑。《紐約時報》指出：「這些問題加總起來，形成複雜的經濟失調，給個較好的術語，就是停滯性通膨。雷根的競選口號，主要就是承諾，將遏止停滯性通膨對美國經濟的影響。」[20]

想要有效遏止停滯性通膨的影響，必須採取前所未有的手段，嚴格考驗大眾能夠承受的程度。「今年將被視為解決國家經濟危機實驗的開始，足以媲美將近半世紀前新政開始時的計畫。」《紐約時報》這麼報導，並稱停滯性通膨「在許多方面，是比蕭條更令人困惑的問題。」[21]羅斯福總統只有一項工作，就是不惜一切代價讓美國恢復運作，雷根則必須解決長期以來的通膨結合失業、成長遲緩等形成的複雜問題。

要治好通膨問題，有著令人痛苦的答案，那就是維持超高水準的利率，這帶來雙底衰退中的第二次衰退。當航空管制員罷工時，雷根將他們全數開除，這傳遞一個訊息，那就是工會勞工都可以被取代，這有助於抑制對調升工資的要求。但最終還是靠伏克爾嚴苛的升息政策，讓飆破天際的通膨率往下降。1983年，雷根宣告戰勝停滯性通膨。

最終該如何解釋美國及其他先進經濟體，在1970年代經歷的停滯性通膨？簡單說，就是石油危機，加上為抑制通膨預期，提出了誤導的因應對策。

石油危機，如同所有負面的總供給衝擊，降低成長潛能，並增加生產成本。這對使用石油生產的企業帶來壓力，必須縮減工資且（或）提高價格。寬鬆的貨幣政策可降低資本的成本，幫助企業在需求恢復前維持工資水準，但也將進一步使生產成本增加及物價上漲。

該緊縮時卻寬鬆，造成停滯性通膨

1960年代末期，菲利浦曲線（Phillips Curve）提供了調整通膨與失業目標的方法。它取決於一種反向關係：當失業率高時，代表通膨的工資與物價維持在低水準，這主要是因為這時的勞工缺乏薪資議價力，企業也缺乏提高價格的能力。這條曲線沿著通膨和失業水準呈反向的路徑移動。理論上，貨幣與財政政策可以影響需求，使通膨率和失業率沿著這條曲線朝預期的方向移動。失業率低時，通膨率較高，失業率高時，通膨率較低。

無論如何，這是個單純的理論，現實狀況更為棘手。特別當經濟與技術劇烈改變，某些求職者一直處於失業狀態，致使實際失業率超過基本的結構性水準〔即無加速通膨失業率（Non-Accelerating Inflation Rate of Unemployment）〕時，立意良善的寬鬆貨幣政策，可能產生事與願違的反效果。無加速通膨失業率往往在小範圍內波動，在美國毫無疑問是低於5%。然而，當負面的供給衝擊發生時，這個水準會更高。試圖將就業保持在衝擊發生前的水準，只會在增加通膨預期下，引發更高的通膨率。

經濟學家傅利曼，因為對通膨與失業存在消長抵換的菲利浦曲線提出質疑，獲頒諾貝爾獎。假如央行實施寬鬆貨幣政策，是為了實際失業率低於正常的結構性水準，那只會導致通膨預期升高。在勞工與企業分別尋求提高工資與商品價格下，市場需求將受到抑制，較少的需求意味較少的工作機會，失業率並未獲得改善，但通膨卻升高了，因此長期菲利浦曲線呈現垂直狀態。當失業率維持在結構性水準，任何試圖將它降低至水準下的行動，都將導致不斷上升的通膨。

石油輸出國組織曾經造成兩次重大的供給衝擊，使得菲利浦曲線移動，錯誤的政策更加劇衝擊帶來的負面效應。傳統的經濟理論建議對暫時性的衝擊提供資金，即增加貨幣供給、降低利率和提供債務融資的財政刺激，並為永久性的衝擊調整行為模式。舉例來說，假如我失業，但短期間內可能找到另一份工作，那麼在重回職場前借錢以維持正常開支，是合理的。然而，如果失業是永久性的，且不可能恢復原本的所得水準，例如健康因素降低了生產力，我就必須調整生活方式和支出習慣，以符合新狀態，否則終將破產。

石油危機的衝擊是永久性的，石油輸出國組織是股新勢力，在大多數情況下，將繼續以聯盟的方式運作。這使得石油的實際價格無限期上漲，並降低石油進口經濟體的未來成長，同時提高了失業率的結構性水準。正確的因應對策，應該要接受這些令人不悅的事實。緊縮的貨幣和財政政策（而非寬鬆的政策），本來可以阻止失控的通膨，假如當時可以採行更緊縮的貨幣和財政政策，石油危機就不會導致工資和物價的全面飆升；成長或許會停頓，失業率可能會升高，但經濟體將得以避免接連幾年破壞性的通膨。

相反地，美國及其他先進經濟體，似乎認為石油危機的衝擊是暫時性的，所以升息的幅度低於控制通膨所需，並以寬鬆的財政政策為衝擊提供資金。我們沒有調整對於永久降低生活水準的預期，反而為永久性的衝擊提供資金，並使它日益茁壯。為了維持就業和消費，寬鬆的貨幣和財政政策鼓勵借貸，正如同傅利曼預測的嚴重後果，後續產生了更高的通膨，以及難以解決的失業問題，這就是停滯性通膨的根源。

疫後泡沫破滅，小人物再度失去一切

我們現在是否真的再次走向更高的通膨和停滯性通膨？持續追蹤金融新聞的人，應該自 2021 年開始就已看到有愈來愈多的證據浮現。

新冠疫情的衝擊（同時為負面的供給與需求衝擊），使通膨情況加劇，形成停滯性通膨的前兆。疫情引發的經濟衰退，導致2020年至2021年各國政府實施前所未有的大規模貨幣與財政刺激，加上全球供應鏈瓶頸、商品價格飆升、勞動供給萎縮，使得通膨率攀升至1980年代以來未曾見過的水準。

2022年的情勢變得更糟，當部分觀察家原本希望新冠疫情逐漸消退，舒緩引發通膨的供給瓶頸，但俄烏戰爭開打，使得俄羅斯與烏克蘭供應的商品價格上漲，包括石油和天然氣、工業用金屬、肥料及農產品等。接著，新冠變異株Omicron重創中國。嚴苛的新冠肺炎清零政策，迫使主要商業、貿易和運輸樞紐的城市全數封城，進一步造成全球供應鏈的阻塞。當商品稀少時，物價就會上漲，導致先進經濟體和新興市場的通膨攀升。嚴重的旱災，讓人更憂心糧食供應問題，進而成為社會動盪的導火線。乾旱造成俄羅斯和烏克蘭的農作物歉收，2010年在中東地區的旱災更引發糧食暴動，最後點燃阿拉伯之春（Arab Spring）革命浪潮。

2021年，《彭博社》有一篇社論寫道：「聯準會正冒著全面衰退的風險。」[22]全球最大資產管理公司貝萊德（BlackRock）毫無疑問也在敲邊鼓，該公司執行長對通膨發出警訊，同時為員工加薪8%。美國最大的主動管理債券基金品浩（Pimco）的投資長，則將租金上漲視為一大警訊。[23]值此同時，抗通膨債券基金公布了創紀錄的買盤規模，這個基金的設計正是為了保護投資人不受升息風險影響。

CNBC指出，農產品成本飆升40%，為十年來全球糧食價格的最大漲幅。德意志銀行將不斷上升的通膨，稱為全球性的定時炸彈。有別於政策制定者和華爾街的預測，德意志銀行發出嚴重警告：只專注在刺激措施，而忽視通膨隱憂，可能在近期內或2023年後，就會證明是個大錯誤。通膨造成的影響可能極具毀滅性，特別是對社會上最弱勢的族群。[24]

對於拜登政府提出積極的經濟刺激目標，經濟學家也是美國前財政部長的桑莫斯，就其關鍵層面表示讚賞，但也建議應謹慎行事，並對過度的財政刺激提出批評。他在《華盛頓郵報》寫道：「總體經濟刺激的規模，與正常衰退水準相比，可能更接近第二次世界大戰時期的水準，這將引發我們這一代從未見過的通膨壓力，並對美元幣值和金融穩定產生影響。」[25]

儘管警訊清楚可見，有些報導卻仍提供通膨將維持平穩的樂觀訊息。2021年7月底，《華爾街日報》報導：「對未來通膨走向的關鍵數據顯示，通膨正在降低中。」它引述密西根大學的一項調查，指出未來一年的通膨預期在7月達到十三年來的高點。「有個讓人更放心的訊息，是來自於對五到十年後的預期：7月初的數據來到2.9%，略低於5月的3%，並接近2000年至2019年間的平均值2.8%。」[26]然而，從2021年下半年到2022

年，商品價格進一步上揚，通膨率在2022年5月達到8.6%的水準，使得通膨預期再度升高。

70年代錯誤政策重演，停滯性通膨又來了

在此嚴正聲明，我並不依賴這些通膨預期數據。通膨預期在大多時候是錯誤的，因為它們通常無法預測直接出現在眼前的各種總供給衝擊。

一般人往往很難接受刺耳的警訊，即使是專家也有解讀錯誤，之後需要再修正的時候。哈佛大學教授暨國際貨幣基金前首席經濟學家羅格夫（Kenneth Rogoff），在《金融時報》的特約專欄裡，發表〈別慌張：有點通膨並非壞事〉的文章，試圖緩解人們的擔憂。他認為在經歷十年低於預期的通膨之後，轉朝相反方向或許是好事。羅格夫寫道：「現今美國的通膨與其說是壞消息，更像是好消息。物價上漲，主要是因為美國的經濟表現比一年前想像的更好。」[27] 然而，幾個月後，他又撰寫新的專欄文章，探討發生停滯性通膨的風險提高。

2021年春天，隨著通膨升高，為了試圖消除恐懼，當時的聯準會副主席夸爾斯（Randall Quarles）強調，經濟體系有足夠的彈性對抗緩慢的成長和醞釀中的通膨。即使聯準會的資產負債表規模大幅上升至歷史新高，他仍宣稱：「別擔心，經濟不

會回到1970年代的情況。」[28]同年6月，《金融時報》報導：
「橋水的普林斯（Bob Prince）拒絕回到1970年代。」這家全世
界第三大避險基金的共同投資長，指望強大的通貨緊縮力道，
能夠減緩任何物價上漲的趨勢。[29]

但到了2022年初，當分析師們希望新冠疫情引發的停滯性
通膨衝擊開始逐漸消退時，俄烏戰爭開始，而中國也因疫情再
次升高而停產。對於這次停滯性通膨的衝擊，聯準會、歐洲央
行及其他主要國家央行一開始的反應，都認為衝擊及所造成的
通膨也許是暫時性的，而貨幣政策對負面的供給衝擊無法產生
任何成效。因此，一如往常採取溫和的政策，卻進一步助長通
膨及其預期後果，重演1970年代的政策錯誤。整個2021年，
各國央行冒著落後打壓通膨的風險，直到2022年，要面對持續
性的通膨才覺醒，為時已晚。

廉價資金有如夏天的冰，融化前要好好享用？

人們說我在唱反調，但聽到連知名專家都說，這一切不是
真的時，我更加戒慎恐懼。

當問題迫在眉睫時，我時常感到疑惑，為何那些非常聰
明的人都不理會這些不利因素。在2020年至2021年時，我們
將大量資金和財政刺激，投入充斥現金和信用的金融及經濟體

系，導致資產價格飆高，但損失慘重的投資者，卻沒有心存警惕，甚至沒有擔心太久。我看見災難，他們只想到錢。對於我熟識的一位投資經理人而言，廉價資金有如夏天的冰，在融化前要好好享用，只要資金成本低廉，他就打算瘋狂投資。但萬一事情出了差錯？當政府打著量化寬鬆和信用寬鬆的旗幟充當後盾，失敗的風險就顯得微不足道。

黑石集團（Blackstone）執行長蘇世民（Stephen Schwarzman）並不擔心停滯性通膨及後續影響。他告訴《彭博社》，為支付大規模經濟刺激所需的花費，預料業主們將在加稅前設法套現，私人投資機會將如「雪崩般」的出現。在這樣的市場氛圍下，黑石集團和兩家合作夥伴以300億美元，完成一筆槓桿收購交易，這是有史以來金額最高的收購案之一。[30]

在美國及先進經濟體的房價和股價飆漲下，消費者開始不顧風險，將謹慎拋諸腦後，再加上疫情期間儲蓄大幅攀升，疫情過後被壓抑的需求紛紛出籠，帶動借款和支出急遽成長。

隨著風險攀升，及公共與民間部門的債務累積，每個人都吵著要更多。這會使人上癮。經濟學家傅利曼警告：「通膨就像酗酒，當你開始喝酒或印太多鈔票，好效果先出現，之後壞效果才發生。這就是為什麼在這兩種情況，都有強烈的誘惑使你喝太多酒或印太多鈔票。當談論到治療，則是相反情況。當你不再喝酒或停止印鈔票，壞效果會先出現，之後才有好效果。這就是為什麼堅持治療是這麼困難的事。」[31] 沉迷於量化寬鬆的經濟和金融體系，就是我們眼前嚴重的宿醉。聯準會一直把烈酒倒進酒杯，讓派對繼續玩下去，而不是將酒杯移開。

在2021年大部分時間裡，對於通膨的激增（2021年底達到7%）究竟屬於暫時性或持續性的現象，有著激烈辯論。聯準會及許多華爾街經濟學家認為是暫時性的；經濟學家桑莫斯、布朗夏爾（Olivier Blanchard）、伊爾艾朗（Mohamed El-Erian）等則站在持續性通膨的陣營，他們認為經濟已過熱，我也抱持相同看法。

急遽緊縮貨幣，經濟將硬著陸

但是，我不僅擔心經濟過熱將引發通膨升溫，也在文章中警告停滯性通膨即將來臨。[32] 到了2022年初，聯準會終於開始改變策略，認同通膨激增並非短暫現象。然而，那時的實際通膨及通膨預期都脫錨了，聯準會的政策已落後於通膨情勢。而後俄羅斯入侵烏克蘭，使通膨率進一步飆高。美國通膨率在2022年5月升至8.6%，並一直維持在聯準會及其他主要國家央行的目標值2%以上，而通膨預期仍然居高不下。

在2021年，關鍵的經濟辯論分為兩派：「通膨暫時性陣營」和「通膨持續性陣營」。他們爭論著先進經濟體的通膨上升，究竟是暫時性還是比較像持續性？隨著時間演變，「通膨持續性陣營」占上風。到了2022年，聯準會及其他國家央行總算放棄暫時性通膨的錯誤觀點。

然而，這些爭論很快有了新的討論層面。先進經濟體的貨幣當局爭相打擊通膨以降低市場焦慮，最終將引發更嚴重的通膨，即所謂的通膨預期脫錨。各國央行逐步停止量化和信用寬鬆政策，並提高利率（日本央行除外，因為日本的通膨仍然相當低），堅信更緊縮的政策，可以使通膨率回到2%的目標，且不會導致經濟衰退，也就是教科書中描述的軟著陸。

但政策制定者陷入困境。當發生停滯性通膨的衝擊時，上升的通膨及減緩的經濟成長，會阻礙軟著陸的機會。假如各國央行更關心通膨而非經濟成長，應該更早且更快地升息，並收緊金融情勢。急遽的貨幣緊縮政策，會引起硬著陸，產生失業和陷入衰退。如果看重經濟成長勝於通膨，則處於相反的兩難境地。政府當局抱持等待並觀望的態度，試圖在避免經濟衰退的同時，抑制通膨，卻可能無法及時做出回應。

因此，2022年最激烈的爭論，在最終致力於對抗持續性通膨的各國央行，能否實現軟著陸，或加速硬著陸的發生。我屬於硬著陸的陣營。由於政策因應太慢，我認為先進經濟體有超過65%的機率，在2024年前出現衰退。

負面的供給衝擊來勢洶洶

當全球供應鏈正常運作時，有助於推動經濟成長；但當這個體系陷入不穩定時，所引發的負面供給衝擊則會重創經濟。管理顧問公司埃森哲（Accenture）的報告發現，有高達94%的《財星》全美1,000大企業，在新冠疫情期間供應鏈受影響，[33]而且延遲問題至今仍未解決。

1970年代的停滯性通膨時期，只有石油及能源這個領域供給短缺，造成負面的供給衝擊。[*]如今，我認為全球潛在的負面供給衝擊不只一個，而是十一個，預計在中期內會逐漸浮現。這些衝擊環環相扣，潛在風險包括破壞成長動能、降低經濟產出、提高生產成本，最後將導致通膨升溫。每個衝擊都是潛在大威脅，在未來十年，我們會遭受多重衝擊。再加上寬鬆的貨幣和財政政策，以及驚人的債務水準，將讓我們加速陷入大停滯性通膨。相較之下，1970年代只是一場暖身表演。

以下十一項負面的總供給衝擊來勢洶洶，正在把我們推向大停滯性通膨：

首先，人口結構快速高齡化，衝擊已開發市場與新興市場。由於年輕勞工減少，迫使雇主提高薪資，以填補工作缺口。此外，更少在職勞工人口的儲蓄和產出，用來支付更多退休人口的生活開支。因此，高齡化會扭曲支出占產出的比例，造成通膨。最後，成本上升、成長減緩一起發生。

第二，嚴格的移民限制，工資通膨加劇。過去數十年來，從全球南方的貧窮地區，遷徙至富裕北方的移民，不僅幫助當地填補工作缺口，也緩解雇主的薪資壓力。但在當今國際政治環境下，許多國家採取嚴格的移民限制，使得企業主不僅面臨缺工，還有加薪的壓力，造成工資通貨膨脹加劇。

第三，去全球化、保護主義、內向型政策盛行，原意在於保護勞工和本國企業，但實質上這不僅無法扶持他們，還會損害經濟。限制商品、服務、資本、技術、資訊及投資，在全球自由貿易與流通，將導致進口商品價格提高、生產成本上升，並削弱各國的經濟成長。

第四，推動友岸外包取代離岸外包，將使成本與物價上漲。調整製造業供應鏈或許可以提高供應鏈安全，但將生產設備從成本較低的中國等新興市場，轉移至成本較高的友好國家（即友岸外包），將導致成本及物價上漲。當資本配置是基於安全性考量，而非經濟效率時，生產成本將會提高。一旦狹隘的國家主義政客主張逆全球化，預計將出現物價上漲、供應鏈瓶

---

* 譯注：1973 年 10 月，十二個阿拉伯國家為懲罰以色列的盟友，實施第一次石油禁運；另一次則在 1979 年，伊朗發生伊斯蘭革命之後。

頸，以及其他意想不到的後果。

第五，美國與中國之間的激烈競爭已演變成一場冷戰。限制雙向貿易及課徵關稅，或許只是第一波，接下來還有更多措施，特別是在科技、商品及服務的貿易、投資、數據及資訊等方面。為什麼這會導致停滯性通膨？僅就5G網路這個重要領域，西方國家的成本比中國高出50%。我們基於國家安全考量，捨棄採用中國產品，但這是個代價高昂的決定。以晶片為例，中國的需求日益劇增，已經導致價格飆升，還迫使需要晶片的汽車廠停工。假如中國對台灣宣示主權，取得主要晶片製造商，那麼全球供給衝擊造成的破壞範圍，將超越1970年代的石油危機。然而，如果中國就台灣議題的主張，挑起與美國之間的武裝衝突，那上述衝擊，就顯得相形見絀了。

第六，其他地緣政治的衝擊，來自中國及其有效盟友（俄羅斯、伊朗和北韓）與西方之間的新冷戰，也將造成停滯性通膨。俄羅斯入侵烏克蘭，使能源、糧食及其他原物料的價格飆升，而這些都是全球供應鍵、民生消費與生產過程的關鍵要素。如果伊朗最終核武化，*那麼以色列可能先發制人，攻打伊朗，因為伊朗的核武對以色列造成生存威脅。諸如此類的衝突，將引發如同1970年代兩次嚴重的石油危機，甚至情況更糟。不安分且長年受到制裁的北韓，就經常動用武力威脅，在韓國與日本之間的海域發射彈道飛彈。

四大修正主義強權（revisionist powers），** 與西方及其亞洲盟友間的新冷戰，終將在某個時點爆發衝突。假如這些衝突升溫，全球供應鏈可能會中斷，因為這片充滿爭議的海域是亞洲的工業樞紐，南韓、日本以及其他亞洲國家都在這裡進行貿易活動。地緣政治的衝擊，是造成停滯性通膨的重大威脅，如同1970年代經歷的，只是我們早已遺忘。如今，因俄烏開戰，我們正步入地緣政治風險造成的蕭條期。

第七，氣候變遷至少從三方面引發停滯性通膨的壓力：

- 地球大片土地由於缺水，將面臨嚴重的乾旱並成為沙漠。遠在中東、北非及撒哈拉沙漠以南非洲等區域都不堪一擊。暫且不論其他地區，目前缺水問題，正對美國加州及西南部的農業與畜牧業生產，造成嚴重損害。

- 去碳化的趨勢，已導致化石燃料發展的投資減少，然而新增的綠色能源供給還不足夠。只要這種不平衡的現象持續存在，能源價格就容易上漲。若想在十年內縮小供需差距，需要快速朝向綠色能源發展，然而，這是不太可能做到的事。

---

* 原注：伊朗與美國可能達成的新臨時協議，到了2024年也許會被新的共和國政府再次破壞。

** 譯注：包括中國、俄羅斯、伊朗和北韓。

- 極端氣候將對人類造成重大破壞，當發生洪水、火災、乾旱等時，許多工廠可能都會停工，造成重要商品的供應與生產中斷。

　　第八，大流行病發生頻率愈來愈高且更加致命。全球將籠罩在疫病陰影下，因為全球氣候變遷破壞動物生態系統，人類與攜帶病原體動物的生活距離更加靠近，且西伯利亞凍原帶的永凍土融化，釋放出冰凍數千年的細菌和病毒，可能使像新冠這樣的疫情，成為經常性的危機。供應鏈有賴於健康的人提供商品和服務，而人們依靠開放的跨境貿易。延遲和中斷都會嚴重影響生產的每個階段，特別是依賴即時生產（零庫存）系統的環節。有鑑於新冠肺炎及俄烏戰爭導致重要商品出口受到限制，各國開始推動在醫藥產品、個人防護裝備、糧食及農產品等方面達到自給自足。

　　第九，工資與物價螺旋式上漲的通膨。對抗貧富不均的力量興起，有利於支持勞工、薪資及工會的立法與財政政策，但如同1970年代我們所經歷的，可能產生愛之適足以害之的反效果。當愈來愈多的財政刺激政策，將焦點放在保護勞工、失業者及弱勢族群，可能會加速薪資成長，並導致工資與物價螺旋式上漲的通膨。

　　第十，日益頻繁且更難破解的網路攻擊事件擾亂了供應鏈。

2021年，天然氣管線公司和肉品加工廠就曾遭駭客攻擊，導致管線關閉或停工。關鍵基礎建設也同樣脆弱，特別是電網和美國的金融基礎設施。2021年8月，國家航空暨太空總署（NASA）和住房及城市發展部（HUD）等聯邦機構，勉強通過數位安全評估。對於網路安全的大量投資，能否維護多數產業數百萬顧客的資料安全，仍有待觀察。最好的情況下，升級和保護龐大的系統將花費數千億美元，並增加生產成本；最差的狀況是，癱瘓體系運作的網路攻擊，將持續破壞經濟成長。

最後，美元的國際主導地位下降。透過美元的武器化（以及在俄烏戰爭後，其他美國盟友國家的主要貨幣武器化），擴大運用貿易和金融制裁，可能使美元做為全球主要準備貨幣的地位逐漸遭到削弱，並使美元價值失序下跌。1970年代，當金本位制終結時，曾造成通膨的衝擊。如今，美元及其盟友對俄羅斯實施貿易和金融制裁，有效凍結俄羅斯大多數外匯存底，這將引發俄羅斯、中國及其他西方國家主要對手想要捨棄做為全球主要準備貨幣的美元，並創造出不依賴美元計價、支付、融資及價值儲存的替代品。

幾個世紀以來，地緣政治衝擊及地緣政治力量改變所引發的金融戰爭，導致某些做為全球準備的貨幣衰落，而其他貨幣隨之興起。美元的地位下降及隨之而來的貶值，將帶來高通膨及停滯性通膨，因為大多數商品以美元計價，而美元貶值將使此類商品的美元價格上漲。此外，地緣政治事件引發的貿易和金融制裁，如同2022年發生的，大規模中斷以美元融資及支付的全球供應鏈，並從限制使用的SWIFT國際支付系統開始，破壞了全球金融市場的正常運轉。

這些會導致停滯性通膨的負面供給衝擊，正步步進逼，第二部會更詳細分析這些衝擊。

未來十年將進入全新險境

未來十年，停滯性通膨對經濟造成的破壞與傷害，可能比1970年代更加嚴重。當時雖有通膨，但沒有債務問題，民間和公共債務占GDP的比重，僅為當前水準的一小部分。而在2008年全球金融海嘯期間，雖然過多的民間和公共債務導致這場危機，但很幸運地那時沒有通膨問題，因為對經濟成長的衝擊，是來自信用緊縮後的需求崩潰。這兩次我們都相對容易脫身。然而，當這兩個問題同時與泡沫破裂結合在一起，將使我們在即將到來的十年，進入全新的險境：全球金融危機、民間與公共部門債務危機，再加上停滯性通膨。情況極為嚴重，儘管聽起來令人震驚，但很可能會發生。

樂觀主義者辯稱，我們仍然可以依賴科技創新來引發正向的總供給衝擊，並隨著時間進展產生反通膨的壓力。這可能是有道理的，但從先進經濟體的相關數據看來，技術改變對總生產力成長的影響效果仍不明朗，實際上這些數據顯示，生產力成長出現停滯不前的狀況。無論如何，人工智慧、自動化及機器人技術並非實體商品，但假如它們突飛猛進到能夠產生反通膨的效果，也可能會顛覆人類所有的職業和產業，致使原本就過高的貧富差距更加擴大。相較於我們曾經歷過的停滯性通膨，勢將引發更強烈的政治反彈。

我們現在正處於一連串總供給衝擊的開端。隨著時間演進，它們將使停滯性通膨和大量債務危機的風險逐漸升高。儘管停滯性通膨的衝擊已在累積當中，我的意思並不是明天或明年，一切就會分崩離析。這種分崩離析是以慢動作在發生，而新冠疫情與俄烏戰爭的破壞，已經開出了第一槍。我們已陷入困境。債務水準如此之高，試圖使利率正常化可能會衝擊到債券和信用市場、股票市場，最後連整個經濟都無法倖免於難。如同第四章所述，各國央行正處於債務陷阱中，它們的目標和政策工具在典型、可怕的任務蠕變（mission creep）下，已經愈來愈常採行非傳統的做法。

政治上阻力最小的途徑，是採取大規模的財政赤字，並透過印鈔將產生的債務有效地貨幣化。這種方式需要投入大量新的貨幣。最終這些「從直升機上撒下來的錢」，將使得採取固定利率的名目債務，因通膨而抵消它們的實際價值。但問題是：大多數債務並非以固定利率持有。因此，隨著時間的推移，通膨將導致實質利率的上升。日益沉重的債務負擔，將引發公共和民間債務部門的大規模危機。

我們當前所處的債務陷阱，即將迎來明日的通膨。這場迫在眉睫的危機，可稱之「大停滯性通膨的債務危機」。[34]

第二部

從金融、貿易、地緣政治、科技到環境的浩劫

第六章

貨幣崩壞與金融動盪

　　如果貨幣和金融體系依照原本設立的目標有效運作，它的主要任務應該是維持物價和金融的穩定，確保龐大的交易網絡在全球順暢運作，資源、商品、支付與資本能自由流通。不管是買家或賣家，借款人、投資人或放款人，都可以仰賴央行來調節經濟情勢和景氣循環，有效抑制通膨，維持貨幣穩定。穩定貨幣（如上個世紀的美元）是維持國際貨幣和金融體系健全運作的支柱，從商品、服務、資本、勞動力、技術到數據資料的交易，皆需要有穩定且公眾認可的全球準備貨幣，來做為國際貿易和全球化發展的媒介。

　　至少，理論上是如此。然而，過去數十年來，各種金融實驗與創新工具紛紛出現，已創造出一個截然不同的現實世界。

為了有效對抗全球金融海嘯，以及新冠疫情，各國央行紛紛採行非傳統的目標與政策，使得先進經濟體已被前所未有的流動資金給淹沒。在央行快速又富戲劇性的行動下，我們避開了衰退，但採用這些非傳統的貨幣政策工具，長期要付出什麼代價？長久以來，美元一直是穩定國際貨幣和金融的支柱，然而今日的金融戰爭，已危及美元的全球準備貨幣角色。在前面章節中，已討論過低利率政策如何造成通貨膨脹、停滯性通膨和資產泡沫等挑戰。在這一章中，我們要來探討在金融體系不穩定與市場失序下，潛伏著哪些更令人捉摸不定的大威脅。

央行偏離使命，擴展更多新任務

　　這幾年來，央行非但沒有減緩他們的金融實驗，改採應有的謹慎態度，反而加快「任務蠕變」：偏離原有使命，在核心目標之外，又逐漸擴展出許多新任務。美國聯準會和其他國家的央行，究竟該扮演什麼角色？很久以前，他們唯一關注的是物價穩定。接著，又把焦點放在經濟成長和失業率。在歷經2008年的全球金融海嘯之後，各國央行開始關心金融穩定。如今，他們樂於改採平均通膨目標，即運用手上的政策工具，容忍通膨率在短期內超標，以達到長期2%的通膨率。[*]

　　然而，這些央行目標彼此都相容嗎？央行會議還關注哪些議題？在最近幾次央行官員的發言中，都提到了氣候變遷與貧富不均。只要腦袋清醒的人，都不會否認這些威脅可能動搖全球經濟，但要求央行打政治的仗，就像開啟潘朵拉的盒子，已使央行的關注焦點，愈來愈偏離原本應該處理的優先要務。現在，美國等主要貨幣國家會透過貨幣武器化，達成外交政策和國家安全目標，例如2022年，俄羅斯的外匯存底遭到凍結，同時受到其他的金融制裁。伊朗和北韓也曾遭到類似的金融制裁；如果中美敵對關係大幅升溫，中國也可能受到制裁。

　　種種跡象看來，當發生外交和國家安全紛爭時，央行和財政部門的政策工具，愈來愈常被當作達成政治目標的武器。最終，要是央行因各種矛盾的議題和多重的目標而喪失威信，我們手上的貨幣價值就危險了。

　　「聯準會憑什麼認為它的監管權擴及氣候議題呢？」2021年3月，經濟學教授沙爾特（Alexander William Salter）和史密斯（Daniel J. Smith）在《華爾街日報》專稿〈終結聯準會的任務蠕變〉中提出這個疑問。[1]他們譴責《陶德—法蘭克法案》（Dodd-Frank Act）被過度解讀，將氣候變遷與金融業的體制風險連結在一起。我們很容易理解，數兆美元的氣候相關支出會

＊　譯注：比起過去追求對稱通膨目標，當市場顯示通膨超過 2 ％，貨幣政策會趨向緊縮，反之則趨寬鬆，平均通膨目標制可以使市場環境維持在超寬鬆環境較長一段時間。

對經濟構成多大的威脅，以及央行官員為什麼應該擔憂，但比較難以理解的是，他們能做什麼？

對於外界批評，央行官員回應，氣候變遷是他們無法忽視的一股力量。舊金山聯邦準備銀行總裁達麗（Mary Daly），在美國企業研究院的活動中告訴聽眾：「以我們例行的貨幣政策來看，這（氣候變遷）不是我們主要回應的議題。但央行確實有個重要角色，就是確保銀行做好準備，迎接來自嚴峻氣候和全球過渡至新能源的直接風險。」[2]

另一個可能撕裂社會結構的問題，是不公平。這個問題正促使政治民粹主義和經濟民族主義興起。而當通膨率愈高，貧富差距也就愈大。因此，緩解貧富不均的現象，成了各國央行另一項要務。美國聯準會現在追求的目標是「廣泛且具包容性的最大就業」，其中包容性就是針對收入不公平，以及在經濟衰退下掙扎於生存邊緣的弱勢族群，如婦女、少數群體和窮人的就業問題。但我們同樣要問的是，所有這些央行任務之間是否存在衝突？又有哪些真正重要的央行任務會被忽略？

貨幣武器化，美元霸權地位受挑戰

俄烏戰爭開打後，致使央行更進一步偏離原本任務。美國聯準會與西方國家的央行，在支持國家安全目標下，對俄羅斯實施經濟與金融制裁，例如將美元武器化、凍結俄羅斯央行存放在西方央行和金融機構的多數外匯存底、限制使用環球銀行金融電信協會（SWIFT）的國際支付系統等等。將貨幣武器化以追求國家安全目標，美國聯準會是始作俑者，但這近來也成了其他央行在核心目標外，最新擴展的任務。

美國聯準會要面臨的問題更加錯綜複雜，而且無法避免的將會給世界帶來巨大威脅。過去數十年來，美元儼然成為全球金融系統的法定貨幣，由於是最受信賴的流通貨幣，因此也成為多數國家想要持有的外匯準備資產。對美國而言，這是一大優勢：美元需求來自它具有全球準備貨幣的地位，這意味著美國可以借到更便宜的錢，並且借得更久，可用來資助它日益膨脹的財政和貿易雙赤字。

然而，萬一有一天這個世界對美元失去信心了呢？尤其當美國的財政和經常帳雙赤字變得更龐大，美元又逐漸被用來當做達成外交和國家安全目標的武器時，美元霸權要是動搖，會發生什麼事？萬一市場出現取代美元地位的貨幣或機制呢？這些美元的可能接班人，包括一些可完全除去美元國際準備貨幣地位的創新與全新選項。

誠如俄羅斯遭到制裁之後，一名敏銳的政治評論員於2022年3月的《華爾街日報》中，指出：「國際金融制裁已經顯示，各國央行累積的外匯存底，有可能在一夕之間被拿走。中國已注意到這種情況，這很可能將會重塑地緣政治、經濟上的管理，甚至美元的國際角色。」[3]

釐清貨幣、金融、準備貨幣的未來

對於私人部門來說，新的方法和觀念已重新改造了金融。私有的數位支付系統可能挑戰銀行、央行和它們所製造的流通貨幣本身持續存在的能力。如果數位貨幣有可能取代政府發行的法定貨幣角色，銀行的前景可能益發黯淡。

雖然加密貨幣市場規模仍舊相對小，但成長快速。在2021年底，數位貨幣的價值超過2.5兆美元，一年之內上漲將近百分之百。儘管每日和每月的波動很大，截至2022年6月，加密貨幣市值因價格崩跌，又跌回1兆美元。但在2008年前，這些貨幣根本還不存在。另值得注意的是，所有主要央行已經開始探索發行央行數位貨幣（central bank digital currencies；簡稱CBDC）的可能，這是擁有重大機會和一些隱患的進程。

即使不管其他的巨大威脅，光是金融創新及金融市場內的其他變動，就會嚴重危及金融體系的穩定。

央行貨幣政策會變得更不傳統嗎？這些金融實驗有什麼潛在的嚴重後果？法定貨幣能否存活，持續保有韌性十足的價值儲藏、計價單位和交易媒介的功能？新的政策措施，是否有可能造成法定貨幣貶值，然後由新的金融工具取而代之？金融危機是否變得更為頻繁、更具殺傷力？歐元區等貨幣聯盟會促進繁榮，還是最終會垮台？目前美元不斷被武器化，美元會保有全球準備貨幣地位，還是被中國的人民幣或其他協定取代？加密貨幣是否會取代所有傳統貨幣？還是央行數位貨幣會占上風，取代加密貨幣的地位？歷史悠久的金融機構，會不會因為高成本和低效率而走向末路，並開啟立基於區塊鏈技術的去中心化金融（DeFi）？抑或中心化的金融科技（centralized fintech）而非 DeFi，才是挑戰傳統銀行和金融機構的主力？這些關鍵問題都亟待合理的解答。

　　未來還會有更多數據出現，供我們判斷與解答，目前能給的只是暫時性的結論。但不論將來金融會走向穩定或不穩定，我們都有必要釐清貨幣、金融和準備貨幣的未來。只要犯下兩、三次嚴重錯誤，可能就會引發急速惡化失控的經濟衝擊。如果貨幣和金融創新，非但沒有帶來更穩定的貨幣和金融體系，反而造成混亂和動盪，我們勢必會陷入巨大威脅。

　　費雪（Peter R. Fisher）曾擔任財政部和紐約聯邦準備銀行的資深官員，在他和其他經驗老到的觀察人士眼中，形勢一直很險峻。2021 年 11 月，費雪在播客節目《前線》（*Frontline*）中指出：「我一向憂心金融世界的發展，如今更是感到焦慮。聯準會僅創造一點假象，就已使得資產價格不斷創高。我認為，現在有非常高（約三分之一）的機率，我們將犯下史詩級的錯誤，以及面臨史上最大的金融災難之一。」[4]

2021年，避險基金橋水創辦人達利歐認為：「法定貨幣終將因大量印鈔而貶值。」[5]確實如此，就在前所未有的印鈔救市和財政刺激之後，通貨膨脹在2021至2022年飆升，似乎證實了這個觀點。美國及其盟國於2022年對俄羅斯實施制裁，也造成更大規模的全球性貨幣和金融的不確定。2022年上半年，即便聯準會和其他央行只是小規模的縮緊貨幣政策，都在金融市場上引發明顯的騷亂，更遑論下半年的持續升息對市場造成的衝擊。

既要穩定物價，又要維持就業

我們是怎麼走到這個地步的？將來經濟史學家們如果要歸咎原因，大多會指向：央行的實驗性政策、誤判的任務偏離、準備貨幣的武器化，以及央行失去獨立性，這一連串錯誤造成災難性的後果。

實際上，聯準會自創立至今，已有極大的改變。1908年，美國的銀行業再次出現擠兌危機，顯示出沒有央行的金融體系有多麼脆弱和不穩定。1913年，歷時三年的立法角力，第63屆國會通過《聯邦準備法》：「旨在成立聯邦準備銀行體系，以提供彈性的流通貨幣、給予商業本票重貼現的途徑、建立美國銀行業更有效的監管，及其他目標的法案。」[6]隨後，總統威爾森（Woodrow Wilson）於1913年12月簽署這項法案，使得美國成為最後一個成立央行的主要經濟體，聯準會從此取代金融機構摩根（J. P. Morgan），成為支撐美國經濟和金融穩定最重要的支柱。

聯準會一開始的使命，只是維持美國銀行體系穩定。為了防止銀行崩壞造成的擠兌再次發生，有兩種方法因應而生：一是提供每個銀行客戶存款保險；二是創造一個有助於維持貨幣供給，以及穩定物價的最後貸款機構。聯準會最初的任務，就是執行這兩種功能。但到了1933年，國會創立了聯邦存款保險公司（Federal Deposit Insurance Corporation），接管了第一項功能。這讓害怕經濟力量過度集中在私人手中的批評者，鬆了一大口氣，從此摩根等私人機構，在美國金融業不再像過去那樣扮演強大巨頭的角色。

聯準會促進了第一次世界大戰期間的經濟穩定，但眾所皆知，它未能避免經濟大蕭條發生，甚至因拒絕介入拯救銀行，緊縮貨幣供給，導致經濟情況更加惡化。實際上，這個錯誤政策，與聯準會當初被授予的使命背道而馳。為什麼聯準會做出這個錯誤決策，部分原因是誤判，認為拯救短時間內流動性不足、但具還款能力的銀行和其他私人機構，會提高道德風險。

胡佛總統在回憶錄中提到，他記得當時的財政部長梅隆建議他：「清算勞工、清算股票、清算農民、清算房地產，將存在這個體系的腐爛連根拔除。」結果造成災難性的經濟大蕭條。[7]

多虧天才經濟學家凱因斯提出一個脫離經濟困境的方法。他主張，當經濟進入衰退，甚至陷入蕭條，這時市場需求很低，央行和財政當局應該採取寬鬆的貨幣和財政政策，幫助經濟恢復活力，結束不景氣。

聯準會（和各國央行）就這樣開始關心起經濟的穩定，儘管當時它尚未得到正式授權。後來在歷經第二次世界大戰，以及聯邦政府大幅度的干預經濟下，美國經濟終於恢復，開始大幅成長。

但歷經時日，聯準會漸漸陷入兩難，在兩個相互衝突的優先要務之間搖擺不定。為了落實公共政策目標，維持可持續的最大就業，聯準會除了維持物價穩定外，國會還賦予它一項使命，就是抑制失業率。[8]當 1970 年代，通膨率和失業率雙雙惡化時，資深官員們驚覺，非常寬鬆的貨幣政策可以救經濟，卻也會導致高通膨。我們都看到了高通膨會帶來多大的傷害，因此賦予央行獨立性，而且只給一個主要目標：物價穩定。穩定的物價，可以減弱通貨膨脹與法定貨幣貶值造成的傷害。

有鑑於歷史經驗，一旦陷入停滯性通膨，問題就會變得很棘手。於是許多央行（聯準會除外）重新將重心只放在物價穩定，他們提出通膨目標：只要通膨不踩線超標，就鼓勵放款。聯準會、英國央行和較晚成立的歐洲央行一致決定，將通膨目標設在2%，看起來剛好。2020年8月，聯準會主席鮑爾在堪薩斯市聯邦準備銀行的政策座談會上說道：「雖然對每個國家來說，通膨目標確切的特性都不一樣，但核心架構都是明確給出一個通膨目標，來做為貨幣政策的主要目標。」[9]但有別於其他國家的央行，聯準會始終維持雙重使命，除了追求物價穩定外，維持最大就業依然是它的另一個使命。

通膨目標制（Inflation targeting）成功運作了二十多年，帶來被稱為經濟大平穩的時期，從1980年代中期延續至2000年代末期。雖然這期間有幾次小幅衰退和2000至2001年的網路泡沫，但並未影響後續的經濟成長。直到2008年全球金融海嘯來襲，聯準會再次面臨抉擇。

利率已經超低，經濟仍是低成長

爆發全球金融海嘯之前，貨幣政策由一根槓桿主宰，亦即銀行間透過聯準會的同業拆款利率：聯邦資金利率，這是由聯準會控管，且全球密切關注的關鍵數據。觀察聯準會意向的人士，幾乎都只在乎幾個問題：聯準會打算調升利率？還是調降利率？聯準會是否會提早幾個月示警，好讓市場調整預期？

然而，自2008年開始的嚴重衰退，迫使各國央行重新思考2%的通膨目標，以及手上的貨幣政策工具。所有主要經濟體都將利率設定在接近零，甚至是零或零以下的水準，而且持續好多年。但儘管利率已超低，主要經濟體卻仍走不出困境，只能在通膨低於目標下，維持低成長。央行官員該怎麼辦？

他們原本精心構思的零利率政策（ZIRP），儘管有免息借錢和俏皮的英文縮寫，卻還是無法重振停滯的市場和經濟。一些歐洲國家央行和日本央行甚至測試了負利率政策（NIRP）。有別於過去存在央行金庫的現金準備可領息，商業銀行現在持有的準備，反倒要付利息給央行。這個附加成本的用意，是要刺激銀行增加貸款，不要囤積現金準備，但依然未能達到預期效果。

美國聯準會以及後來的其他央行，未將利率調降到負，而是採取「前瞻指引」（forward guidance）的策略，承諾維持零利率政策的時間相對更久。聯準會對未來的暗示，使它得以調整利率預期，進而影響較長期債券的殖利率。這也是聯準會何以維持零利率的時間，遠比所有人預期的更久。2000年代初期，聯準會率先採用前瞻指引，提供指導經濟決策的訊息，讓個人和企業做好準備。2008年12月，在兩家著名華爾街公司倒閉後，股市重挫，聯準會預測未來可能的行動是：「聯邦資金利率可能有必要維持格外低的水準一段時間。」[10]

然而，當發現這些措施，還不足以刺激經濟時，聯準會和其他央行的政策工具箱開始擴大。

量化寬鬆給了一線生機，還是一根枴杖

「量化寬鬆」（一般稱為QE）和「信用寬鬆」，這兩大政策工具一再躍上報紙標題。關於它們的運用和影響，可以寫成好幾本教科書，但基本內容就是央行開始購入較長期的政府公債與私有資產，以降低公部門和私部門的長期借貸成本。

透過購買大量的政府公債（及在許多國家中的不動產抵押貸款證券和其他私有證券），央行迫使那些債券的成本下滑。為什麼要這麼做？就是為了減少政府以及私人企業和家庭，在貸款買房和其他商品的長期借貸成本，也為了在亟需大推一把的經濟中，加速貨幣流通。

日本在1990年代經濟下滑期間，率先採用這種量化寬鬆政策，試圖擺脫經濟低迷。當時，日本央行並未選擇調整貨幣的價格，而是透過購買長天期的政府公債，調整貨幣在外的流通量，以壓低殖利率。當全球金融海嘯來襲，量化寬鬆政策給了西方國家一線生機。

量化寬鬆政策確實幫助西方國家從大衰退中復甦，但速度卻非常緩慢，而且是靠國會和其他立法機構的聯邦支出額外幫

助。但真正的問題在於，所有那些聯邦支出，究竟是可以產生強大成長的短期修正措施，還是一根須長期使用的枴杖，隨著債務升高，經濟再也無法回到可以自己支撐的水準？從大衰退走向復甦之路，如此緩慢且漫長，這個問題還沒有明確答案。

柏南克、葉倫、鮑爾決策主軸：必要時下重藥

然後，新冠疫情到來。2020年至2021年間，央行實施為期兩年的最低利率政策、量化寬鬆和創造新的信用寬鬆及借貸工具，支持的不只是金融機構，還有一般民眾的生計與生活。聯準會的資產負債表規模，從4.31兆美元增加至8.66兆美元，大幅提高超過4兆美元。[11]聯準會的風險胃納量愈來愈大。2021年，聯準會每月吸納800億美元的公債。新冠疫情期間，各國央行每天集體創造約150億美元的流動性，累計購買超過10兆美元的資產。

《經濟學人》財經版總編輯柯爾（Henry Kerr）指出：「我們已經走到這個地步，量化寬鬆幾乎成了央行在重要時刻必用的工具。然而，相較於央行官員願意公開透露的程度，它仍然有點具實驗性質，比起過去使用過的貨幣政策工具，我們對量化寬鬆的了解還非常有限，而且我們正處於量化寬鬆的轉折點。」[12]

就連專家也認為量化寬鬆像個黑盒子。柯爾說道：「我們知道央行在裡面操作，關於這點，證據非常清楚，當它們購買債券，我們知道長期利率會走跌。但我們並不是真的明白這究竟是怎麼辦到的，為什麼長期利率會下跌？」前聯準會主席柏南克為這個內幕做了簡明易記的總結：「量化寬鬆的問題，在於實務上行得通，但理論上卻行不通。」[13]

央行進一步實驗的重點是信用寬鬆，它的策略目標在於減少私人部門的借貸成本。央行的手從政府公債伸進私有證券市場中。聯準會每月購買400億美元的住房抵押貸款證券和公司債，以降低不動產的貸款利率，幫助企業借貸。其他主要國家的央行也跟著這樣操作，日本央行甚至購買上市公司的股票。

疫情爆發後，各國政府為了阻止衰退，紛紛推出非傳統的貨幣政策工具。這些紓困與援助工具拯救了銀行、影子銀行、證券經紀商、貨幣市場基金、商業本票市場、家族及法人企業。在某種程度上，這些史無前例的決策運作得相當好。

2020年3月，經濟一度出現凍結危機，要是情況再惡化下去，銀行為了因應最糟糕的擠兌風潮出現，都會想要保留準備金，並要求所有大公司提早償還貸款，但聯準會的行動說服了所有人停止恐慌，並且持續正常放貸，而正常放貸是任何經濟的基本動力。就這點來看，聯準會主席鮑爾接續了前任主席柏南克、葉倫的決策主軸：在必要時下重藥，以證明身為金融機構最後融資者的聯準會，不會在需要幫助時放棄經濟。

　　但這些救經濟的重藥，卻也帶來幾項意外後果。其中一項就是貨幣政策和財政政策之間的關係更加緊密了。當許多主流學者在現代貨幣理論（MMT）的大旗之下，開始主張印鈔票來彌補預算短缺時，貨幣政策和財政政策之間的界線，變得更模糊不清。在MMT各種討論中，經常提及「直升機撒錢」。鮑爾在公開和私下都明白表示，聯準會需要國會採取行動，光靠聯準會「撒錢」是不夠的，聯邦支出也至關緊要。

　　美國國會在川普和拜登政府時期，相繼通過巨額支出案：2020年在川普執政時期，有兩項刺激經濟方案，規模分別為2兆美元和9,000億美元；在拜登時期，則有規模1.9兆美元的刺激方案，隨後還有約1兆美元的基礎建設計畫，以及尚未完成立法的社會基礎建設支出計畫，金額達數兆美元。其中有多項支出，是透過聯準會的量化寬鬆政策，有效地將資金注入市場，這是MMT力倡救經濟的一種有效形式。

　　但這些做法卻導致一項意想不到的後果：財政政策和貨幣政策的目標趨於一致，這顯示央行的獨立性削弱了。歷史教導我們，必須避免政治涉入貨幣政策。然而，新冠疫情爆發後，將財政赤字和負債直接貨幣化，卻成了實務上的標配。

　　1998年，歐洲央行成立時，是以維持物價穩定為使命。如今，卻已須在充滿未知的環境中重新定義自己存在的目的。

2010年，時任歐洲央行主席的特里謝在《紐約時報》中指出：
「對於歐洲央行來說，危機管理的重要性已經遠超過嚴格的
（歐盟）條約使命。」[14]

正如《泰晤士報》報導中說的：「要特里謝以『我們的羅
盤只有一根指針，那就是物價穩定』的口號，來總結歐洲央行
角色，已經變得非常困難。因為沒有其他的聯邦歐洲機構，可
以一起承擔穩定歐元區經濟和金融系統的責任，歐洲央行已偏
離原有使命，陷入所謂的『任務蠕變』。」根據美國智庫大西
洋理事會（Atlantic Council）對全球量化寬鬆的追蹤數據，從
2014年至2020年，歐洲央行的資產負債表規模成長三倍，達到
整體GDP的60%。[15]

避開短期危機，卻陷入更大陷阱

央行的任務和政策工具持續不斷地往外擴張，非但可能無
法保護經濟免於受到傷害，反而最後可能危及經濟。我們短期
用來預防陷入危機的創新手段，最終會助長資產和信貸泡沫的
產生。實際上，我們已比過去更為脆弱。無論是先進經濟體和
新興市場，金融危機都變得更加頻繁、代價更高，也更危險。
等我們覺察到引爆點，再來採取行動，為時已晚。

在貨幣、財政和信貸的政策充滿新觀念與新工具下，對

供給面的負面衝擊可能引發通膨，甚至帶來停滯性通膨，進而造成法定貨幣的貶值。在新冠危機期間增加資金流動性帶來的負面效應，已造成了資產通膨，以及現在接續而來的商品通膨和服務通膨。這個龐大的資產泡沫不是會不會破滅，而是何時會破滅。實際上，在2021年至2022年間，通貨膨脹率不斷創高，已大幅飆升至1980年代以來未曾見過的通膨壓力。

英文debasement這個字，原本用來表示硬幣中的貴金屬含量減少。遠在羅馬皇帝尼祿在位時期，政府以10枚硬幣鎔化後鑄成11枚硬幣的方式，重新發行面值一樣（但貴金屬含量較少）的貨幣，讓人民覺得自己的財富好像增加了。但這個做法最後卻使物價提高，戳破了財富變多的假象。歷史證明，大眾對錢變薄的恐懼心理，會導致貨幣的實質價值大幅下滑。在中世紀的歐洲，尤其在法國，開始以基本金屬取代黃金和銀來鑄造硬幣。密西根州立大學助理教授鄧（Stephen Deng）在〈大貶值及其後果〉一文中提到，16世紀中期，當從修道院沒收來的錢用完時，亨利八世和愛德華六世，開始計畫性的降低英國硬幣的貴金屬含量，後來演變成大家現在所熟知的大貶值時代（1544年至1551年）。當時被稱為「teston」（上面印有頭像的硬幣）的銀幣被換成了銅幣，上面僅覆蓋一層薄薄的銀，一擦即掉，就露出紅銅。這種銅幣給了作家海伍德（John Heywood）靈感，寫下一首諷刺短詩：

這些人頭幣看來好紅，跟你有多像呢？

它是誠實的代幣，因羞愧而臉紅。

英國貨幣在將近四百年的時間內，純度從下降至75%，再降至50%、30%，然後再降至25%。到了1551年，發行的硬幣銀含量，只剩下十年前硬幣的17%。[16]當時，掌管英國皇家鑄幣廠的牛頓爵士（Sir Isaac Newton），於是開始帶頭修復英國硬幣的品質。

大量印鈔、累積債務，美元可以強多久？

時至今日，先進國家不用鎔幣或「修剪」硬幣（製成劣幣）來製造更多的錢，因為他們不需要。他們可以輕易地用驚人速度印製大量鈔票，但造成的傷害也更大。大量印製法定貨幣，一直是一大誘惑。但當在外流通的錢多到一個程度時，就會開始衝擊人們對市場的信心，而信心是經濟成長和繁榮能否持續的關鍵要素。

強大的美元並未歷久彌新。自從第二次世界大戰後的布列敦森林會議（Bretton Woods Conference），正式將美元設定為這世界的全球準備貨幣以來，美元一直傲視所有其他貨幣。過去七十多年來，多數國家都是透過與美元做比較，來衡量本國貨幣的體質，現代版的法定貨幣貶值發行，有沒有可能最終使得美元的地位下降呢？在未來五年內，或許不會。但接下來的數十年間，美元卻可能會黯然失色，尤其是美國為了國家安全目標，逐漸將美元武器化，美元霸權地位將受到更大挑戰。

龐大的公債、私人債務和對外債務，都會削弱國家的經濟成長。沒有成長，經濟就會動搖。大規模的明確債務，再加上因應社會安全、醫療保健和氣候變遷等龐大的潛藏債務，債務負擔只會愈滾愈大。

美國的財政和經常帳赤字極高，意味著美元外流的數量多於流入美國經濟，進口遠大於出口，使得今日在國外的美元多於在美國國內。[17]相較之下，其他主要經濟體則擁有經常帳盈餘。美國享有特別地位，同時在各國對美元資產的需求下，美國得以從海外借較便宜的錢來資助國內經濟，但它的公共債務和對外債務已堆積如山，正加速惡化成不可持續的債務。為了資助不斷擴大的經常帳赤字，美國每年新增國外負債的金額，相當於它的對外赤字。如今，美國已經是全球最大的債務國，國外負債約13兆美元，超過GDP的50%以上。

美國的海外債主們，是否有可能在某個時點，決定不再以這麼低的利率資助美國？各種強大的力量正在興起，將逐漸危及美元的霸權地位。

分散風險，外匯存底多元化

美國愈來愈常使用美元做為外交和國家安全的政策工具，以貿易和金融制裁處罰美國的四個戰略對手（中國、俄羅斯、北韓、伊朗）和其他國家，而針對不肯配合美國目標的國家，則實施次級制裁。這種針對性的刺激，可能促使對手國減少或完全不倚賴美元資金。事實上，美國的戰略對手正試圖將他們的外匯存底多元化，脫離美元資產，以便減少對這個美元資金政權的依賴。對俄羅斯施加嚴苛的金融制裁，以懲罰其對烏克蘭的殘暴侵略，只會加速這四大戰略對手更快脫離以美元為基礎的全球金融體系。

即便是美國的盟友，例如中東產油國，也開始懷疑，如果他們的外交政策背離美國政策，是否可能最終成為美國制裁的對象。聯合國安全理事會決議譴責俄羅斯在烏克蘭境內發動戰爭時，阿拉伯聯合大公國卻決定棄權。沙烏地阿拉伯拒絕拜登政府的要求，不願意提高石油的生產和出口來防止能源價格的攀升。

美元漸趨武器化，使得盟友和敵人都想要採取外匯存底多元化，擺脫以美元為基礎的國際金融系統。數家俄羅斯的主要金融機構被禁止使用SWIFT支付系統，該系統提供全球超過1.1萬家金融機構，連線進行國際金融交易。要求把俄羅斯完全踢出SWIFT系統的呼聲愈來愈強烈，然而在美國和歐洲都已出現不同的聲音，他們認為這樣的制裁行動會產生意想不到的後果，最終可能促使俄羅斯和中國加速放棄以美元為全球準備貨幣，改以盧布和人民幣來交易商品、服務、大宗物資和金融資產，不再仰賴美元。金融戰爭最後導致反金融戰爭。

數位人民幣崛起，將賦予中國極大權力

一般而言，世界超級強權發行的流通貨幣，會成為國際上的主要準備貨幣。19世紀時，英國掌控海上霸權，於是英鎊勝出。20世紀時，兩次世界大戰都拖垮了歐洲財政，權力順勢落入美元手中。但現在呢？

21世紀看起來似乎有利於中國。如果中國成了霸權，那麼中國的貿易和金融夥伴可能選擇使用人民幣為主要的記帳單位，為商品和服務計價。同時，人民幣將會逐漸成為全球貿易的支付工具、央行的準備貨幣和民間投資人的投資工具。而美元的主導地位有可能逐漸動搖，隨著美中冷戰升溫，這種現象正加速發生。

看到俄羅斯因俄烏戰爭，致使美元、歐元、英鎊、日圓等外匯準備皆遭到凍結，中國勢必會開始加速將它的金融體系，與以美元為基礎的國際金融體系脫鉤。他們已經向沙烏地阿拉

伯提議，以人民幣計價購買石油。那將會使得人民幣成為這類貿易交易的支付工具，同時提高人民幣在沙國外匯存底的比重。當然，中國可能必須開放資本帳、開始有貿易赤字，並允許外國人大量累積以人民幣計價的資產，也就是中國的經濟成長，較不仰賴出口，而是較仰賴國內需求來維持。

實際上，在央行數位貨幣發展中，領先的中國人民銀行看似已準備好要以自己的流通貨幣取代美元了。如果弱化美元的恐懼在全球投資人之間迅速蔓延，可能使得緩慢轉型的速度加快。要是聯準會最後陷入債務困境，在面臨通膨上升時，將變得無法或不願意進一步緊縮貨幣政策，可能會使美元貶值，美國和與美元掛鉤經濟體的通貨膨脹將會進一步急遽上升。貨幣當局如果反應遲鈍，在美元貶值下，將會使得持有美元和以美元計價資產的人，財富突然縮水。

就算美元短期內仍維持全球準備貨幣的地位，未來二十年間，它的角色還是非常可能弱化。中國可能更積極創造數位人民幣（e-RMB），它的經濟力量和在亞洲及新興市場經濟體的影響力，都可能大幅提升。如果中國成為人工智慧未來技術和產業的主導者，它可能提供許多新興市場難以拒絕的商業協議，例如：電子商務平台；數位支付系統平台；人民幣成為支付、記帳單位、價值儲藏的工具；中國的監管系統可能成為獨裁者控制群眾的方法；5G網路、大數據和物聯網解決方案等。如果中國提供具有競爭力的經濟、貿易、投資、技術、貨幣、金融、社會和政治模式，美元的角色可能減弱。

令人不寒而慄的可能後果將會隨之而來。英國國家網路安全機構的頭號人物弗萊明爵士（Sir Jeremy Fleming）接受《金融時報》訪問時，發出警告：「一個具有主宰力的數位人民幣，將賦予中國極大的權力。如果錯誤執行，它將賦予一個敵對的國家審查交易的能力，進而控制透過數位貨幣所交易的事物。」[18]

歐洲正處於最危險時刻

全球貨幣重新校準，將會從改變區域貨幣開始。任何特定的國家群體，想要試圖創造單一、最適的貨幣區域，都是難以企及的夢想。因為分歧的國家優先事務和文化，可能損害區域性央行。歐洲貨幣聯盟（EMU）就是個活生生的例子。EMU是否還可能成功？還是數不完的新壓力會導致它解體？這些壓力包括在有限的歐洲防禦能力下，在東邊國界崛起的新安全威脅。我們進入這項實驗只有二十年，還無法妄下定論。

EMU誕生於1999年，當時許多歐洲經濟體決定放棄它們的國家貨幣。一夕之間，歐元取代了德國馬克、法國法郎、義大利里拉和其他國家的貨幣（但不包括英鎊，預示了英國最後會脫離歐盟）。目前為止，歐元幾度與崩盤擦身而過，今日它的經濟從購買力平價來看排名全球第三，僅次於美國和中國。

仔細審視，EMU欠缺一個強勁和最適的貨幣區域該有的關鍵特性。它的起源是政治動機強過經濟動機：將合併的德國與歐洲拴在一起，比發展貨幣聯盟的經濟細節和最適性來得重要。一個貨幣區域要成功，成員國的景氣循環、整體的成長和生產力都應該要同步，勞動和資本應該自由移動，以幫助各國在國內有突發狀況時做調整，也必須要有方法來分擔財政和金融的風險。

成功的貨幣聯盟也需要一個共同的政治框架，所以必要時，央行政策要能夠毫無異議地凌駕國家當局，又不至於侵犯民主的合法性。但即便由自由民主國家主導，這些標準還是很難滿足。強國們擔心任何形式的風險分擔，或是財政聯盟可能最後演變成風險轉移和支付聯盟，這意味著在這個體系，較富裕的成員必須資助較貧窮的成員和較不具生產力的鄰國。從一開始，EMU就有富國與窮國之間的成長率和生產力的差異問題，更別提財政政策、預算赤字和公債水準的差距了。

在這二十年期間，EMU苦惱於以德國為首的北邊富裕國家和貧窮又負債的南邊成員國之間，不斷地爭執。2015年拯救希臘的行動，避免了希臘脫歐，以及EMU垮台，但在這之前，成員國之間的關係早已非常緊張。相較之下，拯救希臘的代價相對低廉，EMU 全身而退，沒有太多損傷。儘管如此，在拯救行動之前，希臘脫歐的可能性，在歐洲和全球金融市場上造成了很大的騷動。

目前，更大的憂慮潛伏在歐洲許多地方。整個歐盟地區興起了反歐盟和反歐元的民粹主義，尤其是義大利，因低成長、低生產力、嚴重的人才流失、高赤字和龐大的公債，成了當前歐盟最脆弱的環節。身為歐盟第三大經濟體，義大利大到不能倒，卻也大到救不了。一旦債務超過2.6兆歐元，義大利就會瀕臨違約，就算歐盟、國際貨幣基金和歐洲央行齊盡最大努力，恐怕也無法提供足夠規模的拯救方案。這將迫使無力還債的義大利離開EMU或是脫歐。但這種丟臉的離開方式，可能刺激其他國家主動選擇離開。雖然選擇權還在它們手上，但在骨牌效應下，EMU可能就此黯然結束。如果EMU垮台，將對世界其他地區造成巨大影響。

此刻，歐洲正面臨來自俄羅斯新的安全威脅，美國要求北大西洋公約組織的歐洲成員國，實現他們長期未能履行的承諾，拿出2%的GDP做為國防支出。更多的國防支出，卻又沒有歲入和財務來源去支付，將對歐洲造成龐大的財政挑戰。成立以歐洲為基礎的國防軍隊，還停留在紙上談兵的討論階段，歐洲依賴北大西洋公約的美國軍事保護傘，來阻擋逐漸升高的俄羅斯威脅。歐洲要是沒有美軍駐防，一旦俄羅斯攻擊波羅的海國家或是任何其他歐洲國家，歐洲被摧毀的速度，可能比2021年美國自阿富汗撤軍還要快。

金融也要民主化？加密貨幣大爆發

過去，全球準備貨幣只可能由原有的法定貨幣讓位給另一個主權貨幣，例如當年美元取代英鎊的地位。今日，新的對手儼然帶來新的不確定性。創新的觀念和方法已經在私人部門迅速蔓延，尋求不受中央管控的貨幣形式。

區塊鏈技術是大量伺服器共享的一種資料庫系統，透過加密技術，使得它能夠定義數據的任何單一要素（例如一個數位貨幣單位）之所有權，不用機構來確認該所有權。這個技術已經造成加密貨幣大爆發，而且無須聽命於任何政府或央行。

一個為透明化而設計的系統，很諷刺的卻有個渾沌不明的「創世紀」，它來自於2008年一篇署名為「中本聰」（Satoshi Nakamoto）的論文，但其發明人可能存在也可能不存在（也可能代表一群人）。該文的作者或作者們提出比特幣做為點對點（P2P）的「電子支付系統，不是基於信任，而是基於加密證明」。數位簽章鏈係創造數位貨幣，及驗證其交易的核心技術。數位貨幣的持有者，要轉幣給下一個人時，要透過上一筆及新一筆的數位簽署認證，以無法被竄改的方式，將這些交易紀錄儲存於永久的公共區塊鏈。

儘管加密貨幣的價格波動很瘋狂，整體市場仍然飛快成長。邁阿密市長史瓦瑞茲（Francis X. Suarez）宣布將採用加密貨幣領取薪水，引起廣泛注意。2021年底，紐約市長當選人亞當斯（Eric Adams）呼應，宣布將以加密貨幣的形式，領取他的前三個月薪水，一點都不擔心一個不便的事實，那就是紐約目前根本無法用美元以外的貨幣支付薪水。[19]薩爾瓦多共和國政府在債務不可持續的壓力下，需要金融援助，於2021年正式採納比特幣做為國家的流通貨幣，儘管包括國際貨幣基金在內等許多機構對此提出嚴重警告。上述三項聲明，都強調了相同的重點：這些政客們想要把這項名為加密貨幣的快速發展生意和「去中心化的金融」（DeFi），吸引到他們的城市和國家。

充滿信心的擁戴者，吹捧加密貨幣和去中心化的光明未來。在他們眼中，加密貨幣可以做任何美元、歐元、英鎊或日圓可以做的事情，而且做得更多，例如：管理金融資產，免付中間人費用；支付食物日用品、汽車或投資費用；讓人們借錢，省去大量的紙張作業等等。

LoanSnap創辦人雅各（Karl Jacob）說道：「租屋、抵押貸款等所有的觀念都將會受到這個新世界的挑戰，因為資金來源是有彈性的。」LoanSnap使用培根幣（BaconCoin），目的是透過從一開始就可以刻上每筆交易的區塊鏈，分享抵押貸款訊息，徹底革新購屋方式。[20]第一筆這類抵押貸款於2021年底進行交易。一旦新增紀錄在區塊鏈上，所有使用者都能看見，新的交易會更新現況，但原則上，沒有人可以更改或以駭客手段竄改過去發生的數據。

倉促去中心化為時過早，而且是誤判形勢。從2010年以來，比特幣、乙太幣（Ethereum）、狗狗幣（Dogecoin）和數以千計新起步的加密貨幣快速崛起，暴露出我們對於政府支持發行的貨幣愈來愈沒有信心。但將加密貨幣提升至法定貨幣的地位，是公開支持一個很可能一敗塗地的危險先例。

2021年12月，歐洲央行執委會成員帕內塔（Fabio Panetta）給出一個清醒的最新觀點：「儘管牽涉的金額龐大，沒有跡象顯示，加密資產已經或正在實施社會或經濟方面的有效功能。它們並沒有普遍性地用在零售或批發支付，沒有為消費或投資提供資金，而且在對抗氣候變遷方面也沒有幫助。」[21]

流通貨幣須具備五種特性

「加密貨幣」這個名稱其實不是很恰當，它是以區塊鏈技術建立起來的替代工具，欠缺了我們用來定義流通貨幣的五種特性。

首先，貨幣功能之一是做為**記帳單位**，這意味著賣家可用它們來為商品、服務和各種資產訂定價格。然而，所有特定的加密貨幣價格，波動都非常劇烈，賣方根本無法用來定價。即便是探討加密貨幣主題的會議，也避免以加密貨幣來付登記費，因為價格可能一夕間下滑，讓主辦單位的利潤歸零。

債務合約當然也需要一個穩定的記帳單位，如果某人抵押貸款合約上的本金和利息是以比特幣計價，當比特幣的價值飆升，會使得抵押貸款的實質價值暴漲。到時很可能發生違約的情況，貸方會賠錢，而借方則失去他的房子。

貨幣另一功能是做為**可擴大規模和廣泛使用的支付工具**。因為涉及龐大計算，比特幣和乙太幣每秒能夠處理12筆以下的交易。反觀Visa網路，每秒處理5萬筆交易。比特幣等加密貨幣，是使用工作量證明（proof-of-work）機制來驗證交易及保護網路安全，但速度上卻相當緩慢。

第三個貨幣重要特性，是可做為**穩定的價值儲存，不應暴險於市場價值的劇烈波動**。存款應該要能生息，而且不應該經常受到價格巨幅波動威脅。但加密貨幣價格卻超級不穩定。

此外，貨幣應該有**相對於商品和服務價格指標的穩定價值**，否則該貨幣的購買力就會變得非常不穩定，因而變成一種不可靠的價值儲存工具。這就是貨幣的第四個特性。然而，比特幣等加密貨幣，可能在短短幾天內，價值就上下震盪10%或20%，不穩定性使得它無法成為交易商品和服務的有效貨幣。

最後，自從有貨幣交易以來，貨幣的重要性就在於提供經濟學家所說的**單一計價標準**，簡單來說，就是以一致和統一的方式，來比較所有商品與服務的相對價值。在卡通《摩登原始人》中，貝殼是這項單一計價標準，鞋子、帽子和腳踏車的相對價值才有意義。在20世紀，布列敦森林會議將美元設定為全球計價指標，它的價格設定在一盎司黃金價格的三十五分之一。其他的貨幣價值，則是以美元的倍數或分數來計算。

不管你是住美國皮奧里亞市、南非比勒多利亞市或馬來西亞吉隆坡，使用的是哪一種貨幣，只要美元有單一計價標準的功能，一磅糖的國際價格是多少，對於各地消費者來說，都是清楚易懂的。在每一個擁有自己流通貨幣的國家裡，那個流通貨幣也是法定貨幣，是記帳的單位和所有商品、服務和交易的單一計價標準。但在「代幣化」的加密貨幣世界裡，如果我需要一個百事幣去購買一瓶百事可樂，和一個可口幣去購買一瓶可口可樂，我就無法計算它們的相對價值。因此，就某種重要意義來說，石器時代的摩登原始人，擁有比加密貨幣更為高明的貨幣系統，因為有貝殼做為單一計價標準。

在加密貨幣的國度內，還是需要以美元做為交易的基礎。沒有美元，就沒有人可以比較比特幣、乙太幣、狗狗幣或任何其他加密替代工具的價值，更別提利用它們來為商品和服務定價了。

貨幣失序，升高系統性風險

　　熱心人士大力吹捧加密貨幣的特色之一，是沒有任何人可以胡搞貨幣供給量。比特幣的發行有絕對的限制：在創造或「挖出」2,100萬個比特幣後，將會停止發行。既然沒有哪個政府可以瘋狂印鈔票，就能免於通膨風險嗎？

　　由於沒有前例，很難預估比特幣達到限制時，會發生什麼事。誰可以強制設限呢？我們必須仰賴演算法嗎？有些加密貨幣發行機構給的保證很少。許多加密貨幣遵循特定規則，不設定貨幣的供給量，因此暴露於嚴重的貶值風險中，惡化的程度與速度比任何法定貨幣更嚴重。完全的信心和信用可能變成一場大災難。

　　許多加密投資人利用資金槓桿，在一些交易上操作高達100倍的資本，這意味著微小的波動就可能爆倉。由於這些操作大量湧現，新型態的債務可能升高系統性的風險。

　　如果沒有採取措施限制加密貨幣的挖礦，附帶的社會成本可能高築。創造比特幣已經耗費太多能量，以至於一度支持比特幣做為電動車支付工具的特斯拉創辦人馬斯克（Elon Musk）改變政策。比特幣所需的數據挖礦，具高度的環境成本，與特斯拉想讓汽車脫離石化燃料的使命相牴觸。加密資產很耗能，所使用的能源相當於荷蘭或阿根廷的能源使用量。如果加密貨幣的挖礦速度加快，我們對減緩全球溫室效應所做努力的成效，將會被大幅削減。

加密貨幣也可能有其他風險，而且可能演變成系統性風險。歐洲央行執行委員會成員帕內塔警告：「加密貨幣被廣泛運用在犯罪和恐怖活動，或是用來藏匿收入，躲避稅務當局的眼目。」他也引述歷史：「過去有幾段時期，在欠缺主權貨幣的情況下，各種不同形式的私有貨幣同時存在，典型的特徵就是危機反覆出現，例如發生在幾個世紀前的自由銀行事件。」[22]

1836年，美國總統傑克遜（Andrew Jackson）在民粹主義下，終止美國第二銀行的央行職能，更使美國進入「自由銀行時代」（Free-banking Era），幾乎毫無限制地允許銀行發行自己的貨幣。自由銀行制度一直盛行到1864年，在國會堅持主張監管銀行的權力下才結束。

2016年，費城聯邦準備銀行的經濟觀察報告，回憶起這段歷史時寫道：「在《國家銀行法》辯論期間，支持者引證，在實施自由銀行的各州，擁有特許執照的銀行大量倒閉，有必要建立統一的全國貨幣系統。」[23]

簡單來說，一個擁有數以千計私有發行貨幣的世界，在19世紀已經試過了，而且一敗塗地，導致貨幣失序及系統性金融危機，造成嚴重的經濟衰退，這些已經足夠說明以加密貨幣重振自由銀行體系的下場。

NFT泡沫正在破滅

　　我們正處於加密貨幣的「蠻荒西部」階段。一項研究顯示，80%的首次代幣發行（ICO），壓根就是無視證券法規的騙局。區塊鏈和加密投資公司Blocktower資本顧問公司共同創辦人兼投資長保羅（Ari Paul）在播客節目《現代金融》（*Modern Finance*）中，告訴主持人羅斯（Kevin Rose）：「加密騙局經常出現在前十大加密貨幣。如果你購買一籃子前十大加密貨幣，我可以告訴你，你將會歸零。它們是明確的騙局。」[24]

　　每十個首次代幣發行之中，就有一個最終價值會大幅滑落。華爾街公司一些最放縱敗壞的手段，在加密貨幣市場也處處可見：哄抬與倒貨計謀，拉抬價格只是為了之後以高價出售資產，讓不知情的散戶蒙受巨大的虧損；沖洗交易，同時以買家和賣家的身分進場，以提高交易量來刺激市場興趣；以假交易幌騙，搶先交易，跑在客戶前面買進和賣出，坑殺客戶。

　　近來，DeFi專家一點都不難找。他們每天在有線電視商業節目、鎖定對象發送的電子報、網路和播客節目中分享見解。YouTube上有一長串保證讓你了解加密金融的影片。市場研究報告密切關注加密貨幣價格劇烈的波動，畢竟這是建立在大膽創新的1兆美元市場。

　　從加密貨幣到非同質化代幣（NFT），在現代金融詞典中，充斥著許多讓人頭昏腦脹的字眼。NTF定出同溫層價格，因為它們具有獨特性，而且其他投資人說它們有價值。2021年初，數位藝術家溫克爾曼（Matt Winkelmann）上了新聞，他發行的21顆NFT，僅在一個週末的線上拍賣會中，就賺了將近400萬美元。[25]但隨著大多數這些偽資產的市場價值崩跌，NFT泡沫也正在破滅。

然而，無論粉絲、騙子和招攬生意的人怎樣鼓吹DeFi，這種過度吹噓的金融創新，存在著許多巨大風險。謹慎的投資人腹背受敵，暴露在冷酷無情的演算法，和反覆無常的投資人形成的險境中。如果加密市場持續飛快成長，劇烈的價格波動勢必更頻繁出現。2021年初，一顆比特幣的價格在短短幾週內腰斬，跌掉了3萬美元。更大的跌幅，發生在2022年6月，比特幣跌至18,000美元以下，較2021年近69,000美元的歷史高點，跌了75%。其他垃圾幣的跌幅就更深了，從2021年高點，至2022年崩跌約80%。

受監管的銀行會為客戶提供所需的服務，但加密貨幣發行機構卻幾乎沒有提供任何保障。如果客戶的私鑰忘了、遺失、被駭或被偷，加密的財產可能就沒了，根本沒辦法拿回來。而且由於去中心化交易規避了監控，這個市場吸引了諸如洗錢、逃稅、販賣人口、恐怖主義、犯罪金融和勒索軟體等不法行為進場。

穩定幣並不穩定

原本應該一對一釘住美元，或其他法定貨幣的數位「穩定幣」（stablecoins）也不可靠。如果支持它們的是高風險資產，當市場價值暴跌時，可能引發拋售，使得加密貨幣市場和更多的市場情勢變得很緊張。在2008年，似乎很少有資產，比淨值釘在1元的貨幣市場基金還來得安全。然而，在全球金融危機期間，市場卻拋售這個不安全的「安全」資產，造成「跌破面值」的浩劫，意味著淨值跌破每單位1美元。謹慎的觀察人士，害怕類似的系統性拋售也可能發生在穩定幣上。他們不會忘記2022年5月，加密貨幣Luna演算法支持的穩定幣TerraUST跌破1美元價位，幾乎變得一文不值。這些足以說明所謂「穩定」幣的真正樣貌。其他的「穩定幣」，例如未受監管的泰達幣（Tether），也承受很大的市場壓力。

這個新世界幾乎不受監管，合法性讓人存疑，美國證券交易委員會主席詹斯勒（Gary Gensler）已經警告，加密貨幣和DeFi領域裡的嚴重威脅，讓人想起西部蠻荒時代。

2021年10月，國際貨幣基金在「全球金融穩定報告」中，對此表達深度關切：「在這些機構中，有許多都欠缺對於公司營運、治理和風險控管的實務經驗。例如加密交易所經常在市場動盪之際面臨嚴重的交易中斷。」這份報告也提到客戶資金遭駭和被偷的情況。「隨著加密資產變得更主流，它們的重要性和對經濟更廣泛的潛在影響，勢必將提高。」[26]

國際貨幣基金的經濟學家們，對於加密金融沒有充分的消費保護措施且欠缺適當的監管，提出質疑。在不同的加密貨幣交易所上市的16,000種代幣中，有將近50%已經消失，變得一文不值。還有許多代幣有價無市，或開發者乾脆放棄計畫。「有些代幣是為投機目的而創造，有些甚至根本就是詐欺。加密資產虛假的匿名性與不可追蹤性，也變成監管的漏洞，可能淪為非法洗錢和恐怖份子籌募資金的管道。」[27]

加密資產支持者的夢想，是讓所有的金融交易（不管是借入和貸出），都沒有中間人介入。透過演算法搭上區塊鏈，取代銀行，執行智慧型合約。加密資產的移動，將會像傳簡訊一樣順暢，沒有第三方設下的干擾。但在這個理想的世界中，夢想家們卻忘了，DeFi公司本身就像銀行一樣，有追求獲利的創立者和資助者，也同樣需要在權益保障規範和監督管理下營運，而非像是處於失控混亂的西部蠻荒時代。

DeFi刻意不遵守對傳統金融機構的監督和規範，卻又「搭便車」想同樣享有進行金融業務的權利，這種做法也稱為監管套利。依照規定，銀行必須做適當的反洗錢和「認識你的客戶」（Know Your Customer，類似實名認證）的追蹤，這兩項工作都需付出極高的法遵成本。因此，DeFi其實也造成了不公平競爭，同時會引來非法融資。如果DeFi必須像傳統金融機構一樣受到合理規範，同樣要負擔龐大的法遵成本，DeFi還能存活下來嗎？

這世界還需要銀行嗎？

在任何領域中，包括金融業務在內，創新都可能是美好的事。在過去數十年間，創新人士創造了各式各樣令人眼花撩亂的金融工具。然而，任何創新工具是促進金融穩定，還是在破壞金融穩定，必須根據個別的價值來判斷。加密貨幣目前尚處於起步階段，傳統的舊智慧正承受嚴厲攻擊，貨幣已不再是過去的模樣，《經濟學人》嚴肅地提出一個問題：「這世界還需要銀行嗎？請先不要解開你的安全帶，即便開得再順暢，還是會有驚悚的轉折。」[28]

2021年，針對DeFi的缺失，商品期貨交易委員會委員柏克維茲（Dan Berkovitz）說了重話：它絕對當然是違法的，故意不遵守證券法規，又缺乏投資人的保護措施，而且由於不必支付法遵成本，得以利用監管套利，傷害了受規範的金融機構。此外，它沒有提供金融中間機構該有的必要服務：「既未負起監督市場詐欺和操作、防制洗錢、保護存入資金、確認交易對手風險狀況的責任，當交易程序發生疏失時，也沒有補償客戶損失的機制。」[29]

此外，在加密國度中，去中心化概念更像是神話，現實是一小群寡頭壟斷的挖礦人，在最中心化的交易所內，驗證多數的交易。他們當中有許多人位於白俄羅斯、中國或俄羅斯等遙遠的司法管轄區，美國執法當局鞭長莫及。當開發者權力集中，一旦出問題時，加密貨幣的設計者既扮演警察，也是檢察官和法官的角色。這一切都使得財富累積更不公平；衡量比特幣不均的吉尼係數，甚至比金正恩及其親信掌控絕大部分所得和財富的北韓，還來得糟。

加密狂熱份子構想的去中心化世界，例如讓無法使用銀行的人可以使用銀行，難民收到數位身分和資助就可以存活，窮人可以花更少的錢來使用金融服務等等。但多數加密資產，卻明顯是由內部人士和持有大量加密貨幣的「鯨魚」（whales）組成的貪婪小團體。

2021年，狗狗幣共同創辦人帕爾默（Jackson Palmer）提出嚴厲譴責，狗狗幣原是為了調侃加密貨幣的仿冒品，卻一度讓取得內部消息的人致富。帕爾默指出：「儘管主張『去中心化』，加密貨幣產業卻受控於一個強大的富人同業聯盟。這些人正逐步發展或納入許多跟現有中心化金融體系有關的機構，但它們原本的使命是取代這些機構。加密貨幣產業借助不正當的商業關係網絡影響力，收買具有影響力的名人和媒體，就像邪教般將快速致富的思想，傳遞給渴望賺錢和想法天真的人，再從他們手中汲取新資金。」[30]確實，狗狗幣的價格在2021年大幅上揚之後，就崩跌約90%。許多加密貨幣的行情，有很大的部分是透過「龐氏騙局」炒作起來。

改進中心化金融體系的保護和監管功能，不需透過加密貨幣或區塊鏈來推動。人工智慧、機器學習、大數據、5G和物聯網都可以加速交易、降低成本和提高可靠性。這些中心化的金融科技工具和公司，就可以極快的速度蒐集和處理詳細的金融數據。

全球已有數百家公司加入這場激戰，提供各式各樣的支付系統，每天處理數十億筆消費交易與企業對企業的交易。目前這個行業是由美國和中國的公司稱霸，但在其他先進國家和開發中國家市場上，各種行動支付方式紛紛湧現。手機應用軟體透過支付寶、微信支付、M-Pesa移動錢包服務、Venmo電子錢包、PayPal、Square等支付服務商和其他數位供應商，提供轉錢和支付帳單的服務。2020年12月，奈及利亞金融科技新創公司Paystack，以2億美元賣給了一家美國金融科技公司。[31]

這些新創公司在大眾普遍接受的貨幣體系內靈活運作，將信用分配、保險、資本市場服務和甚至財富管理都加以現代化。它們可能無法實現自由派不讓政府插手的去中心化金融夢，但他們愈來愈多元且易於使用的產品和服務，卻更能滿足消費者。投資人的熱情，也促使專攻金融科技的投資工具突然增多，市場觀察人士看好非現金支付的高成長潛力。

不是所有人都歡迎新工具。陷在老舊技術的銀行面臨了更改傳統系統的巨額成本。如果客戶突然開始轉向金融科技工具，錢就會從傳統銀行流出，而存款流失將會影響放貸能力。去中介機構的工具如果把錢都吸走，可能讓銀行倒閉，屆時大規模的倒閉，將為好不容易從全球金融海嘯中存活下來的金融系統帶來極大壓力。

民眾可以直接存錢在央行？

對銀行而言，更深的威脅可能來自於根本的營運能力。各國央行已意識到錢開始從它們的司法管轄領域，流入加密貨幣或金融科技工具，正在思索採用有史以來最具戲劇性的創新工具。2021年5月，《經濟學人》報導：「在科技和金融交界上，最不為人注意的顛覆行動，可能最終是最具革命性的，那就是政府數位貨幣的創建。因為這個創舉的目標通常會越過傳統的放款機構，讓人們可將錢直接存入央行。」[32]他們也提出質疑：「銀行過渡到新的貨幣體系能繼續存活嗎？」[33]

今日，只有銀行和央行有直接帳戶。個人和非金融公司需要商業銀行來進行支票、存款、電匯和其他支付。想像央行數位貨幣給予個人和公司一個直接的央行帳戶，透過央行即時清算和結算，所有的支付可以安全、便宜、妥善地進行，這將會改變支付系統的形式。

面臨遠比金融科技公司更大規模的風險，商業銀行可能嚇到發抖，因為它的營運模式岌岌可危。銀行持有個人和公司的現金和等同現金的存款。它們保留存款的一小部分做為流動資產，將剩下的貸出，預期存戶只會提領出很小部分的資產。這種做法促成了部分準備金制度，活期存款變成銀行視為資產的長期貸款。

在這種情形下，央行數位貨幣會對金融穩定帶來兩大嚴重風險。首先，是去中介化，存款戶將資金從商業銀行轉入中央銀行。銀行要存活，意味著將改以市場利率的長期借貸取代低成本的存款金，以提供長期貸款和抵押貸款的資金，如此一來就算不會完全吃掉獲利，也會擠壓獲利。剩下的銀行會看起來完全不像今日的樣子。單看美國最大五家銀行，在2021年11月的市值達到1.4兆美元，說明了金融業舉足輕重的地位。如果央行改變銀行的角色，金融業的投資人將會付出很高的代價，更別提那些各式各樣服務銀行的行業，也會遭受衝擊。第二項系統風險：對在正常時期仰賴存款的銀行來說，金融恐慌可能引發大災難。存款人為了安全，將會競相將他們的銀行存款轉入央行帳戶，引發銀行擠兌。

還有一些較不明顯的隱患潛藏其中，它們聽起來晦澀難懂，卻可能產生無法控制的金融後果。假設嚴重衰退使得實質利率降至零以下，如果銀行對存款收取利息，消費者不願意支付，可以說：謝囉，我們要把錢藏在床墊裡，省得付利息。類似的邏輯也適用於商業銀行存在央行的大量準備金。市場靈活性限制了金融壓抑的力度。

假設某個主要經濟體發行央行數位貨幣，現金和貨幣退場，名目利率來到負值。央行可能對閒置的數十億美元商業銀行存款收取利息，實際上就是金融壓抑稅。商業銀行原本可以將不賺反虧的準備金提現，存到任何地方，但由於央行數位貨幣無法逃離央行，金融壓抑的煞車器被移除了。在某個無法預測的時間點上，負利率政策可能只會加深衰退，而無法減輕衰退。這時銀行會減少放款，企業會斷糧，工作會消失。

創新促進穩定，還是提高系統風險

貨幣和金融的創新是雙刃劍。當危機發生時，大膽的行動有助於經濟體度過難關。新支付系統阻礙較少，可加速資本的移動，為老派做法注入新活力，並刺激創新人士和政策制定者更努力改進。但把工作做好和胡搞之間的界線，卻逐漸模糊。不管是央行偏離使命的任務蠕變，還是帶來隱藏風險的去中心化金融及加密貨幣，我們都必須密切注意並保持警覺。

劇作家王爾德（Oscar Wilde）形容虛榮的人知道每件東西的價格，但對它們的價值卻一無所知。這個描述適用於所有政治派別中，積極擁戴任務蠕變和去中心化金融的人。他們可以確定量化寬鬆的規模，但要解釋其中的機制和預測影響，即便是最堅定的擁護者也無法做到。同樣地，加密貨幣的粉絲可以精確指出一顆比特幣的價格，但它的潛在價值卻無法衡量，因為它沒有實質價值。這看起來像是債務螺旋上升的導火線。

央行偏離使命的任務蠕變和工具蠕變，正為資產和信用泡沫加油添火。當通膨持續飆升，企業破產和經濟崩跌將同時伴隨著法定貨幣的貶值。美元做為主要全球準備貨幣的角色，面臨來自中國和俄羅斯的挑戰愈來愈大。就算四分五裂的歐洲貨幣聯盟沒有垮台，世界第二大貨幣歐元也將走得東倒西歪。由於法定貨幣式微，加密替代工具迅速崛起，威脅取代法定貨幣，伴隨的是投機性的龐氏騙局和嚴重不穩定的系統效應。

當前銀行體系最迫切的危機來自內部創新，央行數位貨幣可能切斷銀行和其賴以維生的支付體系。弱勢的銀行，或甚至只是認為銀行弱勢的看法，都可能將銀行徹底打垮。這種種因素加總起來，一些或所有這些金融和貨幣的創新，可能有著適得其反的結果，而且極為失敗，不但沒有促進穩定，反而將系統風險和混亂情勢提高至前所未見的狀態。

準備好面對大衝擊。技術專家們大力鼓吹自家產品的全球影響力：任何擁有智慧型手機或筆電的人，都可立即進入、立即得到結果。另一方面，政治領導人正忙著宣揚民族主義的各種主題：關閉邊境、強加關稅，摒棄國際事務，只為了美國優先、俄羅斯優先，或是誰剛好先住在哪裡。隨著法定貨幣價值下降、EMU最終可能垮台、美元做為主要全球準備貨幣的角色受到挑戰，而且因為加密貨幣既非貨幣也非資產，並沒有明顯的法定貨幣和美元的替代工具出現，勢必引發混亂失序和金融不穩定。這些都是導致貨幣體系混亂和金融不穩定的因素。

這一章審視了輕鬆跨界的金融技術帶來的威脅。在第七章，我們要來看看相反的威脅，當邊界關閉時會發生什麼事？

全球化結束了嗎？

　　各大媒體對於貿易和全球化的報導，經常激怒讀者。這些專欄作者與財經記者們高調談論自由貿易的偉大成就，但隨著製造業從北美和歐洲部分地區，大舉外移到中國和亞洲等薪資較便宜的地區，憤慨的讀者紛紛投書媒體，述說種種因關廠、失業、社區失去活力而陷入令人絕望的處境。

　　任何頭腦清醒的經濟學者，應該都無法否認這些事實。在這些製造業大幅外移的地區，明顯可見遭廢棄的房屋或土地，許多勞工失去了昔日依賴的穩定工資和優渥福利的工作機會。有一名讀者投書《紐約時報》，言簡意賅地點出了令人憂心的現象：

我剛畢業拿到工程學位時，曾在製造業任職，當時與我同齡的工廠勞工賺的錢，比一般新進工程師高出20%。工廠遷移至海外後，我找到新工作，換公司繼續做。二十年過後，我現在的薪資，是昔日的五至十倍。然而，那些工廠勞工卻根本找不到類似以前的工作，許多人只能投入零售業，拿過去一半的薪水過活。他們從經濟階梯上被踹走了。[1]

中國衝擊到底有多大？

根據漢生（Gordon Hanson）、奧托和多恩（David Dorn）等經濟學家的研究指出，在2000年至2011年間，「中國衝擊」（China shock）導致60萬至100萬個美國製造業的工作機會消失了。[2]另一個研究則算出，在那十年間，因全球貿易造成的勞工失業人數總計約有200萬，平均每年多出20萬人失業，這個數字聽起來很多，但比起每年因技術、企業和產業的正常興衰及經濟循環所造成的巨大影響，這只是極小部分。

就連克魯曼（Paul Krugman）等左派經濟學者，也曾一度極力為自由貿易辯護，淡化其對國內就業的不利影響。但他們樂觀得太早了。新近研究顛覆了過去的貿易觀點，中國衝擊造成的失業人口數早已超出最初的預估。

更令人難以承受的是，那些失業人口集中在經濟崩壞中的工業核心地帶，在那裡類似的工作不復存在。對全球化持批評觀點的學者，看到了貿易政策的苦果，比起本國勞工的生計和他們的社區經濟活力，這些貿易政策更看重的是低成本和生產力。簡言之，我們犧牲了許許多多的好工作和高薪資，只為了換取大型零售業者大量廉價的進口商品，難怪會引發強烈的政治反彈。

2019年，《金融時報》一篇評論寫道：「全球化發展至今令人失望。數十年來，跨境貿易不斷成長，有關自由化的各種影響力曾被認為是無法阻擋的，但如今卻正在動搖。」[3]

2020年5月，《金融時報》再度提出警告，指稱全球化是自身成功的受害者。「全球化正面臨危機。製造業的工作機會從富裕國家轉移到較貧窮國家，全球的勞動力重分配，緩解了開發中世界的貧窮問題，卻也讓富國的勞工付出了代價。然而，決策者並沒有採取應對措施，彌補在此過程中失去工作的人，甚至忽略這些人的感受。在昔日繁榮的社區裡，他們曾經感到自豪並擁有財富，如今，這一切都不復存在。」[4]

於是愈來愈多人跳上反對全球化的樂隊花車，這種打著經濟民族主義口號前進的樂隊花車，曾是將川普推進白宮的動力之一。

去全球化將帶來高通膨，所有人都是輸家

如今，我們來到一個交叉路口。一條貿易路徑，是認同持續維持自由的全球市場，同時彌補或重新訓練被拋在後面的勞工。如此一來，全球消費者將得以繼續享受較低的價格，同時新興市場的就業機會能讓數百萬的地球公民脫離貧窮。另一條路徑，被稱為去全球化，贊同保護主義政策，目標是把流失的工作機會移回國內（企業回流），並防止工作轉移到海外。儘管聽起來可能很吸引人，但歷史經驗告訴我們，實施保護主義，反而會讓經濟階梯上幾乎所有的人都遭殃。那也就是為什麼去全球化是一大威脅。

去全球化的目的，是想要留住20世紀的工廠工作機會，但這也會產生反效果，對擁有更廣大市場的服務業、技術、數據、資訊、資本、投資和勞動的重要交易往來，造成衝擊。去全球化，不僅會阻礙經濟成長，讓因應龐大債務的經濟工具失去功能，還會加速邁向史詩級的通膨，甚至陷入停滯性通膨。

對全球化的死忠擁護者來說，眼前困難重重。早在2009年7月，《金融時報》就報導：「保護主義已經成為一項『成長產業』，自從2008年全球金融海嘯爆發以來，包括美國在內的許多國家，選擇採取各種直接和間接的貿易障礙。」[5]

強烈反彈已在多重陣線上爆發。首先在先進經濟體中，

廣大的基層勞動團體，因企業外移而失去工作的工人和失業的底層服務業人員結盟，一起投入反對無限制全球化或超全球化（hyperglobalization）的民粹主義運動。這個社會運動的成員，對於2016年川普勝選，以及打破共和黨與自由貿易的歷史連結，發揮了一定的作用。在對中國和移民（即川普口中來自墨西哥和中美洲的「壞傢伙」），「偷了」美國人工作機會的嚴厲批判下，全球化成了廉價愛國者方便攻擊的目標。

在英國，民眾同樣是在大量錯誤訊息的煽動下，公投退出歐盟。尤其是無特殊技能的藍領、下層階級和農村人口，他們反對與歐洲的夥伴關係及協議，因為這些協議主張開放貿易，並且允許勞工在歐盟境內自由遷徙，嚴重影響了他們的生計。

2021年，在疫情蔓延時，英國終於正式脫歐。但是，後來因應疫情的各種限制開始鬆綁，消費需求遽增，英國竟出現外籍卡車司機短缺的問題，繁瑣的簽證要求，使得這些司機無法順利入境。歐洲國際政治經濟中心（European Center for International Political Economy）的貿易政策專家漢尼格（David Henig）告訴《紐約時報》：「英國既有商業模式，是立基於雇用外籍勞工的條件，現在卻突然將勞動力減少到只剩先前的八分之一。脫歐對英國經濟造成了衝擊，但既有商業模式根本來不及調整。」[6] 2021年至2022年間，英國的通貨膨脹率開始急劇上升，衰退陰霾跟著浮現。

創造出巨大財富，卻嚴重分配不均

橫跨整個歐洲大陸，民粹主義政黨強烈譴責自由貿易和移民政策。在法國，極右派領袖勒龐（Marine Le Pen）矢言建立左右派聯盟，以縮減貿易並驅逐移民。2022年，雖然競選總統失敗，但她推出本土主義民粹經濟政策，仍受到右派和左派的歡迎。匈牙利強人總理歐爾班（Viktor Orban）也毫不隱藏他的本土主義意識。在一次訪問中，他宣告，匈牙利拒絕接受要在歐洲配額制度下，接受難民或來自歐盟外尋求庇護者的「道德責任」。[7]他還精心策劃更改憲法，目的就是讓自己至少能持續掌權至2030年。

全球化賜給新興市場經濟體強大的利益，但那並不足以杜絕愈來愈大的反對聲浪。在新興市場經濟體中，資本所有者和製造業勞工都獲得了可觀的獲利，但資本所有者的斬獲遠高於勞工階級，包括農村勞工在內的其他勞動人口，被遠遠拋在後面。經濟學家亞阿斯蘭（Yavuz Arslan）、康特瑞拉斯（Juan Contreras）、帕特爾（Nikhil Patel）、舒暢（Chang Shu），在國際清算銀行發表的文章〈全球化對新興市場經濟體的影響有多大？〉中，寫道：「在一些新興市場經濟體中，收入不公平已嚴重惡化，或許更重要的是，不公平的惡化程度與全球化的發展呈正向關聯。」[8]

有些人將矛頭指向1980年代末期出現的所謂「華盛頓共識」（Washington Consensus），這是由國際貨幣基金、世界銀行和美國財政部（全都位於華盛頓）支持的信條。做為針對新興拉美市場所開出的藥方，這個政策信條若要成功，取決於放寬資本管制和進口限制、國營企業民營化、該區域的經濟體自由化、強制實施財政自律，以及可達成低通膨目標的貨幣政策。

　　以七大工業國為主的先進經濟體政府，鼓吹華盛頓共識，它被當成富裕的藥方，而且贏得開發中世界裡許多人的芳心。2013年，在倫敦國王學院（King's College London）委託進行的民調中，詢問全球6,000多人相同的問題：「你認為是否有哪個國家或哪些國家擁有正確的經濟和就業觀念，是你們國家的領導人應該效仿的？」[9]

　　結果，美國輕鬆勝出。據《金融時報》報導：「超過三分之一的巴西人，以及40%以上的印度人及墨西哥人表示，他們的國家應該效仿美國，許多韓國人和南非人也有類似想法。」但實際上，在華盛頓共識下採行的政策並未妥善解決問題。自由的資本流動，造成快速又令人不解的經濟和金融起伏。景氣好時，資金流入新興市場經濟體；景氣差時，資金流出，並爆發嚴重的金融危機和經濟衰退。

　　全球化充其量只是好壞參半的祝福。經濟學家史迪格里茲（Joseph E. Stiglitz）在《全球化與對全球化的不滿》（*Globalization and Its Discontents*）一書中指出：「拜全球化之賜，現在許多人的壽命比過去更長，生活水準也大幅改善。西方人可能認為耐吉（Nike）的低薪工作是種剝削，但對於開發中國家的許多人而言，在工廠工作，比待在鄉下農場和種稻好多了。」[10]

史迪格里茲詳述了全球化的優點，但也不掩飾它的缺點。他寫道：「有些事情對於幾乎所有人來說，確實是錯得一塌糊塗。」一味追求自身利益的做法，已造成強烈反彈。「批評全球化的人指控西方國家偽善，他們是對的。西方國家推動貧窮國家消除貿易障礙，卻堅持自己設下的障礙，不讓開發中國家的農產品進來，剝奪了這些國家迫切需要的出口收入。」[11]

反貿易、反移民的怒火，橫掃歐美

第一波強烈反彈，是由先進經濟體中，低技術的製造業勞工所發起。這些抗議自由貿易的民眾，有的是大車廠的勞工，因汽車廠外移至墨西哥和其他勞動力較便宜的國家，迫使他們失去了工作機會。不只是製造業低技術勞工站出來，不滿情緒蔓延至更廣、更大的服務業。從低技術的基礎勞務到較高技術的勞務，都涵蓋其中。例如：電話服務中心的人力，由低工資經濟體的勞工取代；法律事務所將文件審核外包；波蘭會計師以更低費用，接收美國會計師的稅務工作；無論是在哪裡的醫檢師，都可以解讀醫學影像；全世界的軟體工程師，都能為矽谷提供勞務。

所有這些經濟活動與社會文化的錯位，也導致反對移民的聲浪愈來愈高。抗議者認為，不只「我們」把工作移到國外，「他們」還來這裡拿走剩下的東西。實際上，許多證據顯示，移民填補了美國人和歐洲人不想要做的粗活勞動缺口。在歷史上，這樣的例子比比皆是，成群移民來到一個國家，做當地人不想再做的枯燥工作，接著這些人慢慢爬上社會階梯，再由另一批移民接替進入底層。但是，這些事實卻敵不過激烈言語的煽動力。

當地族群（不論先來後到）都忍不住想要把身後的門給關上。其他的不滿指控，包括移民會占用住房空間、醫療保健、教育和其他公共領域的資源，批評者無視有大量的證據顯示，移民的經濟貢獻，實際上遠超過這個國家花費在他們身上的財政資源。衝突通常源自更深層的文化、種族和宗教的差異，正是這些根深柢固的差異作祟，致使主要族群難以接納新移民。

比起人、商品或服務，資本跨越各國邊境的衝突較小。經濟學家也盛讚當中的種種好處。例如外國直接投資新興市場經濟體，可能有助於創造新公司、建立工廠、吸引管理人才、提高當地技術、增加就業和收入。就這個意義來看，資本可以輕易跨越邊境，是非常有利的。

然而，反全球化人士抨擊資本家的動機，並試圖限制資本的流動。他們堅信，外國直接投資的弊遠大於利。先進國家的反對者，抗議企業外移至勞動力較便宜的地區，使得當地工廠和公司關門。新興市場經濟體的反全球化人士，則對跨國企業抱持懷疑態度，認為自己的國家受到剝削，例如虐待當地的勞工；剝奪自然資源，不考慮長期環境影響。他們看重主權和自尊，卻忽略了低端工作不會持久存在，而來自不可再生資源的收入與投資資本，不僅可能會快速消失，也往往在日後埋下金融危機的隱患。

在反全球化運動橫掃美國和歐洲之前，資源民族主義就已高張。十年前，美國當局阻擋杜拜港競標管理美國主要港口，杜拜港的總部設在阿拉伯聯合大公國（美國的非正式盟友）。更早之前的2005年，美國中止中國海洋石油集團對美國能源公司優尼科（UNOCAL）的收購案。加拿大政府阻止重要鉀肥生產商被外國買家收購。還有一個有點反應過度的例子，是法國基於國家安全理由，使得一家歐洲公司收購著名乳業巨擘達能集團（Danone）的計畫胎死腹中。

從貿易戰到科技戰，美中脫鉤代價大

今日，美國和中國在經濟和地緣政治的較勁不斷升高，為全球化的一切討論埋下陰影。這兩個全世界最大的經濟體，已經全面性地升高商品和服務的貿易障礙，並波及每個全球貿易夥伴。在科技、數據和資訊的前哨戰，正擴大形成一個反全球化戰線。隨著美國和中國爭搶人工智慧和其他未來產業的控制權，美中科技脫鉤儼然顯現。由於中國大量投資機器人和自動化，目前可能在人工智慧方面享有優勢，美國限制將技術和半導體出口給中國華為等科技公司。

　　川普政府時期實施的一些限制措施尚未解除，拜登政府就又祭出其他措施，以對抗北京當局對中國企業的補貼。中國當然會報復，部分報復措施是懲罰在美國證券交易所進行首次公開發行的中國公司。美國和其盟友在一邊，另一邊是中國及其盟友（俄羅斯、伊朗、北韓），在戰略對立逐漸升溫的世界，貿易和金融制裁的風險正在升高，而這些制裁加劇了去全球化的趨勢。

　　北韓和伊朗都已受到美國和西方國家的廣泛性制裁，它們只能和非正式盟友如中國、俄羅斯及其他一些流氓國家進行貿易。從2014年併吞克里米亞和烏克蘭的頓巴斯地區開始，俄羅斯就開始脫離全球經濟，如今隨著俄烏戰爭開打，更是加速跟美國和歐盟脫鉤。

　　北約成員國已經對俄羅斯施加嚴厲的貿易和金融制裁。歐盟深度依賴從俄羅斯進口的石油和天然氣，現在甚至能源貿易也逐步降低，因為歐盟逐漸認清，大量仰賴俄羅斯能源供應的安全風險。

　　未來二十年，中國（與其盟國）和美國（及多數的西方國家）之間的新冷戰要是持續加劇，全球經濟將會面臨最嚴重的脫鉤和碎片化。目前地緣政治的低氣壓情勢已變得更嚴峻，全球經濟正逐漸走向「巴爾幹化」。*

全球化新轉折，以友岸外包取代離岸外包？

　　事實上，2022年4月，美國財政部長葉倫主張，傳統上支持自由貿易和全球供應鏈的論點，需要更新，以「安全貿易」和「友岸外包」（friend-shoring），取代現今在美國戰略對手國的無限制離岸外包。「我們不允許有國家以其在主要原物料、技術或產品的市場地位，具備擾亂我們經濟的力量，或施展不受歡迎的地緣政治影響力。新策略方向會讓我們建立並加深經濟的整合，而且會帶來具體成效，在友誼或平等的情勢下，實際上對美國勞工也有利。跟我們確知可以倚靠的國家合作，採取供應鏈『友岸外包』給值得信任的國家，如此一來，我們就可以繼續安全地放寬市場進入限制，這將會降低我們及貿易夥伴的經濟風險。」[12]

　　這是全球化的新轉折：讓多數貿易和投資集中在盟友國，

並遠離戰略競爭對手。這個轉折也反映了美國（及其盟國）與中國（及其盟國）之間的新冷戰緊張關係升溫。

然而，在歐洲方面，關於隱私的疑慮卻又為全球化踩了煞車。歐盟國家要求，公民的資料數據應保留在位於歐盟的伺服器。這項隱私要求背後的真實目的，是興起保護主義，限制美國強大科技公司的影響力；歐洲想要擁有更大空間，去創造自己的高科技雲端技術，但這類行動卻會對左右全球技術貿易的關鍵要素造成威脅。就我看來，這是極端的去全球化例子。

有些地方的工資報酬和勞動標準無法達標，批評人士將此歸咎於全球化。但期待貧窮國家跟上已開發國家的工資水準或勞工規定，並不實際。在勞動生產力較低的地方，工資也就較低。提出這些批評的美國人和歐洲人，是抱持另一種形式的保護主義。

環境的標準也激發對貿易保護主義的極力呼籲。歐美國家與新興市場簽訂的貿易協定，逐漸加大力度推動針對氣候變遷的措施，但頗具野心的降低溫室氣體目標，卻引發西方國家與新興市場的競爭衝突。為了促進經濟成長，中國、印度和其他開發中國家排出的溫室氣體勢必會增加，這些國家恐怕暫時並不打算為了達到排放標準而拉高營運成本。然而，歐盟卻已提

---

* 譯注：巴爾幹化，是指一個地區分裂成好幾個互相敵視的政治實體。

出邊境碳稅，以便和新興國家在「公平環境」下競爭，美國國會也已推出類似提案。

上述保護措施都限制了全球化發展，結果可能導致低全球化、慢球化，甚至最終去全球化。這些保護措施的背後動機應可理解，部分源自對資本擁有者和全球絕大多數公民之間，貧富差距擴大的憤怒。還有一如既往，每當經濟委靡不振，必須找個代罪羔羊。反對全球化人士顯然已經找到歸咎對象，而且在可預見的氣候問題中，他們勢必占上風。

以自由貿易創富，轉向提高關稅壁壘

全球化的概念，可回溯到某村消費者和鄰村生產者間的最早期商品交換。盎格魯撒克遜人在所謂的黑暗時期，橫越英吉利海峽進行貿易，曾有一名業餘英國考古學家，在薩頓胡莊園一個17世紀的維京墳墓內找到陪葬船，說明了這個事實。根據大英博物館的介紹：「位於薩福克郡美麗角落的這個墓葬，展現出一個擁有非凡藝術成就、複雜信仰系統和深遠國際連結的社會。」[13]

在13世紀時，馬可波羅連結了義大利和中國，算是為全球化盡了一己之力。到了17世紀和18世紀，英國和荷蘭東印度商船橫越海洋進行貿易。然而，現代意義的全球化約始於1820

年。因為領土之爭飽受拿破崙戰爭摧殘的歐洲人，非常樂意以貿易做為創造財富的文明手段。接著進入不列顛治世，*世界深受亞當斯密（Adam Smith）、李嘉圖（David Ricardo）和其他傑出的自由經濟和自由貿易主義者影響。李嘉圖提出的比較利益理論，成為日後國際貿易理論發展的基石，也為自由貿易提供了強有力的理論。

第一次世界大戰終結了強勁的貿易往來，以及第一代的全球化發展。歐洲人重拾處理對於國際不滿情緒的老做法，那就是製造武裝衝突。數以百萬計的人，根本上是因式微貴族之間的領土爭議而死。在停戰協議中止敵對關係後，一場流感疫情（西班牙流感大流行）來襲，奪走了數以千萬人的生命。由於害怕流感大流行、受戰爭摧殘的經濟持續不振，以及俄羅斯的布爾什維克主義，各國開始採取保護主義政策，即便當時從汽車到收音機的大量發明，世界正迎來一個新技術創新的現代紀元。美國經濟在這些技術創新的帶動下，從1920年至1929年每年成長超過4%，開展被稱為「咆哮二〇年代」的繁榮期。

但在立法官員支持課徵關稅下，拖延了美國在全球貿易的進展。1921年，推出《緊急關稅法》，推翻了威爾遜政府較為寬鬆的經濟政策。隔年又推出《福德尼－麥坎柏關稅法》

---

* 譯注：19世紀至20世紀初整整一個世紀，在大英帝國控制下維持的和平時期。

（Fordney-McCumber Tariff），對於跨境商品交易的箝制更深。法國、西班牙、加拿大和其他國家，對美國實施報復措施。1927年，因美國而興起的國際聯盟（The League of Nations），在瑞士日內瓦召開全球經濟會議，目的就是降低國際緊張關係，但協商失敗了。各國拒絕讓步，紛紛升高關稅。[14]

貿易戰爭，加深且延長大蕭條

在猶他州的共和黨參議員斯姆特（Reed Owen Smoot）、奧瑞岡州的共和黨眾議員霍利（Willis Chatman Hawley）遊說下，美國採取更多的保護措施，但美國人民很快就後悔了。1929年，華爾街股災造成恐慌之後，隔年通過《美國關稅法》（又稱《斯姆特─霍利關稅法》），提高進口農產品的關稅障礙，其他產業的製造業者強烈要求類似的立法。

保護主義的不利效應很快就到來。消費者對進口品的價格高漲感到憤怒。婦女超黨派公平關稅委員會（Women's Non-partisan Fair Tariff Committee）的祕書長鄧肯（Gertrude M. Duncan），呼籲婦女站出來對政治人物施壓，以中止對服飾和家庭用品加徵關稅，因為《斯姆特─霍利關稅法》使得這些商品變得更昂貴。於此同時，由於其他國家的關稅報復和大蕭條的到來，美國出口商因時局艱難也被擊垮了。1931年6月，

《艾爾帕索時報》（*El Paso Times*）報導：「在《斯姆特－霍利關稅法》實施後，今年頭四個月，對外貿易已減少超過5億美元。這項關稅法案實施一年來，除了幾次微幅波動，出口值一路往下滑。」[15]

九十年後的2018年3月，加州共和黨國會議員麥克林塔克（Thomas McClintock）提醒他的同僚，莫忘昔日因策略過失造成的災難。他說道：「每個鼓吹保護主義的國家都經歷了非常大的痛苦，包括我們自己在內。傑弗遜總統認為，高關稅可以資助政府，並促進國內製造業，卻反而造成毀滅性衰退，幾乎毀了我們剛起步的經濟。胡佛總統以《斯姆特－霍利關稅法》回應1929年的衰退，也沒有好下場。」[16]國會自那時起，就賦予總統對大多數貿易政策有提出協商的權力，以防止因貿易政策過失再次造成大災難，即使是正式的貿易協定也需要參議院投票同意。

貿易限制主要影響商品移動，但也會使移民和資本的流動變緩。一些觀察家主張，貿易戰爭是經濟陷入大蕭條的主因。對此我的看法並不會那麼極端。當時製造業產出減少20%，各國間貿易下降了60%。然而，大蕭條還有其他原因，例如政府缺乏適當的貨幣和財政刺激，以及放手讓數千家金融機構和公司破產。即使貿易限制不是唯一該怪罪的，但這些限制確實加深且延長了大蕭條持續的時間。

在第二次大戰期間，大量戰爭物資的移動，為和平時期的全球化發展開啟了大門。1945年後，我們創造了一個逐漸自由化的貿易世界，對於跨境商品的移動管理規定放寬了。在關稅暨貿易總協定（GATT）接連召開幾次會議後，全球貿易限制得以鬆綁，全球貿易開始穩定成長。

世界貿易組織（WTO）和區域貿易協定的創建，也有助於規則設定。透過這些新規則，歐洲各國也邁向整合。各國市場逐步開放。供應鏈擴及全世界，1979年中國開放，1989年柏林圍牆倒塌，以及後來蘇聯解體，更加速這個趨勢。新興經濟體在歷經幾個世紀的停滯後開始成長，某種程度上，是拜國際貿易之賜。根據基本國際貿易理論，貿易愈自由開放，對貿易雙方或多方的好處愈多，全球經濟大餅也會因此變得更大。

1989年後，世界進入了超全球化的時期。大多數的新興市場經濟體欣然接受更自由的貿易和資本流動。商品、服務、資本、投資、勞動、技術、數據和資訊的跨境移動蓬勃發展。直到人們開始意識到超全球化的昂貴代價，於是開啟了一波波強烈反彈，2008年爆發全球金融海嘯後，更加劇反彈聲浪。經濟學家羅德瑞克等人指出，超全球化、民主和國家主權形成一個「三難困境」：為了維持民主和主權，必須制止超全球化。

這幾年由於新冠危機，以及後來因全球供應鏈、物流和運輸網絡中斷帶給經濟巨大衝擊，要求製造業和全球供應鏈的企業回流或友岸外包的呼聲愈來愈大，也更加受到歡迎。由於疫情在全球化下傳播得更快，所以首先受到嚴重限制的是人員移動。在COVID-19疫情高峰期間，外國旅行幾乎變得不可能，目前有些國家也仍有一定限制。緊接在後的是，對商品移動的限制也跟著逐步升高，各國試圖達成不可能的任務，希望在「關鍵物資」或「必要物資」上盡可能達到自給自足。

不同遊戲規則下，誰是贏家？誰是輸家？

我們無法假裝在自由貿易下，就可以保證實現公平世界，讓每個人的經濟狀況都會變得更好。因為自由貿易創造出的更高收入和財富，並沒有平均分配給每個人。新興市場的窮人可能收入增加，但貧富差距也在擴大，這可能反讓他們感受到自己的經濟狀況變差了。包括大型跨國集團在內的企業，利用獲利和影響力，修改遊戲規則對自己更有利，有時甚至採取反競爭的方式。永遠有贏家和輸家。

誰是贏家？中國、亞洲和其他新興經濟體的製造業勞工，因為這些國家加入全球經濟，在出口成長帶動下，收入提高；新興市場的技術性勞工，透過網路，可以在世界任何地方提供勞務；先進國家的優秀技術勞工，憑藉著教育優勢，以及在高附加價值且技術先進的製造業和服務業累積的專業經驗，享有獨特優勢；資本所有者，尤其是投入先進經濟體和新興市場出口領域者。

贏家也包括具備國際觀與高技能的人才。由於邊界消失，他們的國際移動力和靈活性，更加彰顯了他們的價值。此外，隨著貿易提高整體經濟大餅的規模，全世界最頂尖1%的金融資產擁有者，也是抱持全球主義的精英們，會變得更富有。當然，別忘了消費者。我們花更少的錢，得到了更便宜的商品和服務。還有金融業，也賺取了不成比例的獲利。拜資本自由流動和金融全球化之賜，銀行等金融機構與投資人獲得豐厚利益，位居高層的人報酬高得令人咋舌，但基層人員可能只拿到普通的薪水。

當全球化盛行，誰又是輸家呢？在先進經濟體中，擁有低階或中階技能的製造業或其他工業的勞工。他們的薪資，因產業外移到成本較低的地區生產而減少。許多製造業的工作機會永遠消失了，被拋棄的勞工承受企業外移的苦果，面對過渡性失業和收入急速下滑，即便購買的進口商品價格變低，也無法彌補。他們失去原本製造業的高薪工作，只能在低附加價值的服務業找到低薪工作（如在速食店做漢堡）。不只是先進經濟體，全球化也可能威脅到任何覺得自己的國家、種族、文化或宗教認同蒙受傷害的人。

全球化和自由貿易，已傷害了先進經濟體中的低技術藍領勞工。隨著數位科技發展，在虛擬可以取代實體的工作領域，類似命運也會降臨在低技能和半熟練的服務業白領勞工。只需要幾個月的訓練，不必擔心語言障礙，新興市場的虛擬服務可以填補許多遠端服務的人力。中產階級也無法倖免，除了電話中心之外，會計、律師，甚至醫生，都可能逐漸面臨虛擬服務的競爭。

來自中國和其他亞洲國家的對手，也已大量湧現。即使工作有保障，但工作候選人也會倍增。這一切都減輕雇主加薪的壓力。事實上，中國和印度的人口，*加總起來就有25億，新興市場也有許多人口投入全球勞動市場，先進經濟體的勞工要留意了，你的工資和福利正岌岌可危。

立法官員偶爾會試圖幫助因貿易因素而失去工作的勞工。早在1962年，美國國會就推出《貿易調整協助方案》，之後又陸續推出了一連串的計畫，包括2015年的《貿易調整協助重新授權法》〔Trade Adjustment Assistance（TAA）Reauthorization Act〕。TAA的目標，鎖定在因貿易而失去工作的無技能和低技能勞工，然而對這些法案效力感到質疑的人，則稱此為「貿易喪葬補助」。根本沒有簡單的辦法，可以彌補因為貿易而失去的工作機會。

---

* 原注：有時被稱為中印人（Chindians）。

制定政策，彌補因貿易被拋在後面的人

針對這些爭議，基本貿易理論的倡議者給了一個天真的答案。他們主張，當富裕國家與貧窮國家進行自由貿易，將會各自追求比較利益。較貧窮的國家可能因此變成製造業巨人，而較富裕的國家成為服務業巨人。窮國工資會提高，富國技術勞工的工資也會增加，而那些欠缺技能的勞工工資將與他們的工作一起沉淪。從貿易數據來看，參與貿易的進出口國家，整體呈現淨成長。在整體收入增加，且市場競爭使得價格下降，消費者可以買到比較便宜的進口商品，也就是購買力提高。這種效應類似減稅，大多數人都會拍手叫好，無論是位於哪個薪資階級。但你不妨試試看，把這番話告訴在富國裡，因貿易失業且找不到類似薪水工作的人，肯定會令他們惱火。

原則上，問題的答案不該是限制貿易，而是制定政策，更善待那些受苦的人。我們必須補償那些被拋在後面的人，好讓所有人都能因更自由的貿易而改善經濟狀況。

然而，種種跡象顯示，我們是在為贏家累積龐大財富，並已將貧富不均的程度推升到前所未有的水準。全球化重新改變財富流向，但邁向全民公平的各種障礙，卻是政治和社會性的問題，是如何從做大的經濟大餅中，取出獲利，並重新分配的問題。

這不是批評者害怕的那種社會主義，而是致力於讓擁有生產性資產者，達到收益最大化的資本主義。在同意協助因全球化被取代的勞工時，他們也可以改善自己的生活。如今，偏頗的先入為主想法，阻擋了社會福利體系提供收入、福利安全網、技能訓練和關鍵的商品和服務，給那些被拋在後面的人。

　　在工廠大量生產的早期，勞動與資本之間的對立衝突就持續不斷。第一次工業革命時，勞工運動人士竭力要求設定最低工資、工會、退休金和醫療保健。共產主義開創者馬克思（Karl Marx）和恩格斯（Friedrich Engels）呼籲工人站起來，要回自己的勞動所創造的財富。為了避免國家癱瘓和內亂，原本拒絕的當局屈服了。西方市場經濟的民主和自由市場，就立基在這些進程上逐漸發展起來。

　　受到啟蒙的資產階級早就了解到，為勞工建立一個社會安全網和福利國，有助於避免動盪和革命。於此同時，在勞工依然持續受到壓迫的許多國家，社會主義革命發生了。中國和俄羅斯在20世紀的大多數時間，都在進行共產主義實驗，結果使得幾乎所有人都變得更窮困，共產主義最終宣告失敗。

　　當這些之前實施共產主義的國家開放經濟，並接受全球自由市場時，一切都改變了。尤其中國的改變，更勝於俄羅斯。經濟學家漢生在〈貿易可能對勞工有利嗎？〉一文中寫道：「幾乎在一夜間，中國成了世界工廠。在1990年至2015年間，中國占全球製造業出口的份額，一路從2.8%，爬升至18.5%。」[17]

中國在具比較利益優勢的勞動密集產業，以及輕工業上的成功發展，製造出「中國衝擊」。在不到一個世代的時間裡，中國就從一個赤貧的第三世界國家，躍升成為世界第二大經濟體。除了精明計畫和辛勤工作之外，不公平的貿易操作也助長了中國的快速發展，然而，這最終也引發了怨氣和接踵而來的貿易限制。

川普政府條列一連串中國貿易違規的指控，其中包括壓低人民幣的匯率操控，這是一種賦予出口競爭優勢，同時提高貿易盈餘的手段。此外，「多年來，中國為了追求工業發展採行的政策和不公平的貿易操作，包括傾銷、歧視性的非關稅障礙、強迫性的技術轉移、不斷擴張所造成的產能過剩、產業補貼，以支持中國公司，使得許多美國企業無法在公平的環境下競爭。」[18]

整體而言，自1945年至21世紀初，全球貿易蓬勃發展，創造了一個相對和平和繁榮的世界。開放貿易的國家快速成長，而那些經濟相對孤立的國家則發展停滯。比較南北韓的發展，1953年韓戰結束，當時南北韓都屬於窮國，但北韓有更強的工業基礎和更多的自然資源，南韓則開放貿易。時至今日，南韓經濟強勁且富裕，北韓人民則依舊深陷貧困，飽受食物短缺和饑荒的威脅。

工作消失，大多數不是全球化造成

反全球化人士指稱，中國、印度或越南偷走了多數先進經濟體的工作機會。但仔細檢驗各種經濟數據，就會發現事實並非如此。實際上，大多數消失的工作是科技發展下的犧牲品，而不是全球化造成的。

麥肯錫全球研究院揭開了貿易造成多數製造業工作機會流失的迷思。

> 事實真相：成熟經濟體在這類工作機會減少的主因，是需求形態的改變，加上生產力不斷提高的結果。製造業占這些國家的總體就業比重，將會進一步下滑，從今日的12%降至2030年的不到10%。我們也發現，美國製造業於2000年至2010年間失去580萬個工作，其中僅約20%，是因貿易或離岸外包造成。[19]

在先進經濟體中，有政治人物喊出重回美好祥和的時代，那時製造業有許多穩定的好工作，提供高薪和福利。這類口號聽起來誘人，但我們就是回不去了。

有種更現實的陳述方式，可以說明貿易和科技的相似處。假如有一項新發明，允許製造業者以20%的勞動和資本，生產一台新型烤麵包機、微波爐或咖啡機，新機器只賣10美元，遠低於之前的售價50美元。消費者每購買一台，都能享受價值40美元的利益，你認為接下來會發生什麼呢？

生產烤麵包機、咖啡機和微波爐的勞工當中，會有80%的人失去工作。每個家庭大概只需要一台烤麵包機，更低價不會讓烤麵包機的需求增加2倍或甚至5倍。市場需求是相對固定的，那些工作不會再回來，至少不是以人們記憶中的那種方式重現。

工廠曾經雇用將近25%的美國勞動力，現在這個數據低於10%。除了19世紀初期，英國盧德運動人士組織動員毀壞織布機，以求保住他們的工作外，在科技發展過程中，很少遭遇強烈的反彈。人們不會說：「我們不要在加州生產更好的烤麵包機，因為會影響就業。」更好的技術所造成的改變，幾乎總被視為正面發展。但來自貿易的改變，就不一樣了。

經濟學家常提到另一個類似故事。一名創業家宣稱自己推出一款性能良好的烤麵包機，售價遠低於其他品牌。他將較低價格歸因於技術革新，開心的消費者蜂擁前來搶購他的烤麵包機。他們不再購買其他昂貴的烤麵包機，並稱這個創業家是提高他們購買力的天才。然後，他透露自己並沒有發明新製程，只是在中國買了比較便宜的烤麵包機。這就是他所謂的革新。但人們卻說，這是假奇蹟，並開始猛烈抨擊他，因為中國奪走了工作機會。

　　實際上，這兩種結果是一樣的，但人們並非那樣看待。當技術進步，人們因此失去工作時，可能會試圖減緩技術被接受的速度，卻無法阻止科技的進程。我們非但不會怪罪科技的發展，反而經常讚揚科技，讚揚摩爾定律，晶片上可容納的電晶體數量，每兩年變成兩倍，讓電腦的運算速度，每隔兩年就變兩倍。

　　我們無法每兩年讓腦容量變兩倍。數學演算法已經取代超市收銀員、高速公路收費員、旅遊代辦、銀行出納員的工作，下一個是誰呢？肯定還會有其他的。但是，過去技術取代勞工的同時，也曾經創造出新機會，例如：製造兩輪馬車的工人，變成汽車工人。自從兩百年前的工業革命以來，人們一直擔心技術會導致失業。在那兩個世紀中，技術一飛沖天，摧毀了許多工作，但就算出現前面提到的大蕭條或新冠疫情，就業率依然強勁。

　　我們認為貿易是種零和競賽，彷彿有人贏，其他人就輸。沒有掌聲給更有效率的生產製程、生產最大化和更低的成本，反而經常看到聚焦於工作外移的強烈批評。那就是我們今日的景況，處在一個危險境地，許多國家沒有改善社會安全網絡，反而是關閉邊界並提高關稅。

不公平升高、工作被取代，但去全球化無濟於事

　　全球化肯定有缺點。即便抗議人士譴責WTO，並阻止美國在泛太平洋夥伴關係（Trans-Pacific Partnership）下建立重要的商業聯盟，有錢又強大的企業巨擘仍能施展影響力，利用體制作弊，以提高他們的利益，他們往往能得到自己想要的。哈佛經濟學家羅德瑞克在芝加哥大學布斯商學院的線上期刊《親市場》（*Promarket*）說道：「這些精英份子不會公然告訴你們：『我們已經不在乎你們了』。他們會告訴你們：『你看，我們承受不起在乎你們。我們是在全球經濟中競爭，因此必須做這些選擇，必須外包、外移、尋求低稅率環境，因為我們承受不起不這樣做。』他們會說，他們是別無選擇。」[20]

　　確實，誠如羅德瑞克和其他反全球化人士提出的論點，貿易協定上留有與政治勾結的金融公司、多國企業和製藥公司追逐私利的指紋。這些人操弄管理全球投資和財產權的國際規則，利用會計調整，將收入歸入低稅率的司法管轄權區域。他們只會讚揚全球貿易是件好事。但他們為了獲取持有資本的利益，透過壓制競爭，來積攢自己的權力和獲利。他們的所作所為導致失業人口倍增，並加深了不公平。

　　工作被取代，以及逐漸升高的不公平，需要文明社會的決策者給予急迫關注，就算不是為了更高尚的理由，也是為了自

我保護。但在我們順從衝動，抬高去全球化的理由之前，應該謹慎留意，權衡這麼做會造成哪些經濟、政治和社會的後果。

關稅聽起來無關痛癢，但確實對低收入的消費者造成了傷害。提高消費商品的關稅，去保護國內製造商，是在加重消費者的負擔，他們必須付更多錢，去取得生活必需品。最終，貿易對手國會以其人之道還治其人之身。保護主義政策最後可能讓消費者花光了銀行帳戶裡的錢。富人沒遭受什麼損失，窮人卻變得更窮。

貿易只是不公平升高的部分原因，還有幾個更大的影響因素，我們會在第八章討論。去全球化，將會關上提高全球生活標準至可接受水平的機會大門。限制貿易會減少全球產出，因產業外移而失去工作的勞工，再次就業的機會變得更少。全球經濟大餅將會縮小。

歷經數十年建構起來的全球供應鏈，可能讓觀察人士看得眼花撩亂。全球供應鏈是個強大且複雜的網絡，將分散在世界各地相互關聯的商業活動連結在一起，以創造出最高的效能。去全球化將會中斷這些供應鏈網絡，要求企業不顧效能，迎合增加本國就業的需求，將使他們的成本結構膨脹，可能損害在全球市場的競爭優勢。

在世界兩大經濟體正面交鋒之際，地緣政治的重要性大幅提高。2019年7月，《南華早報》以〈美中世仇正在加速冷戰以來最大的貿易轉型，即脫離全球化〉為題報導：「過去數十年間，全球化似乎是無法阻擋的力量，但現在這場貿易戰正在加快全球貿易的全面轉型，朝向更支離破碎的模式發展。」[21]在工業革命展現出高效量產的關鍵優勢之前，經濟碎片化曾經盛行一時。如今美中脫鉤正在發生，這對雙方都將造成重大的經濟損害。隨著俄烏戰爭開打，俄羅斯也正以極端方式和西方國家脫鉤。地緣政治帶動了全球經濟的「巴爾幹化」，一個地區就分裂成好幾個互相敵視的經濟體，這一切都加速了全球化被摧毀的可能。

數位保護主義正在崛起

從去全球化運動中，我們也可以看到其他危險趨勢正在成形。大多數人想到貿易，腦海中的畫面可能是海上貨輪載滿巨大貨櫃。但聚焦在商品貿易，會錯失一個更大的問題。實體有形的商品只占了一小部分，在數位時代中，有許多經濟活動與交易也極易受到影響，例如服務、勞動、數據、技術和資訊，這些對於經濟成長都至關重要，那是現代大多數價值所在。如果商品貿易促使政策「巴爾幹化」，我們又會因為無形商品的貿易限制付出什麼代價呢？

一旦超越商品範圍，那麼力促去全球化，就像《愛麗絲夢遊仙境》裡說的，每件事情都「變得愈來愈奇怪了」。典型例子就是科技。我們擔心抖音（TikTok）會過度蒐集青少年的資料，並將資料傳回中國，也怕中國媒體公司擁有的同性戀約會軟體Grindr，會打開勒索用戶的大門。這些恐懼在某種程度上是講得通的，但現在換中國人抱怨了，例如在中國開特斯拉的駕駛人也有資安疑慮，這些人把自己出入哪些地方、做了什麼事的資料都給出去了。這些資料最後會落入美國國家安全局手中嗎？或許不會，卻也無法排除這個可能；同樣的，中國籍公司蒐集的資料可能不會如某些人擔憂的，用來操控青少年思想或勒索，儘管無法完全排除此可能。在現今這個世界，資料跟傳統商品和服務一樣，都是有價值的資產（甚至更有價值），數位保護主義正在崛起。隨著各種限制都在大幅提高，商品和服務的貿易將會進一步受阻。

貿易限制的起點和終點在哪裡？這將是全球化發展的最大威脅之一。限制科技貿易，最終將會影響所有的貿易。今日，美國政府說，不想要華為的5G技術用在美國電信系統，因為它的技術有一道後門，會讓中國政府追蹤美國人。美國還力促歐洲和其他盟國避開華為的5G技術。但到了明天，你猜會如何？每項消費產品都會有5G晶片。首先，你在生產體系裡發現它的蹤跡，然後，當你連結物聯網中的任何裝置，都有5G晶片。一開始只有智慧型手機，最後是所有的家電，包括烤麵包機、微波爐、咖啡機等等，都將會用到 5G 晶片，可能會新增聲控裝置，或是訊息互動。新科技無所不在，難道我們要對每件東西都施加限制嗎？

如果你還以為服務不能被交易，那就落伍了。現在已經不再需要某人到別地才能得到服務，所以，請拋開傳統思維。經濟學家鮑德溫（Richard Baldwin）以電視影集《星艦迷航記》來做類比。在華沙或曼谷的會計師，賺的錢是美國會計師的零頭，如果你可以用光束傳送，將外國會計師傳送到曼哈頓工作一整天呢？感謝數位科技，你可以的。

鮑德溫將全球化和機器人合併起來，稱此概念為全球化機器人革命（globotics revolution）。有鑑於科技進步，現在有更多服務是可以交易的。某些低薪國家的「遠端移民」，可以取代先進經濟體中數以百萬計的高薪服務業勞工。不只是工廠勞工眼睜睜看著工作外移，當美國會計師也加入他們的行列，我們應該對外國會計師施加貿易限制嗎？對保險代理、財務規劃、律師業務、電腦程式設計、電話客服等工作外移，又要採取什麼措施呢？

一開始，是貧窮經濟體的勞工和先進經濟體的服務業勞工競爭，之後就是機器人或是全球化機器人將會取代每個地方的服務業勞工。它們不需要午休、上廁所、假期，而且至少在可預見的將來，不會要求加薪。因此，鮑德溫預告「全球化機器人劇變」（globotics upheaval）的未來，屆時人類與取代人類的機器之間，將產生劇烈衝突。

全球貿易和技術發展，加劇了經濟實力的差距，還有混亂的局面，這些促使反全球化人士的崛起。但我們不該太倉促行事，即便中國確實令人憂心。前美國財政部長鮑爾森（Henry Paulson）在《金融時報》的專欄中警告：「雙方致力於將對方的技術排除在國家供應鏈之外，將會損害全球的創新生態體系。」[22]

慢球化時代來臨？

正確的解決方法，不是關掉幾世紀以來推動全球進步的那些重要動力，而是利用政策支持那些被拋在後面的勞工，為貿易、自動化和人類開創和平共存的未來。然而，所有決策者都可以向你承諾，將會實現任何看來像是最好的願景，但說比做容易多了。

無論立意如何良善，主張去全球化是打錯戰場。我的同事漢生，有個最簡單明瞭的說法：「鼓勵工作回流的樂觀主義，只會導致更多的失望，而且可能進一步刺激對自由貿易和全球化的強烈反彈。」[23]

我們身處高科技世界，對貿易和全球化採取過度強烈的反應，將會形成大威脅。經過三十年的超全球化，如果我們不陷入極端的去全球化，就算幸運了。慢球化的結果，看起來是比較有利的，雖然不理想，代價也滿高的。在慢球化的世界中，美國和中國將會在貿易和投資體系，相互激烈競爭。多數國家會選邊站，有些可能試圖同時與兩邊維持良好關係。在技術、數據、資訊和一些具有敏感性的服務（例如蒐集敏感資料的軟體）和商品（例如晶片）上的脫鉤，將會更加顯著。至於低端的商品貿易則會維持不變。

各種限制措施可能阻礙科技和敏感領域的投資，但外國直接投資將會持續。勞工的流動，即便是在學術界，都將會面臨新阻礙，但不會完全禁止。我們會看見外企回流和友岸外包，全面境內外包將會付出代價。資源民族主義浮現，儘管程度不會很極端。被拋在後面的勞工，將會仰賴社會福利計畫，並且重新接受訓練，而原來那些不具經濟意義的工作，將不再受到保障。區域貿易將會取代全球協定。當然，慢球化將會限制競爭和生產力，增加停滯性通膨的壓力，但類似大蕭條的災難性結果將得以避免。

誠如第八章顯示的，貿易不是該害怕的最大因素。人工智慧和自動化才是我們共榮的巨大威脅：它們可能很快取代全球化的光芒，還有像你我這樣的人類。

人工智慧的威脅

　　整體而言，科技進步並不會摧毀我們的工作機會。但如果科技竟然擁有智慧，那又會發生什麼事？

　　隨著科幻小說和現實合併融入人工智慧（AI）、機器學習、機器人技術和自動化的領域，「機器助理」這個發明家最初的希望和夢想，發展至今正走向一個殘酷的轉變。那就是無論你現在從事什麼工作，未來AI都可能做得更好。自第一代盧德份子於19世紀反對紡織機問世以來，現代的盧德份子終於做對了嗎？盧德主義者對於極少數頂尖社會階層將成為贏家，而其他所有人都會丟了工作、收入和尊嚴的擔憂，在現代極可能成真。比起這個潛伏的大威脅，作家雪萊（Mary Shelley）筆下的科學怪人根本不足為奇。

AI愈來愈強，人類愈來愈脆弱

就在不久前，舉證責任問題，曾阻礙人們相信AI的改革力量。1980、1990年代期間，是所謂的AI寒冬，相關進展非常緩慢，懷疑人士的論點似乎占了上風。他們堅稱人類智慧妙不可言，電腦遠遠落後，永遠不會是人類的對手；就算機器在執行重複性的事務上有長足進步，但深度思考似乎仍然是人類獨有的特點。

各方爭論一直持續，但生物智慧和人工智慧之間的差距，卻已明顯在縮小。在造訪一些敏感的網站時，人類常被問到：是不是機器人？我們須先通過這個演算法驗證才能進入。實際上，根據某些說法，兩者差距很快就會消失。近來，AI懷疑論者在各方壓力下，被迫列出電腦永遠無法取代人類做的工作，從砌磚到神經手術都涵蓋其中。但實際上，即便是砌磚，機器人怎麼不能做？現在已可以用AI和3D技術列印預製房屋，以遠快於任何砌磚師傅的速度建造出牆面。隨著電腦計算的速度和容量提高，這份非人類不可的工作清單會愈來愈短。

有一種極端的未來情景，是人機合一，即標榜超級聰明的人類，跟超越人類智慧的電腦和機械能力超強的機器人結合。一旦越過那個分界點，這個世界將變得連我們自己都認不得。我們將會面臨一種全新的混種人類，擁有超級的大腦和體力，可以取代舊人類，就像我們取代原始人類尼安德塔人一樣。

如果你認為自己的工作很安全，不妨再想一想。AI帶給我們想要的生產力提升，卻也對個人及整個體系，帶來我們不想要的顛覆。機器有一天會變得比人類更聰明，甚至可以有效的主控本身的技術，而且技術成長將變得不可控且不可逆，專家將這個機器人超越人類智力的時間點，稱為「奇點」（singularity）。在奇點出現之前，工作機會消失將對消費需求造成極大壓力。新工作可能出現，一如過往取代舊工作，但如果量身打造的演算法也能填補那些新工作，就不是那回事了。

提高生產力，聽起來很棒，可以讓經濟大餅快速變大，但當不公平逐漸惡化、消費需求持續萎縮，使得更多人失業時，一切就變調了。一旦螺旋效應加快，經濟將遭受沉重打擊。

截至目前，在這場競賽上，我們對AI運用仍毫無限制。AI創業家、MetaMind創辦人沙契（Richard Socher）在2016年接受《經濟學人》採訪時表示：「這項技術被運用在幾乎所有可見的行業，擁有各種類型的數據，從基因、影像到語言無所不包。AI將會無所不在。」Salesforce這家專門幫助企業尋找客戶的上市公司，因看到背後商機，收購了MetaMind。[1]

最近就有一個可能因科技使成本降低、工作消失的例子，這些工作最終可能改由AI掌控。2021年初，《紐約郵報》報導，有一棟1,407平方英尺有白邊和前廊的灰色房屋，占地約四分之一英畝，在紐約的卡弗頓準備出售。這個銷售案成了新聞，因為是長島第一棟取得銷售許可的3D列印房屋。[2] 用來列印房屋和辦公建築的設備，外觀像是機械手臂上拿著一把巨大熱熔膠槍，由電腦操作，按列噴出層層的液態水泥來造牆，並留下門窗的空間。這棟房屋的結構在九天內建造完成，只用了兩名工作人員監看設備，成本僅有傳統房屋造價的一半。

2021年7月，荷蘭女王麥克西瑪（Queen Maxima）觀看一個機器人為一座步行橋啟用剪綵。這座人行步橋是使用3D列印機建造，橫跨阿姆斯特丹中心的一條運河。

該3D技術發明人葛仁斯（Tim Geurtjens）解說這座橋的美學外觀設計，並預測未來會有更多3D列印技術出現。葛仁斯表示：「它不是為我們製造更便宜、更有效率的東西，而是賦予建築師和設計師新工具，他們可以從這種非常酷的新工具，重新思考建築設計和其他設計。」[3] 但考量與這種等級3D列印連結的AI演進能力，有一天可能會出現不需橋樑建築師，就能自己提出設計的AI技術。建築師花費數年研讀工程和設計才學會專業技術，電腦不到一天就具備同樣的結構知識。

棋藝勝棋王，還能模仿畢卡索

不要以為創意工作需要人。靈光乍現的創意，原本是人類獨特的優勢，現在同樣面臨數位競爭。IBM的超級電腦「深藍」（Deep Blue）巧妙構思了創新的策略，於1997年多次打敗世界棋王卡斯帕羅夫（Garry Kasparov）。但那只是開局的第一步，DeepMind演算法開啟了自主強化學習的時代。2016年，命名為AlphaGo的DeepMind電腦，在一場可能步法比宇宙原子還多的棋賽上勝出。《連線》總編輯湯普森（Nicholas Thompson）在接受美國公共電視節目《前線》訪問時表示：「AlphaGo研究人類下過的所有賽局，也知道規則，然後走出創新的步法。」[4]

在這次備受矚目的人機圍棋大戰中，AlphaGo以五戰四勝的戰績，打敗當時世界圍棋冠軍李世乭。尤其第二場比賽，是AI的重大分水嶺。AI科學家李開復告訴《前線》，棋盤上的第37步棋：「是人類無法理解的，但結果證明這一步棋走得太高明了。人們恍然大悟說：『哇，我們玩了幾千年，卻從來沒想過那樣的走法。』」另一名專業觀察人士也道出一個發人深省的洞察：AI的勝利，很大的程度上，並不像是電腦打敗了人類，或是某個智慧形式勝過另一個智慧形式，在這場腦力戰爭中，不管是機器或人類，都沒享有特殊地位。

當時擔任《紐約時報》記者、現在是Podcast節目《AI觀察》（*Eye on AI*）主持人的史密斯（Craig Smith）表示：「你可以研究『推理』（reasoning）一詞在人類語言中的涵義。但很明顯的，那時候AI系統正在推理。」[5]

　　一年之後，靠著自學賽局規則，只花了三天時間就產生數十億個資料點（datapoint）的AlphaGo Zero，打敗了AlphaGo。深度學習正以驚人速度進步。2020年，DeepMind的AlphaFold2為生物領域帶來突破性變革，解決了難倒所有醫學研究人員長達五十年的「蛋白質摺疊問題」。AlphaFold除了探究蛋白質結構上的大量分子數據外，有效運用谷歌旗下AI深度學習研究團隊Google Brain的科學家，在2017年報告中發布的創新神經網路Transformer，解決了蛋白質摺疊問題，為重大的新生物醫學突破，開啟了大門。

　　透過AI產生的藝術創作，也已贏得掌聲。2017年，身為軟體顧問也是鋼琴家的狄亞茲－傑瑞茲（Gustavo Diaz-Jerez），在接受英國國家廣播公司（BBC）訪問時表示：「我們已教會電腦寫譜，現在我們按個鍵就可以製作現代古典音樂了。」除了要電腦考量演奏者只有兩隻手、每隻手有五根手指的作曲原則外，其他的都不太需要指導，而且倫敦交響樂團已演奏過好幾部這類樂曲。[6]透過AI製作的歌曲登上《告示牌》百大熱門榜之首，或是AI產生的小說登上《紐約時報》暢銷榜，可能也只是時間問題。

　　應用AI技術，也已經可以模仿畢卡索（Pablo Picasso）。一個世紀以前，畢卡索在一幅畫像上畫了另一幅畫，該畫像一直被隱藏至今。2021年10月，美國國家廣播公司新聞報導：「在AI神經網路的幫助下，讓這幅蜷縮女人的裸體畫像得以重見天日，研究人員訓練出一個能夠辨識藝術風格的神經網路，並模仿這位傳奇藝術家作畫。」[7]

別以為機器不可能做照護工作。2021年9月，《南華早報》報導：「小鵬汽車公布為孩子製造的智慧機器小馬，向移動未來的願景跨進一步。這隻名為小白龍的智慧小馬，裝配有動力模組、運動控制、智慧駕駛和智慧互動能力。」[8]

人類窮盡職涯累積的技能，AI瞬間就做到

《富比士》書評家洽斯（Calum Chace）在薩斯金德（Daniel Susskind）的《沒有工作的世界》（*A World Without Work*）一書中，看到具同理心的機器人。洽斯寫道：「我們無法確信，需要情感能力的工作會永遠保留給人類，機器可以分辨你是快樂、驚訝或沮喪，甚或是性向。有些AI系統是透過面部表情，有的則可透過走路、跳舞或打字的方式來分辨。」[9]所以，過去被認為只有人類可以做的老人照護工作，或許很快會被有情感智慧的護理機器人取代。

有多少白領中產階級工作，可以在對的時機，隨機運用從職涯中取得並累積的資訊與技能？人類窮盡職涯累積的知識和

技能，AI瞬間就可以做到。2016年，麥肯錫全球研究院做出結論：AI正在促進社會的轉型，與工業革命比起來，這次轉型「速度上快10倍，規模上大300倍，衝擊力則幾乎是3,000倍」，將徹底改變社會。[10]

2013年，牛津大學研究人員福瑞（Carl Benedikt Frey）和歐斯本（Michael Osborne）發表了一份研究報告。他們分析美國現有的702種職業，結果發現，高達47％的工作，在不久的將來，將會被電腦及自動化取代。截至目前，美國勞工遭遇過最糟的大蕭條期間，當時失業率是25％。[11]

不像棋賽須遵守嚴格規則，電視遊戲節目《危險邊緣》（*Jeopardy!*）標榜雙關語、俚語、故布疑陣、方言、好玩的文字遊戲，以及從模糊的關聯性，找出從流行文化到冷僻主題的知識。沒有任何人類競賽者，可以勝過曾擔任程式設計師的詹尼斯（Ken Jennings），他是知識問答高手，也是節目中的傳奇人物，曾連勝74場。他必須在強烈壓力下，以Google般的搜尋速度應答，例如：哪位領導人的兄弟據信是死在美洲的第一位歐洲人？（答案是Leif Erikson，到底是誰啊？）什麼疾病促使美國衛生署長懷曼（Walter Wyman）於1901年在夏威夷建立一間醫院？（答案是痲瘋病，這又是什麼？）

然而，詹尼斯根本不是AI的對手。2013年，他在TED演說中提到，IBM的Watson電腦輕鬆擊敗他。對於因機器人奪走工作而被淘汰的底特律工廠勞工，他深感同情。詹尼斯說：「我不是經濟學家，只知道被迫失去工作的人是什麼感受，實在令人洩氣，糟糕透了。」他感嘆的說：「這曾是我擅長的事，而IBM挹注了1,000萬美元，投入公司最聰明的頭腦和數以千計的處理器同時作業，輕鬆做到同樣的事情。在全國電視觀眾面前，速度更快、成績更好。然後，我再也不被需要了。」他忍不住懷疑，工作數位外包的趨勢會在哪裡止步？「在這個智慧型電腦新系統下，益智節目競賽者只是被淘汰的第一個工作，不是最後一個。」[12]

在個人電腦問世的一個世紀之前，哲學家尼采（Friedrich Nietzsche）就已預見將發生翻天覆地的改變。他在《道德的譜系》（*The Genealogy of Morals*）一書中警告：「我們每前進一步的成就，都是建立在某些人的身心痛苦上。」

機器人愈複雜，安全疑慮就愈多

2021年3月，《華盛頓郵報》報導，AI機器人公司表示，想要擁有類似動畫《傑森一家》（*The Jetsons*）裡的機器人蘿西提供的所有遠端服務，還要等很長一段時間。傑森一家生活在未來世界，開飛行車，住在雲端上的房子，蘿西為這一家人工作。「除了煮飯、打掃，還會跟主人的兒子打球。蘿西是完美的女僕，對你畢恭畢敬，個性溫和，聽命行事，她是電腦驅動的萬事通。」不僅如此，蘿西還懂得適時跟你頂嘴，逗你開心。「在鋁合金核心下，跳動著一顆由電池驅動的心。」[13]

波士頓動力公司（Boston Dynamics）已開發出可以模仿動物的靈巧機器人。前董事長瑞伯特（Marc Raibert）在接受《華盛頓郵報》訪問時表示，我們最終會發展到一個境界：「屆時最大的問題將是安全。機器人愈複雜，安全疑慮就愈多。當機器人和人很接近，只要一有差錯，就會對人造成危險。」[14]

數十年前，遠在有任何真正的機器人之前，科幻小說作家艾西莫夫（Isaac Asimov）提出了三條法則，以確保我們不會因為自己創造的機器受傷害。1942年，他在名為〈轉圈圈〉的短篇故事裡，率先提出這三點，自此廣被引用：第一，機器人不可以傷害人類，或袖手旁觀，任由人類受到傷害；第二，機器人必須服從人類下達的命令，除非這樣的命令會與第一條法則衝突；第三，機器人必須保護自身的存在，只要這樣的保護不與第一或第二條法則衝突。

光有這些法則，可能已經不夠。2016年，美國隱私權捍衛團體民主科技中心（Center for Democracy and Technology）資深顧問施勒（Matthew Scherer）在《哈佛法律與技術期刊》（*Harvard Journal of Law and Technology*）春季號中，指出當安全性與完成任務之間存在潛在衝突時，如何做出正確的權衡判斷很重要。他寫道：「關於AI的災難性風險，大多數的學術研究都著重追求效用最大化的系統，即使明知效用最大化可能對人類構成生存風險。」[15]換言之，機器人可能因為做他們應該做的事情，而對人類構成威脅。

AI在執行任務時可能出什麼錯？實際上，有很多種。2015年，一名22歲勞工在德國福斯汽車廠裡裝設固定式機器人時，被一塊金屬板壓死。同年，密西根州的一座汽車廠裡，一名女子因機器手臂喪命。2018年，一輛Uber自駕車發生車禍，造成一名女子當場死亡；當時車子處於自駕狀態，車上駕駛的手機正在播放《美國好聲音》節目。[16]當局免除Uber的責任，對這名駕駛提起過失殺人的公訴。

機器殺人不是唯一問題，在執行某些工作時，人類還是略勝一籌。2020年，《華盛頓郵報》的報導，沃爾瑪（Walmart）裁掉清點存貨的機器人，因為「比起六英尺高的龐大機械，人類掃描商品更簡單，也更有效率。」[17]

雇主也不能要求電腦咬緊牙根更努力工作。《今日美國》報導：「一度威脅將取代速食店廚師的翻漢堡機器人快手（Flippy），首度休起長假。」[18]被捧為世界首部機器人廚房助手的快手，並非問題所在。2018年，加州漢堡連鎖店CaliBurger以她駐店工作做為廣告宣傳，結果在帕薩迪那吸引大批顧客上門。機器人快手應付不暇。CaliBurger淘汰了快手

1.0，雇用更多人員。

CaliBurger後來在佛羅里達州的邁爾斯堡設置了快手2.0。[19]
速食業非常渴望擴大使用機器人，這行業每年的人員流動率超
過50%，重新招募和訓練的費用高達34億美元。

從補貨到銷售，零售業AI支出將超過金融業

儘管有一些大阻礙，精明的投資人仍然看好人工智慧。消
費者看起來也不太感到意外。2017年，民調機構皮尤研究中心
（Pew Research Center）的調查結果顯示，四分之三的美國人認
為，機器人和電腦終將取代目前人類所做的工作，至少是「有
某種程度的真實性」。

在日本，便利超商全家（FamilyMart）採納AI，部分原因
是因應日本人力短缺。全家打算在2024年底前，開辦1,000家
的全自動商店。全家無人商店銷售品項，與普通店面一樣，達
3,000種。試賣商店空間約是普通店面的三分之一，利用50台
攝影機來監看店內動態並處理支付事宜。[20]

演算法也正在改寫銷售技巧。2021年，《華爾街日報》報
導：「零售業的AI支出，將超過金融業。」圖片分享社群平台
Pinterest，近年來積極協助零售商在它的平台上銷售商品。曾
任沃爾瑪執行副總裁暨技術長，現為Pinterest資深工程副總裁

的金（Jeremy King）指出：「幾乎每個零售環節，你能想到的每件事，都已導入AI。」金也是家居電商Wayfair的董事，該公司導入AI技術為消費者挑選可能想要的品項。[21]

德國電商奧托集團（Otto）自2017年起大幅利用AI做決策，它採用的運算技術，原本是歐洲核子研究組織（CERN）用於粒子物理學實驗。《經濟學人》報導：「這套技術可以分析超過30億筆交易資料，還有200個變數（如以往銷售金額、網站搜尋紀錄、氣候等），來預測消費者一週後的消費行為。」[22]

美國家具裝修實體零售商Home Depot則是利用機器學習補貨。專家預估，光是全球零售商在AI方面的支出，在2025年將會超過2,000億美元，較2021年的850億美元大幅躍升。[23]家居電商Wayfair的顧客與供應商技術主管唐（Fiona Tan）告訴《華爾街日報》：「現在不大筆投資機器學習，之後就真的沒法營運了。」

早在古希臘和羅馬統治世界，初步的自動化就已經存在。最早的發明家使用彈簧和線圈製作機械裝置，模仿人類或動物動作。[24]

18世紀末期興起第一次工業革命，輔助人類執行任務的實用設備大量湧現。但用機器取代部分人力工作帶來的威脅感，很快就引發衝突，最有名的就是砸爛紡織機的盧德運動人士；

紡織廠業主霍斯福（William Horsfall）更是為自動化付出終極代價，在1812年從哈德斯費爾德鎮中心回家路上遭槍殺死亡。[25]

直至1821年，經濟學家李嘉圖察覺到形勢不妙，開始認真思考：「機器對不同社會階級的利益造成的影響」。1839年，曾把經濟學稱為「憂鬱科學」（the dismal science）的歷史學家卡萊爾（Thomas Carlyle），對於「機械惡魔可能擊敗眾多勞工」，感到憂心忡忡。[26] 大約同時，共產主義運動的主要開創者馬克思以勞工利益為訴求，提出警告：「資本主義的生產方式發展了技術，而工業程序的融合凝聚起整個社會，但這一切透過的是榨取所有財富的源頭——土地和勞工。」[27]*

1930年，經濟學家凱因斯仔細思索「我們子孫後代的經濟可能性」：

我們正因一種新疾病而飽受折磨，有些人可能還沒聽說過這種疾病的名稱，不過在今後幾年，將聽到不想再聽，這種病就是技術性失業。也就是說，失業是由於人類不斷發現節省勞動力的方法，而為勞動力開闢新用途的速度卻遠遠跟不上。[28]

凱因斯預測，這只是「暫時適應不良的階段」。大致上他是對的，至少目前為止是如此。他寫道：「這一切意味著，從長遠看，人類終將解決自身的經濟問題。我敢預言，一百年後先進國家的生活水準，將比現在高出4至8倍。即使從現有的知識水準來看，這個發展也完全不令人意外。而且即使是做更樂觀的估計，也並非異想天開。」他也預測，技術創新將會導致每週工時大幅減少，勞工可將大多數時間用於享受休閒、藝術及具創造力的活動。

人類很快將無法分辨，是與人或機器互動？

第二次世界大戰加快了自動化步調。生產線上大量建造戰爭的軍需用品、新式雷達追蹤飛行器，還有在英格蘭布萊切利園（Bletchley Park）的研究人員，使用先進數學破解德國海軍的密碼，揭露致命潛水艇的行蹤。領導這項破解密碼新計畫的，是聰穎卻命運多舛的圖靈（Alan Turing）。他的恩尼格瑪密碼機（Enigma machine）縮短了這場戰爭，拯救了無數生命。

戰後，圖靈在〈計算機與智慧〉一文中寫道，他不問機器能否思考，而是好奇計算機能否透過複製人類思路的表現，

---

* 譯注：這段話英文版為 Capitalist production develops technology, and the combining together of various processes into a social whole, only by sapping the original sources of all wealth – the soil and the labourer；在《資本論》中譯本則為「資本主義生產，發展了社會生產過程的技術和結合，只是由於它同時破壞了一切的財富的源泉──土地和勞工。」）

做出像人類一般的回應。民主科技中心資深顧問施勒在《哈佛法律與技術期刊》的文章中指出：「圖靈的『模仿遊戲』（imitation game）就是以此為前提，電腦會試圖讓審訊人員相信，它真的是人類，而非機器。」[29]

在人工智慧這個用語被創造出來的二十年前，圖靈就已為人工智慧設想好可以做的事了。傳記作者哈吉斯（Andrew Hodges）寫道：「圖靈認為，可以為機器裝上『電視攝像機、麥克風、擴音器、輪子和處理伺服裝置，以及某種電子腦』，他還提出：應該讓這部機器『遊走鄉間』，這樣它『應該就可以為自己取得新訊息。』」[30]我們目前離滿足「圖靈測試」的標準並不太遠，也就是人類很快就會無法分辨是否正在與機器互動。

五角大廈是最快領會這個概念的機構。1958年7月，《紐約時報》在一篇標題為〈新海軍裝備，由做中學〉的報導中指出：「海軍方面表示，感知器將會是第一個沒有生命也可以『在完全沒有人類訓練或控制下，接收、識別和確認周圍環境訊息』的機械裝置。」1962年，第一個商業機器人出現在汽車生產線上。[31]當時的美國總統甘迺迪（John F. Kennedy）拒絕出席一場討論機器人和勞動力的記者會，也不願意組織聯邦自動化委員會，但他最後仍然避免不了必須針對自動化引發的問題與解決策略，向美國民眾發表演說。

科技發展應有益於人類，而非摧毀人類

1968年，在庫柏里克（Stanley Kubrick）的電影《2001太空漫遊》中，由超級電腦哈兒（HAL 9000）執行控制木星的任務，從此擬人化電腦的地位弔詭的開始提升。突然間，人類被電腦宰制，而非人類控制電腦。哈兒的動機費人猜疑。面無表情的哈兒對太空船上的太空人坦承：「我知道我最近做了一些很糟糕的決定。但我可以百分之百保證，我的工作會回歸正常。我對這項任務仍有最大的熱情和信心，而且我想幫助你們。」但接著卻鄭重警告：「這項任務，對我而言，太重要了，不能讓你們傷害它。」對於所有AI機器人來說，完成任務比任何事情都重要。

在這部電影上映後的幾年中，電腦開始改變工作的性質，機器人也大量出現在工廠。1980年，勞工運動人士沙肯（Harley Shaiken）在《紐約時報》的專欄文章〈機器人等著搶你的飯碗〉[32]中指出：「導入革命性的新技術，例如機器人（多用途電腦控制機械手臂），可能引發兩種痛苦：大規模失業和工作時間品質惡化。」他不贊同完全不受拘束的資本主義：「畢竟，科技發展的目標應該是有益於人類，而非摧毀人類。」

哈佛大學經濟學家列昂帝夫（Wassily Leontief）於1982年

《科學人》（*Scientific American*）雜誌特刊中，細訴一個令人擔憂的問題已益發嚴重：

> 已有跡象顯示，我們不能以過去的經驗，來推測技術如何改變未來。隨著固態電子學的出現，機器不僅取代了製造業勞工，也取代了服務業的勞務。……人類和機器之間的關係正在進行根本的改變……電腦現在開始分擔白領勞工的工作，先是執行簡單的，然後是愈來愈複雜的腦力工作。在歷史長河中，人類的勞動力一直是主要的生產要素。但我們有理由相信，未來我們將保不住這個地位。[33]

　　列昂帝夫嘲諷地將人類比喻為工業革命時，被自動馬力取代的馬匹。AI是否會以同樣的方式成功取代人類的腦力，考驗著決策者跟上變化的能力。但直到2016年10月，歐巴馬政府才針對此問題發表「為AI未來做準備」的報告。[34]這份報告對於AI以及人類該如何明智使用機器的處方建議，都還非常初階，所參考的資料依據，也僅限於受自動化影響與傷害最大的低薪工作者。

　　AI精靈已從瓶中釋放出來，力量正不斷增強，在人類天性和自由市場下，AI氣焰顯然更旺盛了。歷史學家哈拉瑞

（Yuval Harari）在《人類大命運》（*Homo Deus*）一書中，寫道：
「不論那些在喜馬拉雅山洞穴裡的僧侶，或是象牙塔裡的哲學
家怎麼說，對資本主義信徒來講，愉悅的快感就是快樂，沒別
的了。」書中還提出他對人類與AI聯姻，以及出現超級聰明
後代的假設。*他認為，隨著人類對快感的渴望愈來愈高，現
在的科學研究和經濟活動也都以此為目標：「研發生產出更有
效的止痛藥、更新的冰淇淋口味、更舒服的床墊、更令人沉迷
的手機遊戲，好讓我們等公車時，連一秒鐘的無聊都無須忍
耐。」[35]

多數人想要的工作，AI皆可處理得更快更好

人口高齡化的挑戰，促使AI做更多的工作。2021年，
《南華早報》報導：「隨著中國的勞工人口下滑，工廠轉向以
機器接替勞力中斷的工作。」[36]在家電領先製造商美的集團
（Midea）的中國佛山工廠，你看不到工作人員。「實際上，在
這條生產線上，已經沒有人類的位置，取而代之的是機器人，
以及在遠端操作，精通數位技術的技師和工程師。」一旦機器

---

* 譯注：哈拉瑞的假設是，人類在追求快樂和不死的過程中，事實上是試圖把自
  己提升到神的地位。而要增強人的力量，未來可能直接將人與工具結合。

掌握留下來的人會有的技術竅門，就連那些工作也會消失。

效率競爭可能以不道德的方式改變規則。競爭法教授埃茲拉奇（Ariel Ezrachi）和史塔克（Maurice Stucke）在《伊利諾大學法律評論》（*University of Illinois Law Review*）中寫道：「隨著企業定價機制改成電腦演算法定價，業者聯合壟斷的形式也跟著改變了。過去經理人得待在煙霧瀰漫的飯店房間內商議壟斷條件，現在變成透過定價演算法不間斷地持續監看與調整，以達到適合彼此的價格和市場成果。」[37]放棄良心，否則就得面對不好的結果。

演算法的發展令人憂心，AI是朋友，還是敵人？自主學習演算法取代的人類角色（包括程式設計師在內），會多於未來產業所能創造的嗎？

《第二次機器時代》（*The Second Machine Age*）作者布蘭恩約弗森（Erik Brynjolfsson）和麥卡菲（Andrew McAfee），排除就業市場將因AI而消失的擔憂。他們預期，拜驚人的科技進步所賜，現在還想像不到的工作將會出現。[38]在農業和製造業工作開始消失時，誰能預料會有電子、數據處理或電信相關的工作呢？

這是個好問題，但取代腦力與取代體力的工作不同。隨著服務業興起而出現的好工作，需要腦力，而非體力。每個人都想加入知識工作者的行列，但現在人類已經失去在知識上的獨特優勢。對於大多數人都想要的工作，AI都可以用比人腦更好和更快的方式有效處理。當然會有給人的工作，但誰想要呢？

新工作出現速度，遠遠落後機器取代人類速度

專研未來工作的麻省理工學院經濟學家奧托表示：「問題不在於工作數量，而是那些工作的品質和是否容易取得。」他在一場TED演講中提醒，自動櫃員機大幅減少銀行櫃員的需求，結果呢？[39]銀行設立更多分行，以更具生產力的方式運用未來的櫃檯人員。

但經濟學家薩斯金德和未來學家福特（Martin Ford），在各自的著作中，不約而同地抱持反烏托邦的觀點。他們預期AI和機器人將會搶走多數的工作機會。薩斯金德在《沒有工作的世界》一書中警告：「長此以往，需要人類的工作很可能逐步減少。」[40]福特在《被科技威脅的未來》（*Rise of the Robots*）書中，也同樣擔憂沒有工作成了未來威脅。

讓我們暫停一下，仔細檢視這項主張：關於科技進步的影響，這次不一樣。有別於過去，這次的科技革命，將會留給我們很少和（或）更糟的工作。究竟是哪裡不一樣，造成這樣的結果？

過去的工業革命都提高了生產效率。第一次革命導入蒸氣

動力；第二次革命開展大量製造；第三次革命即電腦革命。這三次工業革命，都在經歷一些動盪後，終結了許多工作，但也創造了更多新工作。這三次革命都沒有造成人類永久被取代。當農業沒落，過剩勞力從農村遷移至都市，投入製造業，也提高了收入；當一些製造業工作消失，服務業快速興起，增加了雇用人數。

然而，今日勞工能去的地方已經變少了。高科技公司是許多人心目中的金飯碗，但他們雇用的勞工人數遠少於過去幾代的行業巨擘。Meta就是個好例子。2021年底，Meta的市值是9,420億美元，名列世界第七大最有價值的公司，但Meta僅雇用約6萬名員工。對照福特汽車公司，它的市值是770億美元，但是雇用了18.6萬名勞工。矽谷有許多極富有並快速成長的科技公司，但雇用的員工人數卻遠少於較傳統的產業。

當自駕車上路，全球的Uber駕駛員和卡車司機會怎樣呢？數以百萬計的工作將會消失。

科技進步已全面徹底的改變工作。機器可能取代咖啡店員和廚師。按照食譜步驟烹煮，用演算法就能做到。快速結帳櫃台，也可取代實體零售商店的員工。今日，大型零售電商仰賴機器人搬運存貨；明日，機器人和無人機將會把商品運送到目的地。

傳統教育下，一般教室的學生規模，局限在幾十個。如今，透過網路，一名老師就可以觸及數百萬計的觀眾。當頂尖大學進入你家，為什麼還要去社區大學？誠如新冠疫情期間在家上課所顯現的，體驗不同，成果也不完全相同，但成本卻差異非常大，而且線上教育和訓練課程的品質將逐漸大幅改善。

金融服務和一個世代前已大不相同。在市場激烈競爭下，數以萬計的後勤部門和面對客戶的工作，都已自動化。電腦處理了支付服務、信用分配、保險業務、資本市場支持，甚至資產管理。領先的金融業者宣稱已導入AI技術，提供分散和調整投資組合的諮詢服務，處理速度比人工還要快。

財務會計和法律專業人士，正小心提防AI科技搶了他們的工作。電腦在數秒內，就能夠閱讀並處理完堆積如山的文件。在新冠疫情期間，愈來愈多病患已習慣醫師透過視訊診療。電腦可以立即提取數以萬筆類似的症狀和診斷的資料。愈來愈多證據顯示，電腦和人類一樣，都能可靠地找出健康的問題，距實現放射醫檢師、護理師，甚至內科醫生的自動化醫療服務又更接近了。需要同理心的工作也不能免除被AI取代的威脅。在日本，醫院和醫療保健機構，利用機器人來因應人口老化和照護人員短缺的問題。

前美國勞動部長萊許（Robert Reich）在世界經濟論壇發表的文章中提出警告：「如果你認為，成為一名『專業人士』就能保住飯碗，不妨想想當今容納最多專業人士的兩項領域：醫療保健和教育，正在承受愈來愈大的削減成本壓力，而且專家機器人已準備好要接手了。」[41]

人類還有機會贏嗎？

隨著不同產業引入機器人，麻省理工學院的阿賽莫格魯（Daron Acemoglu）和波士頓大學的瑞斯特瑞波（Pascual Restrepo）等研究人員，已經算出機器人造成的影響規模。他們發現，每千名勞工，增加一個機器人，就會使得就業率減少0.2%，工資減少0.5%。[42]如果這些數字聽起來微不足道，請仔細思考這個趨勢：工作和收入應該是逐漸提高的。如果自動化逆轉這個趨勢，我們要如何進步？

麻省理工學院經濟學家奧托預測，高技術和非常低技術的工作機會都會很多。企業策略專家、神經外科醫師和醫療照護人員還不會被電腦取代。然而，處於中間的各行各業看起來麻煩大了。「步驟明確且有標準作業程序的工作，可能逐漸由機器取代。」各地的職場呆伯特（Dilberts），要小心了。

過去認為機器無法做的許多工作，現在透過自主學習的演算法，已經可以做到了。任何需要監看數據的人，無論醫生、律師、教師或森林管理人員，都面臨巨大挑戰，他們的對手擁有令人難以想像的計算能力。電腦可以掃描並記住大量資料，然後可能提出有別於傳統思維的答案。

這一切就是為什麼AI革命，可能是第一個摧毀所有工作和工資的革命。認定盧德運動人士又錯了的人，可能因耽於安逸而犯下致命錯誤。比起之前的工業革命，AI正逐步攫取更多的工作。它影響的職業，涵蓋各個產業，不僅會重創藍領勞工的生計，對知識工作者也會造成極大衝擊。

機器學習已攻克阻攔AI前進的長期障礙，那就是自然語言處理。透過掃描大量詞料庫取得文字材料，自己做模式分析，AI已經學會如何在不同語言之間成功地進行翻譯，以及如何產生新的權威文字內容。AI對微妙語言的理解能力，跨越了符合「圖靈測試」的最後障礙之一。

深度學習領域的Transformer革命加快了AI前進的動力，DeepMind共同創辦人、Google AI政策的主管蘇萊曼（Mustafa Suleyman）表示：「要區分是AI還是人類產生的文字、影像和聲音，將會變得非常困難。」[43]結果就是大量運用高認知能力的白領工作將會消失。人類不會知道，他們的對手是機器。

DeepMind另一名共同創辦人哈薩比斯（Demis Hassabis）對我說，他把即將到來的奇點比喻成超級智慧，就像有10,000個愛因斯坦同時解決所有科學、醫學、技術、生物或知識的問題。如果那是未來，人類還有機會贏嗎？

AI最初取代了例行工作，接著取代擅於重複步驟的機器所具備的認知工作。現在，AI連創意工作都逐漸能夠執行。因此，對於勞工而言，包含從事創意工作的人在內，沒有誰能躲得過AI衝擊。

這一切正在使我們進一步朝向通用人工智慧（artificial general intelligence，簡稱AGI）大幅躍進。在那個世界中，超級智慧機器讓人類望塵莫及。作家庫爾茲衛爾（Ray Kurzweil）和其他具有前瞻思維的人士預言，到了某關鍵時間點，那將會摧毀我們所知的一切。當電腦在沒有人類指導的情況下，以超高速度，發展出自主學習的積極性，智慧爆炸將會發生。電腦可以學得多快或學到多少，以及它們會發現什麼新連結，完全沒有限制。這是奇點的樣貌。人腦卻像是印刷電路時代的真空管，嚴格受到容量限制。

我問DeepMind共同創辦人哈薩比斯，曾被我們當作科幻小說的情節是否真的就要發生了？他預測，我們大約只剩五個主要技術創新，約莫再過二十年，就會來到奇點。

歷史學家哈拉瑞警告，除非與電腦結合，否則人類可能無法生存。我們將會像直立人、能人和其他已經消失很久的早期人類一樣被淘汰。哈拉瑞表示，進入神人階段，是更聰明、更強大，而且永生不死，只要知識可以透過機器迭代更新。

著有《超級智慧》（Superintelligence）的牛津大學哲學家波斯特羅姆（Nick Bostrom），將人工智慧列為人類重大生存威脅，僅次於巨大行星撞地球和核子戰爭。已逝數學家霍金（Stephen Hawking）擔心，AI「可能導致人類終結」。那也是為什麼，他建議人類應該搬到其他星球，因為機器不只會接管所有的工作，還會接管人類。特斯拉創辦人馬斯克歡迎AI控制公司製造的電動車，但對於賦予AI極端控制權，卻讓他感到憂心。馬斯克在接受《經濟學人》訪問時表示：「如果是奧理略（Marcus Aureliu，羅馬帝國黃金時代的象徵）當皇帝，就沒事，但如果是卡利古拉（Caligula，古羅馬建立恐怖統治的暴君）就不妙了。」[44]

嚴重的結構性技術失業，會讓多數勞工變得毫無用處，沒有人知道創造出新工作要花多久的時間。但就連過渡期都看起來崎嶇難行，由於收入降低，會使經濟很容易遭受負面的需求衝擊。所有跡象顯示，替代人類的AI會拉低薪資，而薪資下滑則會影響另一個已經在惡化的問題。

技術性失業，形成貧富兩極化

因為收入減少，不公平現象變得更加嚴重。技術創新的特色是資本密集、更高技術和節省勞動力。如果你擁有機器或是前5%的資本擁有者，AI將會讓你更富裕且更具生產力。但如果你是低階技術的藍領階級，或甚至中階技術的藍領或白領勞工，AI都將使你的工資減少，並逐漸取代你。在先進經濟體已經可以看到這個趨勢，當大多數人都沒有成功機會，社會就會動盪不安。美國中央情報局的資料顯示，美國貧富不均的程度，和阿根廷、土耳其差不了多少。[45]

　　薩斯金德提到，美國貧富不均的狀況正快速失控。從1981年至2017年，「0.1%富人收入的占比，從原本就不合理的高水準，又增加超過3.5倍，而0.01%富人的占比更是提高超過5倍。」薩斯金德也引述學者阿特金森（Anthony Atkinson）對所得不公平的研究發現，全球前10%富人的薪資成長速度，比底層10%的窮人還要快。薩斯金德提醒我們，美國執行長的收入在四十年間，從一般勞工的28倍，在2000年時躍升至超過376倍。[46]

　　世界第二大經濟體中國也深受不公平問題困擾。中國政府擔心貧富差距不斷擴大的嚴重失衡現象。2021年9月，《日經亞洲評論》（Nikkei Asia）在〈中國媒體明星在反不公平運動下成了大眾嚴厲關注的焦點〉報導指出：「該國的科技大亨因為壟斷或違背公眾利益被當局盯上，現在就連一些中國最受歡迎的明星也發現自己被反不公平運動人士敵視。」[47]

　　當富人變得更富有，廣大勞工賺得更少，經濟就會因為消費量能不足而受到傷害。到了最後，經濟成長在低收入家庭沒錢消費，而富人又更節省開支的情況下，可能會下滑。未來學家福特在《被科技威脅的未來》中警告:「隨著工作和收入逐漸因自動化而消失,廣大消費者最後可能失去收入來源和購買力,導致消費不足,需求不振,而需求是維持經濟成長的關鍵。」[48]

福特汽車創辦人福特(Henry Ford)和美國汽車工人聯合會(United Auto Workers)主席魯瑟(Walter Reuth)有段有趣對話,雖然沒法證明真有其事,卻有助於說明這種兩難的處境。這兩個男人在思考自動化的到來。福特問魯瑟,機器人要怎樣繳納工會的會費?魯瑟回問,福特要怎樣讓機器人買他的車呢?那就是AI可能造成資本主義最終自我毀滅的狀況。科技進步加速不公平的擴大,而不公平益發嚴重,又造成新馬克思主義的消費不足論。

回到前面提到的大威脅之間的關聯,這是債務負擔和AI的對撞。在一個日益受到AI驅動的世界裡,對於擁有高度發展技能而不必擔心自動化威脅者,以及擁有生產工具者來說,經濟大餅可能變得很大。創業家卡普蘭(Jerry Kaplan)告訴精通技術的谷歌員工:「馬克思是對的,對勞工來說,資本和勞動之間的鬥爭是個失敗的主張,因為自動化的利益自然歸屬於那些可以投資新系統的人。」[49]

然而,對社會底層的人來說,龐大債務是個重擔,他們得靠微薄工資或政府補助過活。在發展較落後的國家,這種情況更嚴重。握有資本者，靠著以錢養錢及債務操作，遠遠地把底層的人拋在後面。機器興起，造就一塊更大的經濟大餅，但對被拋在後頭的多數勞工而言，不但無法解決愈來愈糟的債務問題，反而讓它更加惡化了。

身為人類，我支持人類。身為經濟學家，我必須問什麼是最有效的資源利用？我們如何能夠確保長期持續進步，同時照顧廣大的勞動者？當前的發展優先順序，存在極大衝突。

在接下來的數十年裡，贏家將出現在部分歐洲地區、中國和北美。其他許多國家將被技術性失業拖垮而淪為輸家，由於債務纏身，國家經濟無法運作，更別提還錢了。最後形成貧富兩極化的世界。

向機器所有者課稅，重新分配財富

受過教育的半技術性勞工，被AI取代後，只能打零工，收入不穩且沒有福利，淪為新的殆危階級（precariat），沒有固定工作，沒有未來，成了破損社會安全網的漏網之魚。然後，會發生什麼事？由於收入減少，他們可能必須一直靠借錢維生。隨著貧富差距擴大，債務負擔也跟著增加。拿不出確切的解決辦法，目前看來很棘手的惡劣情況恐怕只會變得更糟。

透過教育，具備更高自動化世界所需的能力，可能有助於增加收入，但整個就業市場萎縮，限制了發展的可能性。不幸的是，接受更多教育並非對抗AI猛攻的萬靈丹。如果技能微幅提升就能獲得更好的工作和更高的收入，教育的投資報酬率會比較高。但如果沒有足夠的工作機會，連基本工作都需要高學歷，那麼教育提升也無法確保收入增加，如此一來並不會改變局面。不是每個人都有足夠的天分和愛好去寫電腦程式、探索大數據、改進AI演算法、寫暢銷小說或去創業。一旦AI取代人類做技術性的工作，教育的投資報酬率就會變低。

如果人類沒有工作，會發生什麼事呢？答案看起來像是政治的地雷區：是時候該向贏家課稅了。有一小群人將會從AI技術進步，獲取極為豐厚的報酬。把機器人當作人來課稅，聽起來好像是譁眾取寵，但實際上幾乎就是向機器所有者課稅。

不斷勇敢改革才會有新的生路，如果要調整稅收制度，下一道問題的核心將是如何重新分配。在機器人取代人類成為商品主要生產要素的新世界，財富重新分配對維持消費需求來說至關重要。

2020年，在美國總統選舉期間，有個選項浮現，即提供全民基本收入（universal basic income，亦稱無條件基本收入），讓消費者有能力消費。除了讓民眾有基本收入來源，還有一個提案，即全民基本供養（universal basic provision），主張提供更多強大的公共服務。其他延伸版本也紛紛出爐，例如：讓民眾以社區服務，換取全民基本收入。此外，讓每個人都能持有公司股份，這樣當工作收入拮据時，還有資本收入。這個做法其實是社會主義常見的形式，即讓每一名勞工都擁有生產的工具。今天，有些人把上述選項支持者妖魔化為社會主義份子，但不難想像一個情景：當演算法取代人類執行腦外科手術和準備速食的新世界到來時，他們將會吵著要求採取這些措施。

人類可能從主要生產要素，變成閒置勞動力

任何選項都會導致激烈的政治角力。如果我們吵得夠久，最後可能由電腦來決定如何分配這塊經濟大餅。到時候，希望它們對人類的遭遇還有些同理心。

哈拉瑞指出：「21世紀經濟的最大問題，很可能是如何處理閒置勞動力的問題。當有高智商且無意識的演算法，幾乎把每件事都做得更好時，有意識的人類要做什麼？」[50]在一些反烏托邦設想的場景中，這些「閒置」人力將會消失。在全民基本收入的保護傘下，他們可以整天沉浸在電玩遊戲、吸毒，最後加速陷入「絕望死」。2021年，吸毒在美國造成超過10萬人死亡。又或者，年輕人可能變成非自願獨身者，不婚、不生，孑然一身的從人世間消失。我們的反烏托邦未來可能結合歐威爾（George Orwell）書中的「老大哥」監控、赫胥黎（Aldous

Huxley）的《美麗新世界》（*Brave New World*），以及《飢餓遊戲》（*Hunger Games*）裡的殘酷意象。

我們正飛快奔向未來命運，人類的天性推動我們前進。我不會把超級人工智慧後代的故事裹上糖衣。眼前還看不到被自動化取代的我們，可以從新工作賺取收入的美好未來。這次革命，看起來像是末日。人工智慧的極致發展，可能對人類的生活與生計造成翻天覆地的改變。

生活在地球的我們，可能有幸看到智慧爆炸的奇點。但在完全過渡到這樣的新世界之前，一場致命的疫情會先了結我們嗎？還是氣候變遷會先摧毀這個星球，我們根本等不到理性機器人來拯救地球？還是我們會先被龐大債務給壓死？還是隨著美中控制未來產業的競爭變得極端，兩國的軍事衝突會摧毀這個世界？事實上，掌控 AI，就可能成為主宰世界的超級強權。地緣政治的相互較勁，構成了我們下一章要討論的大威脅。

第九章

新冷戰

　　如果你想要了解中國在地緣政治的野心有多大，不妨走訪北京天安門廣場。占地約八十三座美式足球場的天安門廣場，大的不只是規模，還有歷史。在廣場一側，紫禁城令人聯想起歷經明清兩朝近六個世紀的二十多位皇帝，曾以天神之姿隱居其中。在廣場另一頭，人民大會堂頌讚的是 1949 年中國共產黨取得政權的那場革命。廣場本身則喚起對 1989 年反抗運動的記憶，這個事件最後在政府屠殺和平抗議人士下終結，解答了由誰當家作主的所有疑問。

　　2015 年，伯格魯恩研究院（Berggruen Institute）邀請了數十位西方商業界和學術圈的領袖，與中國國家主席習近平會面。會面地點就在有著宏偉建築、浮誇大理石門柱和花崗岩台階的人民大會堂。那個向人民致敬的雄偉大廳，看起來像座皇宮。我們被安排進入一個大禮堂，那裡就是經常聚集數百名黨工，依指示為領導人鼓掌的地方。

當我們都坐定、全場肅靜時，習近平才現身。傳達的訊息很清楚，他就像皇帝恩准我們晉見。即使他的父親曾在文化大革命期間失勢，這位高大自信的中共黨國元老之子，現在握有號令全中國的權力。

他寒暄過後，話鋒一轉，以歐洲歷史為鑑，意有所指地談起「修昔底德陷阱」（Thucydides Trap），這個概念源於古代希臘城邦霸主斯巴達和新興雅典城邦之間的衝突。古代歷史學家修昔底德認為，由於這兩大城邦競奪影響力及權力，引發了西元前第5世紀後半葉的伯羅奔尼撒戰爭。習近平辯稱說，中國的崛起將會是和平的，世人不應該擔憂中國的興起會形成現代版的修昔底德陷阱。

兩大強權，注定不可能和平共存？

當新強權興起威脅到既有強權，是否總會導致戰爭？哈佛大學教授艾利森（Graham Allison）在《注定一戰？》（*Destined for War*）一書中，檢視從16世紀以來新興強權挑戰主導強權的十六起案例，其中有十二起爆發戰爭，包括葡萄牙與西班牙、法國與哈布斯堡帝國、哈布斯堡帝國與鄂圖曼帝國、法國與英格蘭，直到又歷經兩次世界大戰和核毀滅可能發生，才使我們清醒過來。[1]冷戰是崛起強權與統治強權之間，化險為夷的四個特例之一。主要是因為崛起的蘇聯後來變成衰敗的大國，最後從內部瓦解。

另一個特例是大英帝國，美國未經一戰就凌駕英國之上，部分原因是控制權轉移，並未威脅到英國使用的語言、政治和經濟體系；而且在兩次世界大戰期間，英國都需要美國支持。

但那兩起特例，對現在的美中關係來說，都未能提供太多鼓舞人心的訊息。總的來說，修昔底德是正確的。當新興強權和既有強權發生衝突，通常最後都會發生戰爭。哈佛大學教授艾利森將這種困境稱為「修昔底德陷阱」。

女兒曾在哈佛大學就讀的習近平，在談話中不斷提到修昔底德陷阱，但要我們放心，中美兩國可以共榮。中國正逐漸成為這世界的領導強國，但不要擔心，競爭並不需要流血。他暗示，我們可以合作和競爭，但不必走向戰爭。

那次會面，習近平給我留下深刻印象，但我沒有忘記中國古訓：子曰，溫故而知新，可以為師矣。

就算忽略未來可能爆發軍事戰爭的最糟糕場景，光是經濟上的互相傷害和地緣政治的相互較勁，就會讓所有人都陷入險境。多數專家預測，中國在2030年之前會成為世界最大的經濟體，屆時離岸外包、保護主義的爭吵將變得微不足道。

　　未來美國可能失去在科技的領導地位，這些技術正逐步連結從烤麵包機到飛行器的一切事物。尚處於發展初期的新冷戰已經變得更冷，這將造成供應鏈中斷和重組聯盟。供應鏈中斷將造成市場不安，而結盟可能讓後疫情時代的供給短缺問題，變得更加嚴重。這兩個結果都意味著，在美國經濟陷入停滯的同時，物價可能上揚，這是停滯性通膨的雙指標。這樣的危機可能撼動製造業、銀行業和房屋市場，而且不是偶爾發生，而是頻繁發生。

　　請做好準備，隨著美中新冷戰重塑全球經濟和地緣政治的新現實，專制獨裁的中國可以決定新規則。而且這次冷戰中，兩大強權都會倚賴各自的盟國來與對方對抗。美國的盟友有歐洲的北大西洋公約組織成員國和亞洲的日本、韓國和澳洲等，害怕中國崛起的印度正逐漸靠攏。中國也有幾個有效盟友，如俄羅斯、伊朗、北韓、巴基斯坦等，它們都是修正主義強權，企圖挑戰第二次世界大戰後美國和西方國家打造的經濟、金融和地緣政治的全球秩序。

　　西方和中國（及其盟友）之間更大規模的冷戰，正在快速成形。俄羅斯對烏克蘭的殘暴侵略，是新冷戰最早爆發的一次軍事行動。未來二十年中，這場冷戰在某個時間點可能變成熱戰。事實上，就在俄羅斯入侵烏克蘭的前夕，習近平和俄羅斯總統普丁於2022年初會面，構建兩國之間的隱性結盟。他們宣布，他們的戰略夥伴關係「沒有止境」。

利益糾纏，蒙蔽了雙眼

1971年，尼克森總統訪問中國時，誰能預料到會面臨今天這種激烈競爭局面呢？美中兩國除了都想要繁榮外，沒有什麼共同之處。當時美國是個不到兩百歲的自由民主國家，幾乎每項經濟指標都居世界領先地位。美元是世界上所有人都可以信賴的穩定貨幣。美國當然有它的問題，但在自由世界裡，沒有人質疑它在全球具有支配性的領導地位。

在中國方面，剛起步的共產政權掙扎著要餵飽龐大的成長人口。中國歷史悠久，文明可回溯至西元前兩世紀的秦朝。萬里長城歷時近兩百年完成；大運河綿延兩千公里，約是從緬因州班戈市（Bangor）到科羅拉多州丹佛市的距離，這條水道歷經十二個世紀建造，所使用的技術頂多是鏟子。中國發明了造紙術、活字版印刷術、火藥、羅盤、酒和機械時鐘，但尼克森造訪時，這個國家正處於失敗經濟政策的瓦礫堆中，工業幾乎不存在，將宣傳西方價值的教育視為犯罪的文化大革命，正如火如荼地進行。[2]

對於這次歷史性訪問，美國主要期待能提高出口到這個擁有超過十億人口的國家。《紐約時報》報導：「受惠於尼克森造訪中國，帶動穀物和大豆價格上漲。」[3]《時代》在分析文章中總結：「尼克森想要立即達成的目的，是讓這次中國行成為美國外交的真正轉機，而不只是政治上的宣傳噱頭。」[4]對美國來說，戰略上更重要的是，對中國開放將有助於美國孤立蘇聯；這個目的的達成促成了冷戰在二十年後和平結束。

地方報紙感受到此行的歷史意義，紛紛以大篇幅報導這則國際新聞。麻塞諸塞州的《格林菲爾德紀事報》（*Greenfield Recorder*）的編輯寫道：「這次訪問無疑有兩層目的，對美國而言是生意，對中國人而言是政治宣傳。還不知道哪個占上風，以及尼克森是否能得到他想要的結果。」在這篇社論中，還補上了一個令人難忘的警告。如果「赤色中國」日後擴大在全球的影響力，此行可能會變成：「讓世界陷入軍事和經濟恐慌的起因。」[5]

已故胡佛研究院資深研究員、也是公共政策專家的羅溫（Harry Rowen）曾在1996年提出一個問題：「中國什麼時候會成為民主國家？」他推論：「答案約在2015年。這項預測是基於中國的穩定發展和令人讚嘆的經濟成長，符合亞洲和世界其他地方的自由成長模式。」[6]他的推論也反映當時專家學者們的普遍看法。但後來局勢發展證明，這是個錯誤的預測。

中國躍升製造出口強國，但從未把西方當榜樣

隨著1980年代開展，龐大的廉價勞動力吸引美國企業紛紛到中國設廠。在歷經1970年代罷工和停滯性通膨後，低生產成本和不會抗議的安分勞工，對美國企業有難以抗拒的吸引力。就這樣，中國製造的商品開始通往全球各地的零售貨架，中國成為強大的製造出口國。美國商會和其他工業團體為了做生意，進行對各種貿易協議的遊說。急於開拓新市場版圖的美國，在訂出逐年審議的條件下，授予中國最惠國待遇。

1980年代期間，中國快速成長，但美國也強勁成長，緩解了中國可能成為勁敵的所有不安。當時，一批又一批的中國學生來到美國的大專、大學和研究所攻讀科學和商業。他們學成歸國後，帶回美國的技術，以及對自由企業和更市場導向經濟的渴求。

中國共產黨在鄧小平的領導之下，鼓勵私有市場，卻從未放棄鐵腕抓權；儘管自由貿易的經濟特區大量出現，但並沒有將西方視為效仿榜樣。在中國決策者看來，透過黨派民主來重建停滯的經濟，可能會很像赤貧蘇聯在劫難逃的危險情境。根據歷史學家弗格森（Niall Ferguson）的觀察：「如果有件東西，可以讓我們相信中國共產黨永遠不會製造，那就是中國的戈巴契夫（Mikhail Gorbachev）。」[7]

1989年，在天安門廣場持續數週的民主抗議行動中，中共當局最後出動武裝部隊鎮壓。官方沒有死亡統計，但死亡人數就算沒有數千人，肯定也有數百人。期待中國出現民選政府和逐漸轉型為民主國家的希望，徹底落空。

貿易與人權脫鉤，繼續給予中國最惠國待遇

這次鎮壓在華府引發分歧。國務卿貝克三世（James A. Baker III）代表共和黨的布希總統執政團隊發言，他對於懲罰中國抱持謹慎態度，提議在人權和取得中國支持的戰略價值之間取得平衡。參議院多數黨領袖民主黨的米契爾（George J. Mitchell）則要求制裁，以懲罰：「政府對自己人民採取恐怖行動的組織性謀殺。」[8]

兩年之後，布希總統不顧米契爾等人的強烈反對，再度授予中國最惠國待遇。他說，此舉將會：「有助於創造民主改變的氛圍。」[9]

1990年代期間，中國進入全球消費市場，開始展開強勁的大躍進，出口快速攀升，中國製的產品大量出現。在柯林頓總統時代，逐年審議的最惠國待遇變成了永久待遇。中國GDP成長將近4倍，經濟規模增加了2倍，達到美國經濟的12%，離領先的美國又更靠近了。然而，美國國內的普遍共識，卻是中

國將會逐漸朝自由民主制度，以及自由市場經濟邁進，儘管所有證據顯示事實正好相反。

九一一恐怖攻擊事件發生兩個月之後，中國正式成為全球貿易社群的成員，人們寄予厚望。美國貿易代表佐里克（Robert B. Zoellick）說道：「我相信，隨著這個世紀的開展，人們回想起今日，將會做出這個結論：因為我們接納中國成為世界貿易組織的成員，在打造全球經濟和商業體系上，踏出關鍵性的一步。」[10]

有超過10億需要餵飽的中國消費者在招手，美國官員信心滿滿的表示：貿易成長勢必為美國農民、零售商、製造商和銀行業者敞開獲利豐厚的市場。新世紀在樂觀氛圍中展開，儘管有人權和智慧財產權的小紛爭，但相較於商業獲利的機會，看起來沒有什麼事情是難以克服的。

進入21世紀之前，中國還遠非美國對手。民主的自由市場創造出無可匹敵的財富，開發中國家紛紛加入「華盛頓共識」行列，亦即實施仿效美國式自由市場和管理的總體經濟政策，唯有中國例外，格外引人注目。之後，西方世界陷入全球金融海嘯。在政治體系變得愈來愈兩極化和黨派化下，西方企業和機構看起來軟弱無能又不堪一擊：不動產價格崩跌；銀行系統受到嚴重衝擊；股市價值消失，經濟跟著衰退。中國開始相信，自己良好的技術官僚獨裁政體和國家資本主義，優於監管不良的市場經濟和功能不彰的自由民主國家。

　　就在西方機構奮力求生的時候，中國率先透過基礎建設和房地產的投資，抵消了出口下滑的衝擊。隨著中國家庭欣然迎接房屋產權私有化的到來，貸款金額激增，不動產價格攀升。新城市很快出現，連結這些城市的是高速鐵路和比美國還要長的高速公路；舊城市的現代化，也沒有延遲，緊跟在後。

　　哈佛大學教授艾利森，喜歡提起一段頗具代表性的基建維修故事：他的家鄉麻塞諸塞州劍橋市有座兩線道橋樑，因維修工程不斷拖延，歷經四年時間才完成，總開支超過原有預算的3倍。反觀中國，2015年時在43小時內就完成北京四線道三元橋的改建。

崛起的中國，成為美國主要競爭對手

　　有個經濟數據清楚顯示，在21世紀第一個十年，美中競爭愈來愈激烈：中國產出成長超過3倍，占美國GDP的41%。在中共統治的六十年裡，中國已從世界最貧窮國家之一，轉型成為充滿活力、中等收入國家，平均餘命翻倍，中小學的入學率提高超過10倍，失業率大幅降低的大國。哥倫比亞大學經濟學教授薩克斯（Jeffrey Sachs）說道：「毫無疑問，就我看來，在1980年之後的三十年裡，中國絕大多數人民的物質條件，以前所未有的方式，在前所未有的成長速度和規模下，出現非常驚人的改善。」[11]確實，自從經濟開放以來近三十年的時間，中國的GDP年成長率都維持在10%以上。

沒有反對黨的中國共產黨，創造驚人的成長，反觀美國和西方民主國家，卻經常苦於黨派政治紛爭而癱瘓。對於在開發中國家奮力掙扎的人來說，他們驚嘆中國的進步，對西方嗤之以鼻。在他們眼裡，民主並沒有比經濟成長更重要。經濟學家莫約（Dambisa Moyo）在TED演講中說道：「如果你負擔得起，『不自由，毋寧死』當然很好，但如果你每天生活費不到1美元，你會忙著先求生存及養家，而不是花時間體力去四處宣傳理念，捍衛民主。」[12]

就在中國縱情享受經濟成長的美名時，習近平於2013年上台，據說他上台是因為沒有腐敗指控，這些指控後來成了其他領導候選人的汙點。他的妻子彭麗媛是中國著名聲樂家，也有助於美化他的民粹主義訴求。

習近平一掌權，立刻採取行動穩固權力。他消滅政敵並重新塑造中國的經濟模式。狂熱的反貪腐運動將數以千計的黨員送入監牢和再教育營。他讚揚馬克思主義精神。習近平說道：「有人相信共產主義是無法實現的願望，事實一再告訴我們，馬克思、恩格斯的分析沒有過時，資本主義必然消亡。」[13]

習近平也譴責，伴隨中國新繁榮而日益擴大的貧富不均問題。阿里巴巴（中國版亞馬遜）創辦人也是億萬富翁的馬雲，有段時間從大眾的視線消失。其他的商業和娛樂界大亨，也受到監控。習近平對權力的箝制已擴大成為個人崇拜，而且是無限期的。2017年，中國共產黨中央委員會取消任期限制，就是在為習近平2022年之後持續掌權鋪路。*

2021年11月，《金融時報》報導：「中國著名左派評論家痛斥，『大資本家』和娛樂業的『娘炮明星』，以及公眾領導人物，紛紛被消失。至於其他人則爭相向終生在位、擁有完全權力的最高領導人公開輸誠，並承諾對他提出的優先政策捐出數十億美元。」[14]

中國推一帶一路，與美歐競逐影響力

就在美國浪擲數兆美元在中東衝突上，並最終從伊拉克和阿富汗撤軍（後者被視為重大潰敗）的同時，中國將資金投入海內外高科技及基礎建設領域。專家估計，2014年和2015年光是開發5G的支出就有1,800億美元。[15]對此，中文流利的亞洲協會會長，也是前澳洲總理的陸克文（Kevin Rudd）表示，中國在這些領域無疑已位居領導地位。美國中央情報局在《世界概況》（World Factbook）中，補充中國占優勢的其他領域，包括採礦和礦石加工、鐵、不鏽鋼、鋁和其他金屬；煤炭；機械製造；武器軍備；紡織品和成衣；石油；水泥；化學品；肥料；消費產品（包括鞋子、玩具和電子產品）；食品加工；交通設備，例如汽車、軌道列車、船和航空器；電信設備；商業化的太空發射載具；衛星。[16]

中國甚至推出野心勃勃的一帶一路（BRI），使得中國成為橫跨亞洲、中東、拉丁美洲和非洲數十個中低收入國家的重大基礎建設與開發計畫的主要融資方。中國銀行在西方放款機構害怕踏足的地方施展了影響力，提供貸款建造亞洲和非洲各地的道路、鐵路、發電設施和更多其他的基礎建設。威廉與瑪麗學院（College of William and Mary）研究分布在165個國家，資金規模8,430億美元，共計13,000多個項目的一帶一路計畫，發現從2000年至2017年的十八年間，中國每年在國際發展融資的金額，超過美國和其他主要大國的2倍。[17]

在許多融資案中，如果地主國無法償付中國慷慨的貸款，中國將會取得它所資助的港口和其他資產的直接控制權。

2017年，中國經濟締造新的里程碑，也引發外界對中國以開發中國家享有貿易優勢的爭議。《南華早報》報導：「中國取代美國居全球購買力首位，但仍然死守開發中國家的地位。」[18]從GDP（國內生產或產出總值）統計數據，也就是一

---

* 譯注：2022年10月，中國國家主席習近平進入第三任期。

國生產的所有商品與服務價值的加總，美國在該領域居領先地位。但購買力平價（Purchasing power parity；簡稱PPP）調整下的GDP，則以相同一籃子的商品與服務，各國相對於美國的物價水準為基礎，來衡量國家的財富。在這個衡量基礎下，中國於2017年超越了美國，達19.6兆美元。

然而，中國國家統計局卻堅持，以購買力平價調整下的GDP首位排名，仍不應改變中國身為世界最大發展中國家的地位。保有開發中國家的地位，讓中國得以只需遵守部分世界貿易組織的開放貿易原則。

疫情過後，世界更加分裂

在富裕國家加深與主要貿易夥伴關係的同時，貧窮國家對中國投以敬畏目光，直到一場全球疫情讓中國的形象大損。中國否認COVID-19源於武漢，並試圖混淆視聽，引發各界憤怒與失望。但有別於世界其他地方的經濟重創，中國於2020年仍維持了經濟成長，進一步擴大了實力和影響力。

隨著疫情逐漸消退，美中兩大強權目前在幾乎相同的立足點上競爭，儘管有些方面存在非常大的差異。

美國是成熟經濟體，在這次新冠疫情造成許多人染疫與死亡之前，就已有極為嚴重的貧富不均，而且不公平現象仍持續惡化。此外，赤字和債務不斷積累擴大，更別提還有具殺傷力的政治兩極化。中國方面，雖然同樣面臨債務危機和日益惡化的貧富不均，但沒有政治兩極化的問題，疫情控制也相對較好（即使因新冠病毒變異株Omicron的傳播，清零政策於2022年受到嚴重挑戰）。這使得中國經濟年成長率持續超過美國。

2019年，中國有1億人口的財富超過11萬美元，首度超越美國。中國人口龐大，是美國的4倍，中國人均GDP只要占美國人的一小部分，就會讓中國的經濟規模大幅超越美國。一旦中國能與日本的人均GDP匹敵（約占今日美國60%的水準），就會比今天富裕2.3倍。[19]更多財富將使中國處於更有利的地位，可以雄厚資金來支持稱霸的野心。

過去，西方一致認為，中國加入全球貿易和金融系統後，將逐漸擁抱市場經濟並變得比較不專制。這種看法徹底錯誤。中國另有盤算，陸克文表示：「雖然北京也談『市場配置』的效能，但並不是受主流經濟學家所謂市場原則引導。相反地，中國經濟是一種國家資本主義系統，在這個體系中的裁決者是不容質疑的政治權威。」[20]

過去十年，中國沒有變得比較不專制，而是變得更專制。在2021年最後一期《外交事務》中，長期觀察中國、著有《大幻想：自由主義夢想與國際現實》（*The Great Delusion: Liberal Dreams and International Realities*）的米爾斯海默（John J.

Mearsheimer）徹底粉碎西方世界對中國原本的冀望。他寫道：
「對中維持交往，是近代史上任何國家可能犯下最糟糕的策略
錯誤。一個大國積極幫助競爭對手崛起，真是史無前例，現在
做什麼都太遲了。」[21]

在胡佛研究所的一場線上研討會上，前國家安全顧問麥克
馬斯特（H. R. McMaster）也提出類似觀點：「我們死守這個信
念：把中國迎入國際秩序規範中，它就會按照規矩玩；隨著經
濟繁榮成長，中國會放鬆經濟限制，並放寬政府形式的限制。
當然，這一切都沒有發生。」[22]

當西方懷抱錯誤的希望時，中國則是一如前領導人鄧小平
告誡的韜光養晦。西方人始料未及的是，「百年國恥」傷害背
後深藏的憤怒。百年國恥（從1839年至1949年中華人民共和
國建立），始於19世紀中期的兩次鴉片戰爭，當時英、法兩國
打敗清朝，控制中國領土並強迫中國做出貿易讓步，後續有義
和團之亂，以及包括美國、日本、俄羅斯和多個歐洲國家組成
的八國聯軍打敗清朝軍隊。在經歷日本殘暴侵略和占據之後，
中國最終在第二次世界大戰戰勝。[23]

西方分析家低估了那個世紀對中國文化的長遠影響。現
在，中國已經崛起。不只是在經濟方面，中國要世人承認它是
亞洲和全球的偉大強國。

監控無所不在，中國變得更封閉、更專制

　　平心而論，我們是有樂觀的理由。在歐洲，資本主義戰勝社會主義。在亞洲，最成功的經濟體，如韓國、泰國、台灣和印尼等，都曾經一度為威權統治，現在已經自由化，並成為民主國家。就連新加坡也走上這條路，即便是被迫而不是自然形成。或許有些國家並未達到歐美那樣的民主程度，但它們基本上都是民主國家。過去許多人認為，隨著中國達到中等收入，終將走上相同道路。有這種想法是可以理解的，先開放經濟，然後期待政治也會跟著開放。

　　然而，中國反而抓緊了控制。一黨專政排除了政策辯論的可能，中國可以透過一紙命令，迅速打擊諸如財富不公和氣候變遷等嚴重問題。習近平說，中國的孩子浪費太多時間玩電玩，於是下令禁止；他認為，私教投資太多，使得競爭優勢有利於富人，也要制止。此外，他還加大稅收，以促進經濟的公平；如果大型科技公司累積太多權力，政府就追擊它們；要對抗氣候變遷，中國就關掉煤礦。高壓統治的代價難以衡量，威權國家可以一刀砍掉拖延費時的官僚作風，但能否創造足夠自由的空間，維持創新及成長？

　　胡錦濤於2003年至2013年帶領中國時，我每年3月，都會參加在北京召開為期三天的發展論壇，與資深官員會面。2012

年，我和在古根漢博物館負責亞洲藝術的一名友人提到即將去北京，她強烈建議我，和知名藝術家暨異議人士艾未未見面。早先艾未未因為主張社會正義和言論自由的罪名下獄，釋放後被軟禁在家。我到艾未未北京郊區的家拜訪他，閒聊了兩個小時，談論世界、中國和其他彼此感興趣的話題。

我與艾未未自拍合影，並將照片放上推特。我左思右想稍早與微博（中國版推特）博主的對話。他們覺得我的推特貼文很有意思，並詢問是否可以在他們的社群轉發分享，我同意了。我沒有微博帳號，他們幫我開了一個。結果，我一把照片放上去，立刻被轉發出去。我只是寫了我們有一次有趣的藝術和文化交流。

我知道艾未未在微博上玩貓捉老鼠的遊戲。他每開一個帳號，幾分鐘之內，審查人員就會把它關掉。所以，我只發表一般性言論，小心翼翼避免令人聯想我們談論了可能驚動官方的話題。但這樣做並沒有用，半小時之後，我的微博帳號就消失了。那就是這道防火長城的運作方式。

異議人士受到的限制就更深了，即使是一般的往來互動也看得到中共當局的鐵腕管制。過去，我拜訪中國和安排會面都沒問題，可以和學術界及決策人士開放進行討論。現在，中國感覺上封閉許多，所有人都很小心謹慎。與西方人的友誼可能招來麻煩，這讓他們感到不安。

現在我打電話，對方都會遲疑。談話時，謹慎取代坦誠。中國前財政部長說了一口流利英文，初次見面時，我們無話不說。近年來，就在新冠疫情之前，我們面對面坐在桌子兩邊，他還請一名翻譯陪同，即便用英文對話都有風險。這是個小細節，但在我來看，這個細節反映了真實情況。中國並沒有朝我們靠近，而是離我們而去。

2021年底，《金融時報》報導，中國徹底離民主遠去：「中共在習近平主席的領導下，持續變得更專制，過去兩週突然熱起來的政治行動，讓許多人懷疑，中國是否進入一個新政治時代，一個擁抱毛澤東主義政治運動精神的年代。」[24]

取代美國、稱霸全球的中國夢

在1990年以前，沒有人擔心中國有一天會是美國的對手，更別提超越美國。我們歡迎相互合作，以及任何經濟學教科書都說有利於消費者的競爭關係。我們知道，中國可能以不同的政治體系崛起，但那不是問題。觀察家們為中國進入全球經濟喝采，只要它在國內維持溫和專制，同時促進私領域的發展。相較於傾銷、竊取智慧財產和不公平貿易操作的事實，龐大市場更重要。更何況中國本身百廢待舉，須迫切滿足國內需求，這會降低在地緣政治的野心，畢竟發展強勁貿易關係才是優先要務。但這或許只是當時西方一廂情願的看法。

中國的突飛猛進令專家感到驚訝。批評人士將部分的原因指向不公平的貿易行為。中國則是將成功歸功於從西方學到，什麼是「不該」做的教訓。它的政治體制能夠在毫無異議下設定目標並完成。中國擁抱社會主義，但只是名義上的，技術官僚威權式的國家資本主義，是比較恰當的說法。不管他們使用什麼名稱，對中國人而言，比起功能不彰的民主政體和追逐私利的全球金融機構，強過千倍甚至萬倍。

儘管早先承諾不越線，但中國卻逐漸與西方競爭。啟動中國版的世界銀行和國際貨幣基金；不讓美國大型科技公司進入中國，同時培養自己的科技巨擘；在南海建造新島嶼，在西方認定的國際海域上聲張主權。儘管如此，習近平持續宣稱，中國崛起未必會發動攻擊行動。有別於美國及盟國，自從1979年以來，中國除了邊境有小紛爭外，並未參與過戰爭。

事實上，中國有充分的動機促進和平。貿易是中國經濟的動能，運輸航線必須維持開放，貿易才能蓬勃發展，然而，衝突會傷害貿易。中國連同亞洲夥伴簽署了自由貿易協定，亦即區域全面經濟夥伴協定（Regional Comprehensive Economic Partnership）。它也在積極遊說，爭取成為跨太平洋夥伴全面進步協定（Comprehensive and Progressive Agreement for Trans-Pacific Partnership）的成員，這曾是美國主導協商的重大貿易協定，但川普總統下令美國退出，拜登總統也無意重新加入。

　　美國方面逐漸擔憂，中國計畫取而代之，成為新的經濟及軍事超級大國，先在亞洲，然後在全球稱霸。在經濟方面，2015年中國提出名為「中國製造2025」的新工業政策計畫，為美國敲響了警鐘。這項計畫的目的，是利用大量的補貼措施和金融刺激手段，使得中國脫離低附加價值和勞動密集的製造業，以達未來重要產業的領導地位。這些產業有資訊科技（包括AI、物聯網、智慧家電、半導體）、機器人（包括自動化和機器學習）、綠能和綠色交通工具（包括電動車和自駕車）、航太設備、海洋工程和高技術船舶、鐵路設備、電力設備、新材料、生物科技、醫學和醫療裝置及農業機械。除此之外，2017年還提出「新一代人工智慧發展規劃」，目標在2030年前取得在AI領域的世界領導地位。

　　中國還建立強大的武裝部隊，添加核子彈頭的軍火儲備、改善運投能量，並擴大藍水海軍。他們說，這純粹是防禦性，但那是美國談論自家軍隊的官方說法。他們真正想傳達的訊息：我們是世界強國，尊重我們；我們不會找上你，除非你想要阻止我們。

　　因憂心中國的地緣政治野心，歐巴馬政府將策略重心從歐洲轉往亞洲，同時把注意力，放在今日全球最迫切的經濟機會和軍事威脅並存之處。川普政府拿出選戰時操作得很成功的煽動性言論，加大了這把火。川普政府的國家安全戰略，將中國視為「戰略競爭對手」及「修正主義強權」（與俄羅斯同列），挑戰第二次世界大戰以來的全球武力秩序。川普政府點名中國和俄羅斯為國防最大威脅，宣稱中國「短期內尋求印太地區霸權」，乃至「未來成為全球霸主」。這不只是選舉集會的口號，儼然成為「新華盛頓共識」。這一切等於正式承認，新冷戰已開啟。

美中脫鉤，誰會是最大輸家？

現在新冷戰只朝一個方向前進，就是讓全球供需大中斷。將近一個世紀以來，美國首度面對可怕對手，這個對手控制了極重要的天然和工業資源。我認為，最後不會出現好萊塢式的結局。新加坡外交官員馬凱碩（Kishore Mahbubani），於2021年初在哈佛大學甘迺迪政府學院演說時說道：「西方主宰的時代，是為期兩百年的反常現象。」這個時代，即將結束。[25]

我的觀點和許多分析家一樣，在更多競爭與衝突，以及更少合作下，冷戰將會變得更冷，可能仍是沒有熱戰的冷戰，我們會處於分裂世界，彼此對立，關係緊張，但僅止於此。一向避免刺激性用語的分析家陸克文，謹慎表示：「可能還不是2.0版的冷戰，但逐漸看起來像是1.5版的冷戰。」[26]

但比起與蘇聯的冷戰，新冷戰很不一樣。冷戰意味著軍事對立，坦克車駐防在邊界，飛彈指著對方。CNN主播札卡利亞（Fareed Zakaria）報導：「美國和中國在短短的時間內，已成為彼此重要的貿易往來國家，蘇聯則幾乎不存在自由世界的經濟地圖上。」[27]美蘇之間每年貿易額約數十億美元，從未超過這個規模。

封閉的蘇聯主要仰賴大宗商品；中國則有各種工業基礎並在許多領域居世界領先地位，外交手段也遠較蘇聯高明。雖然中國正以引人注目的方式建立軍力，但新冷戰的戰線主要還是在經濟和科技的專門領域。

有些人稱目前局勢為第二次冷戰（Cold War II），特徵是去整合（de-integration），也就是美中兩大競爭對手，聯手各自夥伴的脫鉤。這種脫鉤已經在貿易、技術、投資、資本和勞動的移動、數據和資訊方面展開。

2021年9月，《南華早報》標題直指重點：「美中脫鉤：如果歸結為美國陣營對上中國陣營，誰可望成為最大贏家？」但不妨問，誰會是最大輸家？美國人可能擔心供應鏈會中斷，使得零售貨架變得空蕩蕩。而某位北京顧問則擔心：「無法取得美國高科技商品，將等同有大量白米卻沒有珍饈美饌。」[28]

前中國人行顧問也是著名經濟學家的余永定在《南華早報》中指出，他預期脫鉤將會對中國造成「巨大」衝擊。根據獨立總經研究公司凱投宏觀（Capital Economics）所做的研究，逐漸脫鉤將有利於西方。中國陣營的國家有略多的人口，但經濟力卻比擁有全球68%GDP的西方陣營小多了。[29]凱投宏觀的研究顯示：「中國陣營為數眾多，但從經濟角度來看，多數是小國。中國在終端需求和進口兩方面，很大程度上仍舊比較依賴西方。」

這對西方陣營是好消息，然而單單聚焦於消費商品貿易，會使人看不清更大的局勢。脫鉤將會造成商品、技術和服務的貿易中斷，進而限制資本投資、勞動流動性、學生和科學家的發展，就連資訊時代的命脈，即資料的傳遞轉移也會受限。

2021年10月，《南華早報》報導：「隨著北京抓緊信息，中國草擬嚴厲的規定，阻止資料數據離境。」中國國家互聯網信息辦公室，想要在所有商業資料離境前先進行審查；[30]美國也對可蒐集美國公民資料的中國應用軟體加以限制。由於資料數據已成為新石油，是大企業營運的關鍵動力，這些措施可被視為是更廣泛形式的保護主義和貿易限制的開始。

在川普政府期間，兩國對彼此施加關稅和限制，已經加快了脫鉤速度。更加碎片化的經濟發展，將使這個世界逐漸分成兩大競爭經濟體系，一方由西方掌控，另一個由中國掌控。

如果脫鉤迫使貧窮和半威權國家選邊站，它們可能更偏好中國的地緣政治架構、強勁的成長和比較便宜的技術。中國將會利用優惠貿易協定和挹注投資資本的手段，試圖謀得市場的支配權。中國可以提供較便宜的5G技術，也能夠提供頂尖的物流網、AI和電信解決方案，這將大幅促進發展中國家的發展。中國將會建議這些附庸國以人民幣取代美元做為準備貨幣，中國的放款機構就能取得影響力。中國的監管技術和戰術性武器，還能幫助這些附庸國粉碎國內異議份子的不同意見。

中國領導人知道工資上漲會使得製造成本的優勢消失，那也是為何中國想要在2030年前，取得人工智慧的世界領導地位。前谷歌董事長施密特（Eric Schmidt），謹慎看待這個可能令美國望塵莫及的進展。2021年，施密特在《彭博社》錄製的影片「中國競逐AI領導地位」中指出：「中國政府有4倍多的工程師，他們投入大量的金錢在AI的轉型和數位化。快速提高的電腦系統運算能力有可能觸及21世紀經濟的每個面向，而中共當局已經聲明，它想要推動那項進展。」[31]

一些觀察家宣告科技軍備競賽已經結束。五角大廈第一任軟體長柴蘭（Nicholas Chaillan）指出：「在十五至二十年之內，我們沒有與中國抗衡的機會。現在，一切已成定局；在我看來，已經結束了。」[32]

中國與附庸國建立的新合作和發展協定，將會強化彼此的夥伴關係，進而逐漸跟成熟工業經濟體益發疏遠。中國與俄羅斯、伊朗及北韓已形成非正式同盟，並開始進行軍事演習。

中國和俄羅斯最近派出十艘軍艦，在日本主要島嶼北海道和本州之間，一條屬於國際水域的窄小通道上航行，日本刻意允許這條通道存在，在早先冷戰期間讓美國軍艦可以自由通行。[33]2022年，俄羅斯侵略烏克蘭強化中俄之間的實質結盟關係。在俄國展開侵略之前，普丁和習近平會面，正式達成兩國之間新的經濟和地緣政治的結盟。由於中國鎖定台灣，中國實際上是默許俄羅斯計畫占領烏克蘭的行動。還在對冷戰是否醞釀中抱持懷疑嗎？歡迎來到第二次冷戰。

　　與中國進行貿易往來的美國傳統盟友，將面臨極具挑戰的未來，陷入脫鉤引起的兩難局面。2020年，中國取代美國成為歐盟最大的貿易夥伴。[34]一旦歐洲被其中一邊要求冷落另一邊，會怎樣呢？美國已經對歐洲國家施壓，禁止華為的5G無線網路，理由是有國家安全風險，因為中國政府可能監視流量。有些國家贊成禁止，但還有許多國家尚未同意。

　　在歐洲，美國握有一張終極王牌。北大西洋公約組織其他成員國的國防支出每年總計2,000億美元，而美國在北約防衛上卻花了7,000億美元。北大西洋公約組織國家無法捍衛自己免受大規模的攻擊（譬如俄羅斯發起的攻擊），近期的俄烏戰爭，已喚醒安逸於和平關係的歐洲人，開始擔憂俄羅斯大熊擴大帝國野心。但假如美國同意維持駐軍，遏阻俄羅斯，那是否意味著，歐洲人不能按照往常和中國做生意呢？中、歐之間也必須脫鉤。

北約成員國必須支持西方對中國的制衡行動，並付出很大的經濟代價。事實上，2021年北大西洋公約組織祕書長接受《金融時報》訪問時表明：「對抗來自中國崛起的安全威脅，將是北大西洋公約組織未來的重要任務……，這反映了美國地緣戰略重心轉向亞洲，西方陣營很明顯已重新思考它們的目標。」[35]

中國人將會警告歐洲人，如果跟著美國，就必須逐漸離開中國。那意味著雙方之間會減少汽車銷售和生意往來，在中國的外國直接投資和製造也會跟著減少。全面脫鉤，將會付出慘痛代價。

新舊冷戰不一樣，結局也不會相同

儘管有挑戰，中國看似能夠順利因應。2021年開展的第十四個五年計畫，可解讀成是為脫鉤做準備。計畫目標是經濟「自立自強」和「自主創新」，由13億消費人口的國內市場來達成這項計畫。

川普執政期間，強硬表態祭出嚴厲關稅，但主要受害的是在商店櫃台付錢的美國人。拜登政府雖然比較傾向採取外交手段，但仍是把中國當作競爭對手。美中貿易代表戴琪

（Katherine Tai）毫不掩飾地描述這種關係：「長期以來，中國未遵守全球貿易常規，損害了美國與其他國家的繁榮。北京近年來，加倍推動以國家為中心的經濟體系，愈來愈清楚的是，中國的計畫並不包括實施有意義的改革，以回應美國及其他許多國家的關切。」[36]

　　有別於今日華府的多數議題，兩黨在中國政策上採取合作態度。2021年6月，參議院投票通過2,500億美元的《美國創新和競爭法案》，以提供公平競爭的環境。該法案的目的，是加強美國在先進技術方面的領導地位和生產力。立法內容包含更早之前由紐約州民主黨的參議院多數黨領袖舒默（Chuck Schumer）和印第安那州共和黨參議員楊（Todd Young），共同支持的議案。眾議院於2022年初表決通過該項立法。

　　第二次冷戰的開始，看起來和之前的冷戰很不一樣，我們不該期待這次結局會和上次一樣，就算對手偃旗息鼓，兩次結局也不會相同。2019年，兩位現任拜登總統的重要幕僚，新美國安全中心（Center for a New American Security）前主席暨共同創辦人坎貝爾（Kurt Campbell）和國家安全顧問蘇利文（Jake Sullivan），曾在《外交事務》中撰文，提出另一種選擇：「美國的對中戰略，應是穩定持久的，無論中國的體制如何演進，都不應依賴對其未來發展路徑的研判。美國的戰略目標，不應尋求類似冷戰結束那樣的終極目標，而應在有利於美國利益和價值下，達成兩國務實共存的穩定狀態。」[37]

在更早一篇為《外交事務》撰寫的文章中，坎貝爾與另一位拜登總統的顧問拉特納（Ely Rattner），直接提出警告：「華盛頓現在面臨現代史上最強大和最可怕的競爭對手。」[38] 拜登在回答記者關於習近平的問題時，直言不諱地表示：「我就直說吧，我們對彼此很了解，但我們不是老朋友，單純只是公務上的往來。」[39]

如果敵對狀態升溫，與中國的冷戰可能變成熱戰嗎？專家的意見不一，從可能發生到肯定發生都有。不過，所有人都很快補上一句：希望不會。

最怕擦槍走火，冷戰快速上升變熱戰

在正式演說中，領導人有時會試圖為雙方緊張關係降溫。習近平指出：「我們生活的世界充滿希望，也充滿挑戰。人類社會應該向何處去？……中方倡議，亞洲和世界各國要回應時代呼喚，攜手共克疫情，加強全球治理，朝著建構人類命運共同體方向不斷邁進。」[40] 但在其他時候，習近平的發言聽起來又頗具攻擊性。2021年7月，他清楚表示，那些試圖阻擋中國崛起的人，將會在「鋼鐵長城面前碰得頭破血流」。這項聲明與所謂的戰狼外交口徑一致。戰狼外交是近年來許多中國外交官具攻擊性的外交風格，這個稱號源自中國電影《戰狼2》，裡面有句口號：「犯我中華者，雖遠必誅。」國家主義和仇外心態，毫無疑問正在中國興起。

拜登總統則宣揚「持續不斷的外交」。根據媒體報導，美方最近透過電話和外交交流，探索對話的可能性。但拜登的國家安全戰略與川普並沒有太大不同。如果說有任何不同，那就是中美雙方的矛盾愈來愈嚴重。不同於川普，拜登在乎香港、西藏、台灣和新疆的人權和民主。此外，有鑑於中國國內持續性的產業補貼政策，拜登政府已威脅對中國施加新關稅。

就在拜登就任前夕，習近平的親信陳一新宣告：「東升西降是（一種全球）趨勢，發展態勢對我有利。」中國相信，美國和西方將持續逐漸走下坡。[41]

曾經帶領澳洲，努力強化中澳關係的前澳洲總理陸克文，非常適合來分析中美的權力平衡。陸克文在《可避免的戰爭》一書中，認同一個嚴酷事實：「早在當前危機之前，戰後的自由國際秩序就已經開始分崩離析。」

雙邊都有挑釁行動。毛澤東的主張在中國重新獲得支持，「因為勇敢走上韓國戰場對抗美國人，把他們打到講和」，害怕中國的美國人則是譴責尼克森「創造了科學怪人」。[42]2021年，《金融時報》有個引人注意的標題：「毛澤東主義者呼應習近平的權力遊戲」。[43]

陸克文似乎比較不擔心小心謀劃的戰略因素會引起戰爭，反倒是比較擔憂飛機、戰艦或粗心政客的擦槍走火。陸克文等人提醒，當年斐迪南公爵（Archduke Ferdinand）遇刺並非重大國際事件，卻引燃了第一次世界大戰。

中國周遭水域的主權招來災難性的失算。除了中國以外，有六個國家主張擁有重疊部分水域的主權，分別是汶萊、印尼、馬來西亞、菲律賓、台灣和越南。北京堅持主張「九段線」以內的「歷史性海權」，該主張侵犯了鄰國權利。中國不喜歡國際仲裁機構常設仲裁法院（Permanent Court of Arbitration），於2016年否決中國主張所做的判決。於是中國採取「灰色地帶」戰略，部署漁船和海岸護衛船艦以建立實質性的主張，藐視該法庭的決定。如果導航衝突最後導致其中一艘船隻沉沒，可能就會引發糟糕的局面。

除了口頭交火外，兩邊的戰略家也在進行軍事競賽。美國派遣船隻通過中國主張的水域，退休海軍上將史塔維瑞帝斯（James Stavridis）擔心我們缺乏想像力，無法預先設想將會快速上升為衝突的情況，所以他與阿克爾曼（Elliot Ackerman）合寫了一本小說，假想2034年美中之間的全面性戰爭。[44]中國方面已經將南海的島嶼軍事化，儘管它堅持主張是為了和平的意圖，此挑釁舉動令日本感到不安。中共飛機經常性地逼近台灣領空，成了軍事意外的隱患。

中國的企圖心現在已延伸到外太空，高超音速的長征火箭在最近一次測試中環繞了地球。《金融時報》報導：「這樣的系統一旦部署，可能巧妙地避開美國飛彈防衛系統。」中國自然稱此為例行性的太空發射，沒有軍事目的。[45]

亞洲最危險的引爆點是台灣

目前中美雙方領導人一面強調合作和互敬，一面組織聯盟陣容。習近平盛讚與普丁視訊會議成功，及與俄羅斯簽訂睦鄰友好合作條約，同時宣告：「新時代中俄全面戰略協作夥伴關係，動力十足，前景廣闊。」[46]

另一方面，美國為了抵擋中國逐漸增強的海軍勢力，採取多項新措施。《外交事務》在〈美國正將亞洲變成火藥桶〉一文中，條列美國的行動，包括：鼓勵日本發展高超音速武器；提高對菲律賓的武器銷售，儘管該國有人權問題；幫助澳洲裝備核子潛艇；在帛琉群島建造新雷達系統，普遍性地擴大西方在印太地區的足跡。美國也正在加強四方安全對話（Quad），這是一個抗中的戰略性論壇，成員包括美國、印度、澳洲和日本。北大西洋公約組織可能成為遏制中國力量增大的工具。美國和西方國家認為，限制中國在亞洲崛起成為具攻擊性的強權，是防禦性的作為；在中國看來，這是企圖遏制中國崛起及其在亞洲合法防衛的需求。

因此，中國正與修正主義強權結盟，這些強權想要改變美國和西方建立的全球秩序。俄羅斯決心重建前蘇聯勢力範圍，周遭鄰國都是被鎖定的目標，2022年俄羅斯殘暴侵略烏克蘭只是開端。什葉派的伊朗則在對抗美國、以色列和若干遜尼派的阿拉伯國家，以爭奪波斯灣霸權。如果與伊朗重新制定的核子協議失敗，或是在2024年被新的共和國政府拒絕，戰爭可能終究無法避免。如果伊朗持續目前的一連串核子升級行動，而以色列視擁有核子武器的伊朗為生存威脅，很可能會攻擊伊朗。

除了核子武器以外，北韓從所有的指標來看都是個失敗國家，但對日本、韓國和美國而言，卻是個明顯且真實的威脅。它很可能繼續進行飛彈發射和其他挑釁的行動，在某個時間點促使全面性軍事衝突發生。其他逐漸加入中國勢力範圍的國家，還包括巴基斯坦和柬埔寨，前者是不穩定的核子強權，與同樣擁有核子武器的印度是宿敵，而印度則與中國有嚴重的領土爭議。

亞洲最危險的引爆點是台灣。在這座島嶼上，有2,300萬的人口、人民自由選出的政府和充滿活力的經濟，提供這個世界晶片和其他重要的商品。《經濟學人》有一期封面故事稱台灣為「地球上最危險的地方」，因為中國已明確表達併吞台灣的目標。[47]2021年10月，人民解放軍的戰機逼近台灣的領空達數十次。

中國已經重申收回領土的決心，台灣人則無意向中國的決心屈服。雖然台美並未存在正式的防禦結盟，拜登總統已經清楚示意對台灣的支持，美國有一支海軍陸戰隊在台灣幫助訓練台灣的軍隊。歐盟也派遣代表到台灣，強調友好關係。

對是否在中國發動攻擊的情況下，提供台灣完全的防衛，美國始終保持某種程度的戰略性模糊態度。為了避免或製造中國侵略台灣的可能，美國很可能加強提供軍事設備給台灣，就像它對烏克蘭的遲來作為一樣。

但萬一中國不是試圖侵略台灣，而是對台灣實施海上封鎖呢？美國會試圖打破封鎖嗎？還是會假裝沒看見，形同允許中國壓制台灣並接管台灣呢？尤其是在阿富汗一敗塗地，以及決定不出兵幫助烏克蘭抵禦俄羅斯的侵略之後，是否會影響美國在捍衛其他亞洲盟國方面，已經減弱的信用呢？畢竟，台灣就像烏克蘭，並非北大西洋公約組織的正式成員，也不是美國的正式盟邦。美國會為了保護台灣與中國作戰嗎？還是只會像烏克蘭一樣，提供台灣武器自衛？沒有人知道這類問題的答案。

然而，習近平顯然想要創造歷史，成為迫使台灣與中國大陸統一的領導人。那就是與中國的潛在戰爭，何以是迫在眉睫的大威脅。

美中對立下，中國的危機

美中對立的走向，在一定程度上取決於未來十年的成長趨勢。如果美國透過重整經濟，如同過去一樣維持經濟活力，可能在某種程度上能夠維持亞洲和台灣的現狀。如果中國持續成長而美國失足，美國將會看到自己的戰略優勢消失，中國的態度將會變得更堅定和具攻擊性。中國持續投資軍火庫，將讓中國毫無忌憚採取行動。如果美國在面對衝突時想打退堂鼓，將會危及其領導地位。

或許中國有可能失足。並非所有人都相信，該國是無法阻擋的強大力量。不計代價決心保住權力的共產黨，可能會打壓推動經濟成長的新措施。大規模制裁高科技產業及馬雲等科技大亨，加上反炫耀性消費和反不公平的運動，已經降低了民營企業部門的信心。透過箝制補教業，要求所有補教教材都須政府認可，中國從知識自由退後了一步，並挪去中產階級賴以延續的工具。當政黨深入那些領域打壓可能的敵人時，它扼殺的遠遠不只是異議人士的聲音。

因為早期糧食不足，為了減少需求，中共當局實施一胎化政策，這項歷史產物已經開始反噬，成了雇主們的惡夢，勞動力正加速老化。一些觀察家表示，中國在變富有之前，會先變老。中國跟先進經濟體一樣，愈來愈多的退休人口，要靠愈來愈少的年輕勞動力來支撐。光是龐大的退休人口就會讓決策者陷入困境，政權將面臨挑戰。

中國還面臨若干其他的挑戰。與印度在冰凍的喜馬拉雅山邊境發生致命衝突，對亞洲鄰國而言是個警訊；中國政權強力打壓維吾爾族的穆斯林，以及鎮壓香港民主，受到許多國家的譴責。

房產價格在經過多年來不斷上漲之後，不得不面對市場疲弱的現實。最近幾年儘管房價開始動搖，建築物和鬼城仍然無人入住。世界上負債最高的房地產公司恆大集團瀕臨破產，還有許多其他房地產公司也處於類似困境。外國放款機構可能蒙受損失。如果債務違約開始快速增加，這可能成為讓中國陷入不安定的大問題之一。2019年，中國的民間和公共債務已經是GDP的3倍以上，新冠疫情更導致債務負擔進一步大幅攀升。債務危機將會使得國家資源從戰略目標轉移到其他用途，並傷害中國在海外的名聲。新冠清零政策則是進一步壓低了2022年的經濟成長。

不幸地，中國的問題可能變成我們的問題。習近平必須實現繁榮並減少不公平，如果辦不到，他可能尋求其他方式來召集他的人民。煽動仇外心理和民族主義，以及擴增領土，特別是台灣，將會提高他在中國的歷史定位。中國就算變弱了，對台灣的態度反而可能變得更具攻擊性。

中國將成為第一大經濟體，兩強對立持續存在

　　大眾媒體對中國的未來有兩種極端看法：中國將會稱霸世界，或中國將會垮台。對這兩種看法，我都不認同。數十年以來，人們不斷預測中國會硬著陸，事實證明每次都錯估。中國仍然有大約4%至5%的經濟成長，是美國經濟成長的兩倍多（2021年除外）。我認為，中國將會成為世界最大的經濟體，這點無庸置疑，只是時間問題。

　　隨著中國從低收入過渡至中等收入，並可能從中等收入到高收入，從而避開「中等收入陷阱」（middle income trap；指發展中國家經歷快速成長達到中等收入，但無法進一步突破趕上已發展國家），中國在技術方面將會變得愈來愈創新。中國經濟充滿活力，尤其在未來產業方面。我們可能不喜歡他們的國家資本主義模式，但你知道嗎？即便這個模式造成某種程度的經濟效率低下，目前為止仍然有效。

　　美國人必須調整心態，中國正逐步成為具有支配地位的世界強國。美國必須在無法保持第一的情況下想辦法成長。逃離「修昔底德陷阱」是好的，但避開那個陷阱並不能保證有快樂的結局。兩個世界強國之間的對立，將會長期存在。

　　我們目前為止討論了九大威脅，主要重點放在管理債務水準和政策方向的決斷面向。理論上，我們可以集體覺醒，並開

始解決這些問題，冀望行為改變能夠讓情勢產生變化。而最後一項大威脅，你我更為熟悉，但也更令人費解。這項威脅源於過去數十年來為了促進繁榮的人類活動，但過程中卻摧毀了我們的生態系統。全球氣候變遷絲毫不令人感到意外。事實上，我們可能已經聽得很煩了，而我們的厭倦加深了問題的危險性。解決這項大威脅，需要世界強國之間的國際合作，然而，目前中美之間的地緣政治對立阻撓了合作。

我們必須停止將氣候變遷視為獨立存在的問題；相反地，我們必須問，萬一情況已過了臨界點呢？當氣候變遷與其他大威脅緊緊相扣，會潛藏著什麼可怕的後果呢？

—— 第十章 ——

不再宜居的地球？

　　除非你本來就住在氣候涼爽的高緯度地區，住處的地勢夠高，又有充足的飲用水和肥沃的農地，否則做好準備搬家吧。你若就是那個不必搬家的幸運兒，也要做好心理準備，接下來會出現很多新鄰居，在全球暖化下被迫遷徙到你那裡，而且這裡面不只人類，還包括微生物。

　　此時，再爭辯氣候變遷的原因，無異是在浪費寶貴時間。2021 年 8 月，聯合國政府間氣候變遷專門委員會（IPCC）的報告指出：「大氣、海洋和陸地在人類的影響下變暖，已是無庸置疑的事情。大氣、海洋、永凍圈和生物圈，到處都在發生快速的變化。除非接下來幾十年，二氧化碳和其他溫室氣體排放量大幅減少，否則暖化幅度將在 21 世紀期間，超越攝氏 1.5

度和攝氏2度的臨界點。」[1]報告發表不到一年,在2022年的春天,新的科學研究顯示,地球在未來五年內升溫攝氏1.5度的可能性已愈來愈大。

面對這些研究報告,我們可以置若罔聞,也可以選擇有所作為。截至目前為止,人類的表現令人遺憾,早在1965年,科學家就在一份報告中,警告美國總統詹森(Lyndon Johnson),有關大氣碳濃度不斷增加的問題。[2]從那以後,人類基本上無所作為,而與此同時,暖化的危機日益升高。

欲達升溫不超標,各領域面臨天翻地覆的變革

在氣候科學家努力尋找解決方案的同時,愈來愈多經濟學家也加入行列,畢竟在設法幫地球上的生命找出路之餘,還得有人告訴我們資金從哪裡來才行。這種跨領域融合的最佳體現,莫過我在耶魯大學的前同事、諾貝爾經濟學獎得主諾德豪斯(William Nordhaus)。諾德豪斯在2018年獲頒諾貝爾獎時,以〈氣候變遷:經濟學的終極挑戰〉為題發表演講,對人類前景的看法相當審慎,甚至並不樂觀:「技術變革使人類擺脫石器時代的生活水準,氣候變遷如果發展成最極端情況,人類將有可能在經濟上倒退回原點。」

諾德豪斯認為,全球暖化是「影響最大的環境外部性」。

所謂外部性，是指某種行為對環境造成成本，但當事人卻沒有為此支付代價。「這種現象就像巨獸一樣吞噬地球，威脅人類的未來。特別糟糕的是，它涉及日常生活的各種行為，影響遍及整個地球，而且可持續幾十年，甚至幾百年，最重要的是，任何人都不可能單憑個人的行動來減緩全球暖化。」[3]

在《氣候危機大預警》（*Climate Shock*）一書中，華格納（Gernot Wagner）和韋茲曼（Martin Weitzman）針對「就目前所知地球可能面臨的變化」做出預測，並把眼前挑戰形容得十分貼切：「首先，氣候變遷是風險管理問題，而且是全球規模的災難性風險管理問題。」[4]

這場災難應該不會出乎任何人意料之外，氣候變遷的報導充斥在書籍、紀錄片、播客、報章、雜誌、社交媒體、電影和電視談話節目中，那麼，為什麼看不到值得一提的行動？在許多科幻電影中，外星人帶來的威脅使人與人盡釋前嫌，團結起來為人類的存亡而戰。氣候變遷理應喚起同樣的全球反應，然而，這種反應至今並未出現。這個悲哀的事實摧毀我的信念，我曾經認為，在存亡危機之前，人類會攜手共同應對。我太樂觀了，眼前這個大危機的代價高得嚇人。

「這筆帳算起來將會十分驚人。」作家寇伯特（Elizabeth Kolbert）於《在大滅絕來臨前》（*Under a White Sky*）一書中這麼寫道。她前一本關於氣候變遷的著作《第六次大滅絕》（*The*

Sixth Extinction），獲得了普立茲獎的殊榮，堪稱是實至名歸。寇伯特警告，要將地球平均溫度控制在目標範圍內，代表許多領域都將發生天翻地覆的改變：「首先，整個農業都要改革，製造業也要轉型，汽油車和柴油車必須淘汰，全世界的發電廠幾乎都要汰換。」

根據國際能源總署的報告，燃煤是全球碳排放源的最大宗。2020年，全球煤炭用量出現減量，令人對未來充滿希望。但報告隨即寫道：「2021年的發展讓這些希望都破滅了。」因為全球煤炭需求又走回老路，創下歷史新高。[5]

人類發展太空計畫，發射太空船到外太空，只許成功、不許失敗。可悲的是，這種精神並沒有延伸到對抗地表的氣候變遷上，看來我們寧可選擇失敗。氣候推展組織（Climate Outreach）創辦人馬歇爾（George Marshall）在接受英國國家廣播公司採訪時，這麼形容：「就像聽到起床鬧鐘響起一樣，我們的反應是直接按下貪睡按鈕。」[6]

一絲絲的希望還是有的。2021年10月，聯合國高階氣候倡導團隊（UN High-Level Climate Champions）、氣候行動追蹤組織（Climate Action Tracker）、氣候工作基金會（ClimateWorks Foundation）、貝佐斯地球基金（Bezos Earth Fund）、世界資源研究所（World Resources Institute）等團體，共同發表了一份報告，盤點環保工作的重要進展。報告指出，過去五年中，風力和太陽能發電的年成長率是15％，而且在全球大部分地區，這兩種能源目前都比燃煤發電更具成本效益。此外，電動車銷量在2020年已占全球小型車市場將近5％，連續五年複合年成長率達到50％。

然而，根據氣候行動追蹤組織所追蹤的各項關鍵指標，這些進展以及其他抑制全球暖化的努力，仍然遠遠不足。「儘管有這些亮點，殘酷的現實是，全部四十項指標中，沒有一項跟得上在2030年前將全球溫室氣體排放量減半、在本世紀中實現完全去碳化所需的進度。這兩個目標都是控制地球升溫不超過攝氏1.5度的必要條件。」[7]

融冰速度快7倍，更多土地將被海洋吞噬

致命的後果已迫在眉睫，而隨著海水暖化，海平面上升，又讓情況變得更糟。姑且不提極地冰原的融冰問題，地球表面有三分之二是海洋，光暖化造成海水膨脹本身就是一大挑戰。在全球海洋與陸地交會之處，海岸線正不斷往內陸退縮，而這些地方聚集了大量人口和其他生命。

根據美國國家海洋大氣總署（NOAA）蒐集到的資料，美國居民有四成住在人口密集的沿海地區，很容易受到洪水、海岸線沖蝕，以及劇烈風暴的影響。根據聯合國海洋總覽（UN

Atlas of the Oceans）的報告，全球十大城市中，有八座坐落或靠近岌岌可危的海岸線。

氣溫升高對覆蓋格陵蘭和南極的冰原造成影響，融冰速度一年比一年快。1992年至2001年間，格陵蘭每年流失340億噸的冰，到了2016年，已經多到每年有2,470億噸的冰化成海水，融冰速度快了7倍。

《華盛頓郵報》在2021年1月的一篇報導中，引用美國科學促進會（AAAS）的報告稱：「目前，地球每年流失1.2兆噸的冰，接下來還會更糟。」隨著冰化成海水，海洋只會吞噬更多土地。

沿海城市的氣候災難，已進入倒數

庫羅爾（Windell Curole）是在路易斯安納州墨西哥灣岸區（Gulf Coast）住了五十多年的肯瓊人（Cajun）。*他在接受《國家地理》（*National Geographic*）採訪時說：「我們是最先遭殃的白老鼠。」庫羅爾親眼目睹海水吞噬了他高中女友的房子、祖父的狩獵營地，還有附近的一片墓地，他這麼形容：「我們住在這樣一個幾乎是陸地，又幾乎是海水的地方。」[8]

庫羅爾和左鄰右舍一樣，為了避免海水淹進家門，只好往內陸地區遷移。這不是最好的辦法，沒有人應該這樣被逐出家園，但海水正步步進逼全球成千上萬的沿海地區。《國家地理》在專題報導〈全球大解凍〉中指出：「南太平洋小國吐瓦魯（Tuvalu），已經開始制定撤離計畫。」

隨著海平面上升，鹹水深入淡水三角洲，當地生態發生改變。鹹水流入岩石孔隙，滲透到對飲用水和灌溉極其重要的地下含水層。據《國家地理》報導：「尼羅河三角洲是埃及大量作物的栽種地區，要是到處都遭到海水沖蝕和鹹水入侵，將是一場災難，因為在尼羅河三角洲之外，埃及沒有什麼肥沃的可耕地。」[9]

根據哥倫比亞大學地球研究所（Earth Institute）的研究，其他開發中國家也面臨巨大的危機，他們發現：「在蓋亞那、馬爾地夫、貝里斯和蘇利南，100％的城市人口住在海拔不到10公尺的地方，在泰國和巴林則是81％。」[10]姑且不論水淹上來會使城市變得不宜居，光是暫時性的氾濫，已足以癱瘓國家的經濟發展和成長。

2022年1月，《南華早報》出現以下標題：「從中國到歐洲，不做好防洪準備的國家，將被悔恨淹沒」、「馬來西亞淹大水，是氣候變遷對亞洲地區的最新一輪警告」。[11]這些新聞標

---

* 譯注：肯瓊人於18世紀中葉在英國殖民者強迫下，自加拿大阿卡迪亞（Arcadia）地區遷居美國路易斯安納州的法國人後裔。

題，令人倍感情勢嚴峻。報導中指出：「雖說洪水一視同仁，不會特別針對哪個國家或地區，但幾乎可以肯定，開發中國家受到的打擊會比較大，因為它們不像已開發國家，長期在對抗氣候變遷和日益嚴重的水患上投入資源，氣候變遷對發展中國家的影響將大於先進國家。」

美國人目睹了卡崔娜颶風席捲紐奧良的慘況，但這只是氣候災難的前奏而已。每座沿海城市的氣候災難都已進入倒數，其中最脆弱的莫過於佛羅里達州的邁阿密。邁阿密有部分地區是在海拔僅兩公尺的珊瑚礁之上，由於海水倒灌，如今晴天淹大水已成了家常景象。

「每個世代人都有自己的大挑戰要克服……我們這一代就是氣候變遷。」前邁阿密市長勒凡（Philip Levine）警告。邁阿密面臨氣候風險的房地產，估計應稅價值超過200億美元，要保護這些資產，需要投入的資源遠遠超過目前的公共預算。邁阿密政府在2020年為「韌性工程和公共工程」編列的預算，只有9,500萬美元，這個項目之下的支出包括防洪、平價住宅和交通工程。[12]

在新冠疫情期間出生的嬰兒，將在2060年步入中年，屆時光是在佛羅里達州，就會有150萬的居民因海水淹上來而被迫遷移。面臨氣候風險的非住宅物業，還包括334所公立學校、82處低收入戶集合住宅、68家醫院、37家安養院、171家長照中心、1,025間教堂和清真寺等宗教場所、341處有危險物品的場所（其中包括5座有毒廢物處理場、2座核反應爐、3座監獄、74座機場、115座固體廢棄物處理場）、277間購物中心，以及19,684座歷史建築。

從邁阿密到加耳維斯敦（Galveston），從聖地牙哥到朱諾（Juneau），從波士頓到傑克遜維爾（Jacksonville），都市居民的時日無多，難以計數的房地產就在海平面上升會淹沒的地帶。憂思科學家聯盟（Union of Concerned Scientists）的資深氣候科學家達爾（Kristina Dahl）警告：「我們發現，到本世紀末，有超過250萬戶的商業和住宅物業很有可能長期泡在水中，目前這些物業的價值是1兆多美元。」[13]

由哥倫比亞大學資助的國際地球科學資訊網路中心（Center for International Earth Science Information Network），針對海平面上升進行了風險評估，發現全球有超過10％人口，住在海拔不到10公尺的都會或準都會區。紐約市正是海拔10公尺的城市，這個高度在2012年珊迪颶風來襲的時候，沒能起到什麼保護作用。風暴過去之後，曼哈頓下城、法拉盛（Flushing）等地區的地下鐵和地下樓層，全泡在水中，地下鐵的維修工程耗時九年才全部完成。就這一場風暴，地下鐵系統的損失就高達50億美元。[14]

放眼全球，中國是沿海地區人口最多的國家，海平面上升可能導致1.3億民眾流離失所。印度則可能有5,500萬人的家園，將在幾十年內被永久淹沒；緊接著的是孟加拉，有4,100萬人住在接近海平面的高度。

極端氣候愈來愈頻繁發生，如何避免最糟衝擊

2004年耶誕節隔天，在泰國、印尼和斯里蘭卡度假的觀光客，意外目睹了可怕的未來景象。一場芮氏規模9.1級的大地震，引發史上最致命的海嘯，30公尺高的巨浪瞬間奪走23萬條人命。[15] 目前，已有科學研究顯示，全球暖化確實與更強的颶風和颱風，以及引起海嘯的大地震存在關聯。[16]

氣候變遷不僅影響沿海城市，內陸地區一樣遭到破壞。中國人口占全世界的五分之一，淡水資源卻只占了7％，而且中國人口持續成長，民生必需的淡水供應卻在減少中。彭博社在2021年12月報導：「成千上萬條河流消失了，剩下的又因工業化和汙染遭到破壞。據估計，中國境內有80％到90％的地下水和半數河水，都髒得不能飲用；更有超過半數的地下水和四分之一的河水，根本無法用於工業或農業。」[17] 由於迫切需要淡水，稱霸全球對中國來說，就顯得更為重要。

國力比中國小的地區，就要以更有創意的方式因應氣候變遷的破壞。喀麥隆的CLSV基金會致力於把廢物轉化成肥料，

創辦人尼丹戈（Patu Ndango）警告：「氣溫升高會給非洲的農業帶來負面影響。」由於乾旱期和水患日益頻繁，種植季變得更難以預料，農民播種後要是遲遲不下雨，炎熱的天氣會使種子還來不及發芽就被曬乾。在糧食原本就短缺的地區，如果雨水不能及時灌溉作物，前景就更令人擔憂了。尼丹戈指出，在乾旱時期，雨往往下得太猛太快，土地根本來不及吸收，不但無法滋潤作物，反而造成住宅區淹水。[18]

極端天氣事件頻傳，包括乾旱、野火、沙漠化，還有更頻繁發生且更猛烈的洪水、颶風和颱風，有愈來愈多的科學證據顯示，這些事件與全球暖化有關。由此可見，全球氣候變遷所造成的破壞，已非遙不可及的未來式，而是日益顯現的現在進行式。[19]

在全美各地，日常生活將因為全球暖化，出現天翻地覆的改變。由於大氣和海洋溫度升高，有更多地方將更頻繁出現酷暑天氣和猛烈風暴。2021年12月，致命的龍捲風席捲肯塔基州，徹底摧毀了一座城鎮，奪走了許多人命。「很難想像，你只不過睡了一覺而已，隔天家人全都不在了。」波林格陵（Bowling Green）警察局的員警沃德（Ronnie Ward）接受美聯社採訪時說：「一般都建議大家躲進浴缸，用床墊把自己蓋起來，但這次大概沒什麼用。有些房屋被摧毀得十分徹底，龍捲風把地板整個掀起來，露出下面的土地。」[20]

2021年夏天，原本氣候宜人的太平洋西北地區氣溫異常飆升，當地居民大多數沒有冷氣，6月的一波熱浪，共造成100多人死亡，大片地區更因此陷入乾旱。在奧勒岡州的塞冷（Salem），氣溫破紀錄飆升到攝氏47度，比之前的紀錄高了9度，[21]高溫又導致乾旱，引發森林大火，火勢一發不可收拾，延燒到美國西部各州。2022年，不必等到夏天，熱浪提早在春天就開始席捲美國各地。

未來，野火和洪水將會不斷發生；五十年後，許多沿海地區也許已被海水淹沒。美國南部地區多半熱得住不下去，美國人口有大半不得不遷徙到中西部或加拿大，這是北美洲還能有經濟活動的最後寶地。格陵蘭和南極洲這兩塊冰原，只要有任一塊斷裂並墜入海中，沿海居民的遷移時程就得提前且加快，屆時海平面有可能在幾個月內大幅上升。

爭奪可耕地、水資源，世界更動盪

全球暖化之下，許多國家都面臨困境，森林變成沙漠，水資源被摧毀，農業生產極不穩定，不足以供養作物、牲畜和人類社會。人們開始激烈爭奪食物和水資源。學歷史的人不難從中看出動盪的端倪，著作等身的歷史學家帕克（Geoffrey Parker）在《全球危機》（*Global Crisis*）一書中，就記載了這種行為，以及隨之而來的可怕後果。[22]為了爭奪可耕地的控制權，國王、權貴、皇帝和小君主們拚個你死我活，戰爭愈演愈烈，內戰撕裂了社會。過去二十年裡，類似的情況已在敘利亞、中東各地和非洲大部分地區發生，其中好些國家的運作已經完全失靈，隨著氣候惡化，情況只會變得更糟。

幾十年來的以阿衝突，有相當程度是由於戈蘭高地（Golan Heights）水源控制權的紛爭，這裡的水源流經加里利（Galilee）谷地，再一路流進以色列。很多人都忘記了，在敘利亞內戰爆發前的2006年至2007年，一場旱災導致當地農業全面崩潰。[23]在那之前，儘管遜尼派、什葉派、阿拉維派和庫爾族彼此都不喜歡對方，但由於不缺食物，大家勉強維持和平，總算相安無事。一旦食物短缺，戰爭就爆發了，敘利亞內戰就是這樣開始的，同樣的情況也正在非洲撒哈拉以南地區上演。

氣候變遷的大威脅已向我們襲來，可以預料的是，戰爭和貧困將導致前所未見的難民潮。在經濟崩壞之下，數以億計忍飢挨餓的人口，會想要遷徙到別的地方以求生存。

非洲總共有54國，其中包括一些比較健全的國家，例如波札那、納米比亞、盧安達和迦納，但也有如剛果、索馬利亞、中非和南蘇丹等非常脆弱、岌岌可危的國家。今天的非洲子民已經過得比他們的父輩和祖輩好，部分地區已可看到企業和財富的積累等明顯的進步。然而，非洲就像一枚環境的定時炸彈，到本世紀末，它的人口就會增加一倍，達到20億。餵飽現有人口已經是一大挑戰，要讓他們有足夠的水喝更是難上加難，目前許多地區的村民都必須走幾公里路去取水，要是這些水源也開始枯竭，會發生什麼事？

2021年3月，索馬利亞新聞網希蘭在線（Hiiraan Online）報導：「氣候變遷使索馬利亞少了70％的安全飲用水。降雨減少和嚴重的缺水問題，也導致牲畜死亡、農作物歉收、家庭收入減少，受影響家庭的孩子每天三餐不繼，吃的食物營養也較低。」[24]

氣候難民大遷徙，將成全球難題

全球暖化使赤道地區變得不宜居，土地在太陽無情的炙烤下，一年比一年乾燥蒼白。由於水資源太缺乏，無法滿足灌溉所需，農民只好丟下農田，搬到城市謀生，但即使能找到工作，他們仍然只能成為社會邊緣的貧窮勞工。有些人則遠走他鄉，前往經濟健全的國家，非洲和南美洲都面臨同樣的問題，不管是在南半球還是北半球，可以預見的是，將會有大規模的難民潮從赤道出走。

《紐約時報》在一篇題為〈氣候難民大遷徙〉的週日特刊文章中，報導了中美洲的情況：「瓜地馬拉有許多半乾燥地區，很快會變得更像沙漠，預計部分地區的降雨量將減少60％，注入河流和保持土壤溼潤的水量，將減少83％。」[25]

這片曾經是咖啡種植園和林木繁茂生長的肥沃土地，但在「乾旱、洪水、破產、飢餓不約而同發生的無情打擊下」，連最後一批農民也只好放棄，遠走他鄉。

2022年，印度、巴基斯坦、東非、墨西哥以及美西大部分地區，都遭到史無前例的大規模乾旱打擊。全球作物歉收，食品價格上漲，從非洲一路到印度次大陸，數以百萬計的人口正面臨忍飢挨餓的風險。

為了遏制氣候難民帶來的壓力，富國只好出錢，歐盟資助土耳其政府數十億歐元，以阻擋難民北上。然而，要防止難民穿越邊境談何容易，尤其希臘的勒斯博島（Lesbos）離土耳其海岸僅8公里，只要穿過一道窄窄的海峽，身分馬上變成難民。也有難民試圖橫渡其他比較寬廣的水域，有幾百條人命已因此葬身大海。

由於地理位置靠近中東和非洲，歐洲面臨的難民潮比其他溫帶地區都大，也因此興起對這些弱勢外來者的仇恨情緒。某位新加坡前總理在談到移民問題時曾表示，亞洲廣闊的水域和不可預測的颱風，使難民比較難前往澳洲或日本。相較之下，地中海水域較淺，距離又短，風暴也比亞洲或橫渡加勒比海前往美國會遇到的小得多。

利比亞是個失靈的國家，該國政府在歐盟的資金支持下，協助攔截來自非洲撒哈拉以南的難民，不讓他們北上。再看看埃及，那裡的1億人口大多是失業的年輕人，許多人支持跟軍政府敵對的穆斯林兄弟會。事實上，目前執政的軍政府，就是在2013年從民選的穆斯林兄弟會總統手中奪過政權。執政當局必須做出選擇，是要補助不聽話的年輕人，還是乾脆給他們一艘船，放逐他們去歐洲。事實上，許多埃及年輕人已經踏上這條移民之路了。

在最極端的暖化情況下，也就是全球氣溫上升攝氏3到4度，氣候難民的人數很可能激增至幾億、甚至幾十億。

《經濟學人》在2021年以〈暖化攝氏3度的世界，沒有任何地方是安全的〉做為封面故事，其中寫道：

> 如果未來幾十年，地球升溫幅度達到比前工業時代高攝氏3度（即使大家都乖乖遵守目前的減排承諾，這還是有可能發生），大部分熱帶地區將會熱得不適合戶外工作，珊瑚礁和靠此維生的行業將會消失，亞馬遜雨林只剩枯木殘枝，作物嚴重歉收也會成為家常便飯。南極洲和格陵蘭的冰原因融冰而縮小到超過臨界點，屆時海平面上升幅度就不會是像今天這樣以公厘計算，而是以公尺計算。[26]

跨世代的搭便車現象，讓每個人都在劫難逃

　　這就是目前的處境，不斷升高的氣溫和海平面，正把我們推向環境災難的邊緣，而對抗氣候變遷所需的政治行動，卻幾乎沒有任何進展。2015年，在巴黎舉行的氣候峰會上，全球最富裕的幾個經濟體承諾採取行動，減少溫室氣體排放，目標是把暖化幅度控制在攝氏2度以下。然而，各國為達成目標所實際付出的行動，卻少得可憐。

　　許多科學家擔心，要保護地球、維持現有的樣子，可能已經來不及了。IPCC直言不諱的警告，也獲得全球愈來愈多研究報告的附和：「過去已排放和未來還會繼續排放的溫室氣體，對環境造成的影響，有許多是幾百年、甚至幾千年都無法復原，尤其是海洋、冰原和海平面的改變。」[27]

　　面對如此艱巨的挑戰，因應之道卻是沒做到也不會受罰的自願性協議，成功希望自然渺茫。在全球各國的搭便車（自己不作為而讓其他國家去採取行動）現象下，沒有國家會願意投入寶貴資源對抗氣候變遷。舉例來說，為了減少溫室氣體排放，某國納稅人背負了沉重的稅賦，假設其他國家都不作為，這些納稅人的努力就白費了，錢花出去，溫室氣體排放卻沒能減多少。這種失衡狀態，讓每個人都在劫難逃。

　　跨世代的搭便車現象，更使潛在的社會衝突白熱化。計算

全球暖化代價的數學模型，前提往往是把經濟負擔轉嫁給未來世代，這種扭曲的計算，導致當前政策把減排量設定為最低，妄想將來自然會有新科技和更多的財富來解決問題。不管你怎麼粉飾這種觀點，結果依然是：今天的立法者及政策制定者，沒幾個有勇氣大膽提出當前犧牲的必要。也難怪年輕世代更關心氣候變遷問題，因為這會有可怕後果，但這些政策制定者屆時早已不在了。

富裕國家的利益，經常跟新興市場以及開發中的窮國相牴觸。美國和歐盟分別承諾在2030年前，減少50％和55％的排放量，但現實中這些富國的政策根本不可能實現這樣雄心勃勃的目標。

在先進經濟體的溫室氣體排放量達到顛峰之際，要遏制全球暖化，我們不得不把部分希望寄托在目前仍與環保目標脫節的開發中國家身上。「如果新興市場和開發中經濟體不能盡快加速能源轉型，大力投資清潔能源，全球在應對氣候變遷和實現其他永續發展目標上，將出現很大的斷層。」

國際能源總署在2021年的特別報告中警告：「因為隨著新興市場和開發中經濟體的成長、工業化和都市化，全球在未來幾十年的排放量成長，勢必主要來自這些國家。」[28] 換句話說，當年美國等富裕國家大肆排放溫室氣體都沒事，現在富裕了，有足夠資源可以開始減少排放，難道印度、中國等經濟較落後的國家，就不能享有這種奢侈嗎？

根據《交叉科學》（*iScience*）的統計，開發中國家在2018年至2020年間新增的發電量，有一半以上，「與氣候目標不符」。該期刊指出：「我們發現，那幾年投入生產的發電量，有約一半碳足跡過高，不符合『維持地球平均溫度不要上升超過攝氏1.5度（與工業革命前相比）』的目標，而這主要是因為新建的發電廠，很多都是天然氣廠。」[29]

包括中國和印度（全球人口最多的兩個國家）在內的新興市場，未來十年的排放量預料還會增加，不管什麼減排計畫，都要等到2030年以後再說。這些國家指責先進經濟體應為全球暖化負責，這樣的指責並沒有錯。新興市場仍然相對貧窮，這時候要它們減緩成長，等於是以富國製造的問題來懲罰窮國，也難怪它們對眼前和未來的發展受限忿忿不平，畢竟這是美國和歐洲過去兩百年來留下的爛攤子。

人與動物的距離更靠近，流行病更頻繁發生

聽起來很糟糕嗎？後續還會更糟，由於跨界效應，看來全球暖化將會引發頻繁而致命的流行病。1918年至1919年的西班牙流感之後，全球在接下來幾十年間，都沒有發生什麼大流行病，直到1958年才出現亞洲流感（一種較溫和的西班牙流

感）。相較之下，從1980年以來，愛滋病毒、SARS、MERS、禽流感、豬流感、伊波拉病毒、茲卡病毒等接踵而來，現在又有COVID-19新冠病毒及其眾多的變異株爆發，這到底是怎麼回事？

有一種假設認為，氣候變遷摧毀了動物生態系，導致蝙蝠、穿山甲等身上帶有危險病原體的動物，棲息在跟牲畜和人更靠近的地方，人畜共通疾病的傳播幾乎不可避免。

哈佛大學氣候、健康與全球環境中心（Center for Climate, Health and the Global Environment）針對這種關聯進行了調查，中心負責人伯恩斯坦博士（Dr. Aaron Bernstein）表示：「由於棲地和食物來源變少，動物只好跑到人類聚居的地方覓食和棲息，這就會導致疾病傳播。氣候變遷本身已經使一些傳染病更容易傳播，例如萊姆病、會引起嘔吐和腹瀉的腸炎弧菌等水媒疾病，還有瘧疾和登革熱等蚊媒疾病。」[30]

由世界銀行、牛津大學，以及國際應用系統分析研究所（International Institute for Applied Systems Analysis）共同組成的研究團隊，也抱持同樣的看法。他們在同儕評審的期刊資料庫ScienceDirect中，指出：「當大流行病和極端天氣事件不約而同衝擊某個經濟體，在相互作用之下，產生的非線性效應，將使損失更加顯著擴大。事實上，整體影響會比個別影響的總和還要大。」他們認為，在企業產出和生活需求同步受到衝擊之下，「失業率會增加，工資會下降，生活中可享受到的福利也會減少。」各種長期的負面影響，將阻礙社會與經濟的成長復甦。[31]

根據《科學人》的報導，冰冠與冰川融化，絕不只是融出水而已。「全球氣候持續暖化，有關冰川邊緣的環境，仍有許多尚未有答案的問題。其中一個是：隨著滲入的水愈來愈多，永凍土會不會更快融解？如果會，有什麼長期冰封的生物體會『甦醒』」？[32]該篇文章的作者麥納（Kimberley Miner）、愛德華茲（Arwyn Edwards）和米勒（Charles Miller）提出令人擔憂的問題：「來自新生代至更新世、跟現已滅絕的生態系統共同演化的生物體，也有可能出現，以全新姿態跟我們現在的環境相互作用。」

西伯利亞爆發的炭疽病疫情，科學家已追查到，是永凍土融化所造成；還有一種會引起皮膚病變的病原體正痘病毒（Orthopoxvirus），也可能是融冰釋放出來的。「在北極環境持續改變之下，有一件事再清楚不過：隨著氣候變遷，這座微生物儲存庫在21世紀變得愈來愈暖和，各種後果還有待一一顯現。」此外，永凍土融化會釋放出大量甲烷，氣候科學家麥納等人在文章中指出：「在一百年內對地球造成的暖化效果，有可能是二氧化碳的28至34倍」。[33]

減排或適應，停止暖化的代價有多高？

那麼，要讓地球停止暖化，需要花多少錢？我們當然不能任由地球就這樣毀滅，但真的有辦法在不扼殺經濟成長的情況下，找到夠多的資金來保護環境嗎？

非營利國際組織自然資源保護委員會（Natural Resources Defense Council，簡稱NRDC）從氣候變遷對經濟影響的四個面向：颶風破壞、房地產損失、能源成本、水資源成本，進行評估。撇開其他領域不談，NRDC估計，光是這四個領域，到本世紀末就會使美國每年付出1.9兆美元的代價，而且這個數字還是偏保守的估計。

NRDC的結論是：「目前因應海平面上升的方式，全都有問題，而且費用高昂。在一切照舊不減排的情況下，美國許多沿海低窪地區，都有被淹沒的危險，而很難想像有任何一種方式能大規模採用，讓這些地區都能受到保護。」[34]

首要的解決辦法在於「減排」，也就是要盡快實現淨零排放。以目前的技術，採取這種嚴苛的解決方案，就表示未來幾十年全球大部分地區都會出現零成長或負成長。我們在2020年毫無預警的情況下，體會到這個結果，新冠大流行使我們限制了地球上的各種活動，造成六十年來最嚴重的經濟衰退，然而全球淨排放量卻只下降了8％。雖然對氣候變遷來說勉強算好消息，對仰賴經濟成長的就業、收入和債務清償來說，卻是可怕的消息。

對於這個重要問題，諾貝爾經濟學獎得主諾德豪斯的看法是：「經濟學家一直著力研究減緩氣候變遷的策略，而最有希望的做法，就是減排，也就是減少二氧化碳和其他溫室氣體的排放。不幸的是，這種做法成本很高，研究顯示即使以很有效率的方式減排，要實現國際上的氣候目標，也得花全球收入的2%至6%（以目前收入水準計算，每年約需2兆至6兆美元）。」[35]

減排方案要能成功，就要說服開發中國家配合，把暖化幅度控制在攝氏2度以下，但除非富國向窮國提供更多經濟援助（富國連已經承諾的1,000億美元微薄補助都尚未兌現），否則成功減排希望不大。就算各國確實履行目前的減排承諾，也未必能阻止暖化幅度在2100年達到攝氏3度，而這樣的暖化幅度，將引發世界末日的災難，正如《經濟學人》在檢驗各種科學證據後指出的：「全球暖化幅度達到攝氏3度，是極可能發生的結果，屆時將會是真正的災難。」[36]

第二種選擇是「適應」：接受氣溫會升高攝氏2.5至3度，甚至更高，然後努力把傷害減到最低。然而，適應方案要大規模執行，成本將高得驚人，連富國都負擔不起。

2012年的珊迪颶風，對紐約市及周邊地區造成高達620億美元的損失，事後，輿論疾呼採取預防措施。其中，有人提議建造一道近10公里長的人造島嶼，上面設有活動閘門，只要關閉閘門，就可以保護城市免於下一次風暴潮的侵襲。

這個異想天開的提議，將耗資1,190億美元，歷時二十五年才能完工。更糟的是，就算整個計畫順利達成，到時也已不敷使用，只能保護紐約不遭受風暴的侵襲，無法解決海平面上升問題。在某些條件下，到本世紀末，海平面將可能上升1.2至2.7公尺。無論如何，即使這個計畫確實合理，誰要買單？請注意，這還只是一座城市的成本而已。

儘管適應方案的討論很多，沒有人認真考慮背後難以承受的成本。聯合國的一項研究估計，要是減排目標最終沒有達成，到2050年，光開發中國家的適應成本，就可能高達每年5,000億美元。[37]天曉得，到了2100年的成本估計會有多少？境內城市正面臨氣候風險的許多貧窮開發中國家，本來就已經債台高築，怎麼負擔得起這些費用？

在減排與適應之間，最審慎的成本估算聽起來就像天文數字。2021年11月，在格拉斯哥舉行的聯合國氣候峰會第26次締約方會議（COP26）上，美國財政部長葉倫表示：「有些研究估計，未來三十年中，全球因應碳轉型的成本在100兆至150兆美元之間。」[38]這麼龐大的資源（每年約3兆至5兆美元），要如何在公部門和私部門之間調動？簡直是不可能的任務。

為了緩解對抗氣候變遷的不公平現象，富國答應給開發中國家一些甜頭。2015年的巴黎協定建議，富國每年向開發中國家提供1,000億美元，相對於所需經費，只能算零頭而已。這筆援助經費本來已嫌太少也太晚，但到目前為止，富國真正提供的經費仍只有一小部分。

這樣的景象沒嚇到你？你一定根本沒在聽

還有第三種選擇：太陽能地球工程，價格還算親民一些。這個方案靈感來自1991年菲律賓皮納圖博（Pinatubo）火山的爆發，那次噴發的火山灰和煙霧柱，直穿大氣層，到達海拔45公里處。科學家把這些懸浮微粒稱為氣溶膠。氣溶膠一旦懸在高空，就會擋掉來自太陽的大量熱能。這之後全球溫度下降，有些地區降溫達到攝氏0.7度，幾乎抵消了工業革命以來，全球平均氣溫暖化攝氏0.8度的影響。

對這個方案抱以希望的支持者提倡，如果能夠模仿火山爆發的這種影響，也許就可以延緩、甚至阻止氣候變遷。在大氣層高處釋放粒子來減緩或扭轉全球暖化，聽起來好像可行，還有比減排或適應方案更便宜的好處。但值得懷疑的理由很多，這種未經測試的技術可能有嚴重的副作用。反對者認為這種方案根本不是在解決氣候變遷問題，只是轉移大家注意力，不去正視問題根源，也就是我們排放了太多碳進入大氣層。他們呼籲應該在全球禁止。

經濟學家華格納說：「這頂多就像OK繃或是止痛藥，只是把碳汙染的根本問題掩蓋住。」[39]採行這種方案，並不會防止導致魚類死亡和珊瑚白化的海洋酸化，人工遮蔭可能會損及需要陽光的全球農業，太陽能發電也會受到影響；更何況，長期下來會有什麼後果，根本沒人知道。[40]除非取得驚人的技術突破，否則地球工程這個解決方案就像個科學怪胎。華格納說：「把幾百萬噸的人造微粒噴灑到平流層來製造遮陽罩，如果這樣的景象沒有嚇到你，那你一定根本沒在聽。」現在，甚至有科學研究發現，地球工程可能導致全球十億人罹患瘧疾的風險升高。[41]

在減少溫室氣體排放的戰線上，希望永遠都在。但像核融合這樣的替代方案，儘管相關研究已取得一些進展，現階段看來仍然像空中樓閣。稍微實際可行的替代方案有綠氫，生產成本卻高得很難達到減緩暖化的經濟規模，而且生產過程中會用到化石燃料，違背了逐步淘汰化石燃料的目的。目前的核裂變技術，也足以成為另一個選項，但安全性的考量卻總引起政治鬥爭。

還有兩個密切相關的解決方案，在科學界引起廣泛的興趣：碳捕集與封存（Carbon capture and storage，簡稱CCS），以及形式稍有不同的直接空氣捕集（direct air capture，簡稱DAC）。這兩種技術都需要巨額投資才能實現，大規模清除空氣中的碳，感覺又是個不可能的任務。根據聯合國的一份報告，要把全球平均升溫幅度控制在攝氏1.5度以下，「每年需要清除的二氧化碳高達170億噸。」[42]而光2019年，人類活動就排放了431億噸的二氧化碳到空氣中。[43]

去碳化須全力衝刺，實際進展卻有如蝸牛爬行

要積極去碳化，就必須逐步淘汰煤、石油和天然氣等化石燃料，以環保的再生能源取代，例如太陽能、風能、生質能、水力，以及各種小規模但有潛力的替代能源。國際能源總署在2021年5月提出警告，要在2050年實現淨零排放的目標，全球必須立即停止投資化石燃料的開發計畫，並擱置無法減少二氧化碳排放的燃煤電廠計畫。[44]

全球在過去十年的進展太慢了，根本不足以真正減緩全球暖化。化石燃料占能源總消耗量的比重，從2009年的80.3％下降到2019年的80.2％；新式再生能源的比重則從8.7％上升到11.2％，簡直是蝸牛爬行般的速度，而我們其實需要全力衝刺。[45]

由於太陽能和風力發電的成本已經大幅下降，接下來幾十

年，能源去碳化有望取得更大的進展，但若以為我們能在未來幾十年內全面淘汰化石燃料，則完全不切實際。更何況，太陽能和風力發電還需要克服能源儲存的問題，以緩解使用週期和季節變化導致的供電不穩定情況，而這仍有待科學的突破和大量的投資，目前能源儲存的成本還是太高。

光靠市場的力量來解決問題是不夠的，企業通常對減碳目標表示認同。以跟化石燃料消耗最息息相關的福特汽車公司為例，從2000年開始每年發表永續發展報告，自詡為「美國唯一確實依據《巴黎氣候協定》減少二氧化碳排放，並與加州政府合作，為汽車制定更嚴格溫室氣體排放標準的全產品線汽車製造商。」[46]

然而，整體來說，民營企業缺乏促成真正改變所需資源，或者意願，也許兩者都缺乏。愛迪生電力學會（Edison Electric Institute）是投資人擁有的電力公司，在全美五十個州和華盛頓特區為2.2億美國人提供電力，它正遊說政府採取介入措施：「聯邦與各州減少溫室氣體排放的行動及立法，一定要處理碳捕集與封存的成本、監管和經濟障礙問題。」[47]

爭取大家對減排的支持，也可能帶來意外的惡果。我們正在慢慢淘汰化石燃料，逐步降低提煉和加工化石燃料的產能。但如果能源生產總量跟不上需求，就可能爆發像1970年代那樣的石油危機，進而引發停滯性通貨膨脹。目前看來，我們已有往那個方向去的跡象，美國能源資訊管理局（Energy Information Administration）在2022年3月披露，2021年，美國能源零售價格出現自2008年以來的最大漲幅。[48]

能源價格狂飆，生活成本攀升

由於供不應求，高盛大宗商品指數中的能源價格，在2021年狂飆近60％。[49]根據一項估計，機構投資人在重視環保的股東施壓下，對化石燃料新開發計畫的投資已銳減40％。再生能源產量雖有所增加，但成長速度不夠快，加上新冠疫情造成的不景氣結束後，能源需求量激增，推動石油價格上漲，中國、印度和英國甚至出現能源短缺。

轉型綠能還需要用到銅、鋁、鋰等重要原物料，這些原物料的開採和加工，都需要由化石燃料生產的能源。如果目前的政策把化石燃料的價格提高，我們最終可能得面對「綠色通膨」（greenflation）。換句話說：在轉型綠能的路上，沒有白吃的午餐。

俄羅斯入侵烏克蘭所引發的國際制裁和供應中斷，導致石油和天然氣價格猛漲，開車和暖氣的費用隨之提高，使發展再生能源的政策計畫也被擱置一旁。就連最認真對抗氣候危機的拜登政府，也開始改弦易轍，請求波斯灣國家增加石油和天然氣產量,還加快與伊朗的核協定談判,好讓伊朗增加石油出口,甚至施壓要委內瑞拉的民粹政權增加石油產量。政府內部開始討論放寬環境法規限制的好處,以利國內的能源生產,例如頁岩氣和頁岩油。

在汽油價格飆漲之下,拜登在2022年的第一次國情咨文中,幾乎沒有提到氣候變遷。他原先提出的「重建美好未來」基礎建設計畫,在眾議院闖關好幾個月才通過,最後在參議院被大砍預算,對抗氣候變遷的效益也大打折扣。

前瞻性的能源政策自有成本,大家必須一起承擔。要加速能源轉型,政府過往給化石燃料生產商提供的補貼必須取消,此外,還要加徵碳排放稅,這當然又會使石油和天然氣價格變得更高。

取消化石燃料補貼並非易事,這類補貼非常普遍,而且金額龐大。國際貨幣基金的一項研究估計:「全球在2020年的化石燃料補貼約達6兆美元,占全球GDP的6.8%。」其中七成以上反映的是我們少算了環境成本。[50]且不說取消補貼,光削減補貼,在政治上就已經窒礙難行。

碳稅反映使用者付費,卻引發眾怒

經濟學家一致認為,碳稅是終結我們對化石燃料依賴的有效方法，但在政治上，碳稅在全球各地引起反彈。法國為了轉型綠能，在2018年通過了提高柴油稅和汽油稅的法案，結果引發基層開車族大規模的政治示威，稱為「黃背心」運動。

在能源價格居高不下，甚至不斷上漲的情況下推出碳稅，對於想保住飯碗的政治人物來說，無異於政治自殺。2022年初，哈薩克政府把燃料價格調漲了一倍，在當地引起嚴重的示威暴動，哈薩克獨裁政府以血腥鎮壓，才保住政權。2022年，世界各國政府非但沒有加徵碳稅，反而開始削減能源稅，以平息能源價格上漲所引起的眾怒。

碳稅能加速從化石燃料轉換到再生能源的轉型，但一旦實施，卻會讓很多人感到痛苦。國際貨幣基金估計，如果到2030年，我們對每噸二氧化碳排放徵收35美元的稅，煤炭價格將飆漲一倍，電力和汽油價格則分別上漲10％和25％。[51]這還算好的，根據經濟學家諾德豪斯的說法，徵收每噸35美元的碳排放稅，並不能阻止全球暖化：「我用模型試算過，假設目前的碳價在每噸二氧化碳40美元上下，再慢慢往上提高，這樣的政策最終會讓暖化幅度，達到比工業革命前高攝氏3度左右。」

如果真要把暖化幅度控制在攝氏2度以下，碳稅得提高到接近每噸二氧化碳200美元才行。[52]很少有國家在徵收全國性碳稅，值得一提的是，美國並沒有全國統一的政策，只有加州和其他幾個州針對碳排放徵稅，而且必須在法庭上極力爭取，才能繼續實施這類不受歡迎的稅賦。2022年的全球平均碳稅是每噸2美元，有誰能指望碳稅一口氣提高100倍到200美元，以達到《巴黎協定》承諾的暖化幅度上限攝氏2度？

未來也許會有奇蹟出現，使減排成本大幅下降，只希望不會為時已晚，但理智而務實的科學家和經濟學家，對這樣的希望表示懷疑。諾德豪斯說：「未來確實有可能出現一些神奇的技術突破，足以大幅降低（減排）成本，但專家不認為會在不久的將來。新技術的開發和普及，通常需要幾十年時間，尤其需要投入龐大資本，如發電廠、建築、道路、機場和工廠等跟能源系統相關的新技術，更是如此。」[53]

落實ESG，而不只是形象包裝

富有成本概念與生意頭腦的資產管理業者，打著環境、社會和公司治理（ESG）的旗號，鼓吹在投資中實現環保和社會責任。但這看在全球最大資產管理公司貝萊德前永續投資長范西（Tariq Fancy）眼裡，意圖或許高尚，效果卻適得其反。2021年11月，范西在《經濟學人》的專欄文章中指出，「漂綠」（greenwashing）和「一廂情願的環保」（greenwishing）只是在浪費寶貴的時間。[54]

「圍繞著ESG的烏托邦腳本，其實會讓大家忽略政府應該發揮的作用。公關活動不斷宣揚誤導人的觀念，讓人以為永續投資、利害關係人資本主義（stakeholder capitalism），以及自願遵守就是答案。」關注ESG的企業，股價和行銷預算都會增加，但碳排放卻不減反增。范西寫道：「那些公關手段尤其要不得，因為你不可能靠行銷方案來解決市場失靈問題。」

范西不相信市場能糾正災難性的環境失衡：「商界的短期誘因，未必能符合公眾的長期利益。企業大肆做出沒有約束力的承諾，通常是來自它們的形象傳播部門，而不是經營團隊。儘管市場有它該發揮的作用，但只靠市場是行不通的，結果就是，各種ESG對實質的資金配置決策幾乎產生不了影響，但企業的減排承諾若要實現，這將是不可或缺的條件。」[55]

2021年11月，在格拉斯哥舉行的聯合國氣候峰會COP26上，證實了懷疑論者的憂慮。儘管各國領袖發表了慷慨激昂的演說，簽署了阻止全球暖化的承諾，但針對《巴黎協定》所定下的控制平均氣溫升幅，在攝氏1.5度以內的目標，各國幾乎沒有取得實質的進展。以目前的政策和行動看來，全球正往平均氣溫升幅攝氏2.7度的方向邁進。

在峰會上，一個又一個國家提出崇高的目標，背後卻沒有一系列足以實現減排目標的行動支持。從京都議定書到巴黎協定，我們看到各國不斷背棄當初的承諾，看來格拉斯哥氣候峰會的承諾，大抵也會是如此。

我們通常用「奇點」來形容人工智慧超越人腦的時刻，在悲觀的人看來，這代表人類完蛋了。而奇點的說法也適用在氣候變遷，那是當暖化過了一個臨界點，事情就再也沒有轉圜的餘地了。

《氣候危機大預警》作者華格納和韋茲曼，在書中寫道：「我們面對很多已知的未知，但更主要是未知的未知，似乎到處都潛藏著臨界點和可怕的意外，其中有一些很有可能令地球失速暖化。」[56]

在最壞的情況下，地球會回到原始狀態，土壤乾旱龜裂，沙漠面積擴大，野火燒毀城鎮社區，颶風強度更大、發生頻率也更高，龍捲風到處肆虐。供應鏈垮掉，導致各種負面衝擊迅速惡化，財富化為烏有，難民潮達到前所未有的規模。現在渾然不覺氣候變遷是超級威脅的人，到時會苦思不得其解，為什麼我們在還有機會行動的時候竟然什麼也沒做。

答案永遠是那些：我們聽了不該聽的人的話；氣候變遷否定論者，拿著科學界微不足道的不確定因素說嘴；我們對嚴峻的事實視若無睹，不相信自己眼睛看到的東西。最諷刺的是，採取行動需要投入龐大的資源，代價實在太大了。

第三部

這場災難能避免嗎？

---- 第十一章 ----

暗黑命運的到來

前面章節分析了十大威脅正朝我們直撲而來，受衝擊層面
涵蓋經濟、金融、政治、地緣政治、技術、健康、環境等等。
明智的政策可能讓我們避開其中一項或多項威脅，至少降低受
衝擊的程度。但整體來看，災難看來難以避免。因為最確定可
行的解決辦法，既複雜又昂貴，而且困難重重，當中充滿政治
和地緣政治的摩擦與對立，我們恐怕無法達成。

美國國家情報委員會（US National Intelligence Council）於
2021年3月發布的報告〈2040年全球趨勢：一個更競爭的世
界〉，描述未來二十年世界將會如何演變的五種情境。[1]這些
情境大多令人感到相當憂慮，像是「悲劇與動員」（Tragedy and
Mobilization）、「飄零的世界」（A World Adrift）、「各自為政」

（Separate Silos），只有「民主復興」（Renaissance of Democracies）
這一項聽起來是樂觀的。

　　拿掉細微差異之後，有兩類情境凸顯了最關鍵的結局。一
類情境，是一項或數項大威脅真的發生了，文明倒退，走向極
度不穩定和嚴重混亂，我稱此為反烏托邦（dystopia）世界。另
一類情境，是在全面性的良好判斷和明智政策下，我們在某種
程度上成功避開每一項大威脅，雖然走得跌跌撞撞，但沒有倒
下，我稱它為烏托邦（utopian）版本的世界，即使這根本算不
上是理想世界。這一章要帶大家思考反烏托邦世界的樣貌，下
一章再來審視烏托邦世界。

回到根源，理清結構性問題

　　反烏托邦世界長什麼樣子？我們可以從觀察到十大威脅是
結構性問題說起。收入和財富的不公平、民間和公共債務的負
擔沉重、金融不穩定、氣候變遷、全球疫情、人工智慧、地緣
政治的對立等，皆已深植全球體制和文化之中。要剷除這些大
威脅背後的禍根，不可能不冒風險，每個策略都可能造成意外
後果。

　　例如，如果有一個國家制定累進稅制來對抗不公平，可
能導致最富有公民遷移至較低稅率的司法管轄地區，或打擊資

本支出的意願；美中之間簽署重要協定，聲明放棄AI武器系統，但其他國家可能發展自己的網路攻擊武器；透過非傳統方式刺激經濟成長，會導致資產泡沫的形成與破滅，以及更多不可持續的債務累積；減緩氣候變遷，實現淨零碳排的環境，成本昂貴，還可能降低經濟成長，並提高公共債務。

即便解決方法可能顯而易見，卻需要前所未有的決心才能做到。就像癌細胞不斷殘害身體，大威脅將對全球基礎架構和世界秩序造成大破壞。所以，準備面對許多黑暗的日子吧！

小行星撞地球會產生驚人效應。電影《千萬別抬頭》裡，當小行星衝向地球，巨大毀滅性災難將發生時，高層決策者卻選擇含糊其辭，不願說出真相。在現實世界中，大威脅正朝我們直撲而來，決策者卻仍在觀望和猶豫，爭論著這些威脅的重要性和可能性。

勞工和工會失去保護中產階級的力量；稅制和法規幫助有權勢的大企業和商業利益所有者，使得政策較偏袒資方而非勞方；在感覺不被需要的社會裡，沒技術或半技術的底層階級，飽受沒工作、沒儲蓄或沒希望的煎熬，造成「絕望死」案例激增；有錢就有政治影響力；金融機構大到不能倒；科技公司不受限地攫取極大權力，控制消費者和其他公司；演算法取代人類的勞動力，最終可能淘汰人類；海岸城市將被淹沒；農地久旱，逐漸乾枯；司法系統關押了數以百萬計的貧窮美國人和弱勢族群，但未提供計畫，幫助他們建立生產能力、重回社會；社會結構的不公平孕育出民粹主義。以上這些都是發展相對緩慢的危機，我們不可能像回應小行星撞地球的威脅那樣，促使世界絕大多數人協同合作。

國際合作至關重要，但就算不是毫無希望，也恐怕難以實現。想一想氣候變遷、大流行病、網路戰、全球金融危機、美國和中國（及其盟友俄羅斯、伊朗及北韓）之間的衝突，就知道要做到這點有多難。在富國和窮國之間，或甚至是在領先的經濟和地緣政治對手間，去全球化、金融危機、大規模人口遷移、AI的使用倫理等議題，聽在各國當局耳裡都極為不同。

動盪大多源於不公平

危險清楚可見，只是我們視而不見。貧富差距不斷擴大，就是個重要警訊，向我們預示大威脅正在逼近，以及衝擊將會多麼嚴重。

在貿易和全球化下，先進經濟體和新興市場都出現了經濟的贏家和輸家。製造業外移至勞工最便宜的地區，留下失去工作的勞工、空蕩蕩的工廠，以及昔日繁榮而今遭人廢棄的社區或土地。資本從富裕國家流向貧窮國家，以追求更高報酬，而人口則以相反方向，從窮國加速遷移到富國，造成當地居民對移民強烈的反彈。隨著科技創新，只吃電的機器人，進入人類的工作環境中，取代大量需要收入來購買商品和服務的人類。愈來愈多的金融資源和財富，落入愈來愈少的人手中，加劇了不公平的現象。

不公平現象也延伸到家庭和職業網絡。少數賺大錢、發大財的機會，逐漸僅屬於精英的後代。所謂英才教育系統，受惠的是有人脈關係的人，未必是有真材實料者。社會流動陷入停滯，即便找對象，也偏重經濟地位，挑選有同樣高學歷的人結婚，在這種發展模式下，將限制好幾代人，在經濟和社會階層的流動。[2]

不要誤以為貧富不均只會傷害收入最底層的族群，不幸受到波及的人遠比我們想像的更多。規模萎縮的中產階級、白領勞工，甚至倚賴社會穩定發展的富人階層，都會受到影響。

許多人都認為，不公平是這個時代最嚴重的挑戰之一。但我們針對不公平提出的政策，卻往往以失敗收場。這些政策大多標榜透過稅制改革，將富人的財富和收入重新分配給窮人，因此經常受到有權勢的富裕精英反對。歷史學家沙德爾（Walter Scheidel）在《不公平社會》（Great Leveler）一書中，讓我們看到，以和平方式推動的資源重分配，從未真的成功降低不公平的現象。[3]

有意義的改變，往往是靠大規模動亂掙來的。當不公平的現象急劇惡化，結局往往醜陋且充滿暴力，社會陷入動亂、革命、戰爭，動輒數百萬人喪命。

　　20世紀的俄羅斯和中國，都以發動革命，顛覆了舊的社會和經濟體制，但也付出慘痛的人命代價。最終，貪腐政府垮台，但人民也付出極高代價，才得以讓經濟資產重新分配。蘇聯瓦解表面上看似和平，卻造成人口大量減少、帝國邊境的暴力衝突和車臣的內戰。最終結果是俄羅斯出現新的軍事獨裁統治，和新版的親信資本主義，養肥了極少數精英份子。俄國在盜賊獨裁統治下變得極具攻擊性，渴望恢復舊蘇聯的榮光，最近例子就是入侵烏克蘭。

　　隨著不公平情況惡化，不可持續的公共和民間債務激增，政府預算赤字擴大，民間入不敷出。要求提供公平競爭環境的政治壓力，將會逐漸提高。愈來愈多人覺得被拋棄在後面，他們要求政府採取行動，以恢復經濟收入和社會地位。左派尋求政府採取更多行動來加強社會福利，而右派抗拒任何擴大政府角色的措施並要求減稅，使得赤字大幅提高。

　　不管政治辭令為何，民主黨和共和黨都得為債務負責。兩次世界大戰期間，在威爾森和羅斯福兩位總統領導之下，債務累積速度是美國史上最快的，雷根和布希總統排名居次。[4]川普政府於2017年在和平時期且經濟成長下，因進行減稅而非其他外在錯誤，新增1兆美元的赤字，也榜上有名。為了對抗新冠疫情，在川普和拜登政府期間，都有超額的赤字支出。

對於無法化解的分歧，民粹主義政客只會製造吸引媒體的金句，卻不去思考解決方法。兩極化的社會議題，進一步分化選民，社會更難達成共識，議會更常陷入立法僵局。在西方，包括半威權政權在內，民粹主義的勢力正在興起；在東方，包括中國、俄羅斯、伊朗、北韓和其他歡迎國家資本主義的政權在內，有許多威權和半威權政府，完全箝制個人自由。

氣候變遷、國家衰敗、戰爭，促移民大遷徙

除了不公平衍生的種種問題，現在也將移民問題納入這個反烏托邦情境中。過去人們移居國外找工作，這是以全球的範圍修正貧富不均的方法。移民者為家人尋求安全、穩定和機會而遷徙。歷史上，移民一直是成長中國家的一大助力。沒有移民，就沒有美國今日的繁榮。理論上，移民入境應可改善先進國家在就業人口與退休人口的比率，減輕社會安全支出和其他老年福利計畫的壓力。年輕移民繳稅，並消費提振市場需求。但現在這條移民之路被堵住了，因為本土主義支持者反對移民的聲浪愈來愈大。所以，我們將來不可能靠移民人口來解決高齡化問題。

一旦非洲、中美洲和部分亞洲地區的赤貧政府，被大威脅

壓垮，難民將會大量湧現。在氣候變遷下，地球只剩幾個地區可以發展農業，例如北半球的西伯利亞、斯堪地那維亞半島、格陵蘭島和加拿大；南半球的紐西蘭和塔斯馬尼亞島。大量的移民將會湧向這些地區。如果沒有軍事大國的協助，這些地區可能無法封鎖邊境，但接受協助也要付出代價，就是被迫滿足軍事大國提出的條件。

在2015年，有100萬名難民進入歐盟，造成強大的政治反彈。在美國，雖然從南邊國境移入的難民少了許多，但川普總統採取強硬的關門政策，甚至在拜登政府領導下，政策持續維持。這只是前奏，一旦數以千萬計的難民，想要逃離非常糟糕的生活狀況時，預計會有更嚴重的危機和政治的反彈。氣候變遷及國家衰敗，外加戰爭與衝突，將會逐漸形成數以百萬計的難民潮，如同悲慘的烏克蘭境內戰爭及敘利亞內戰所示。國家和區域性的失序與衝突，不論是規模還是頻率都將大幅增加，這將導致大規模的移民潮，而且這些人將面臨邊境關閉被拒絕在外的悲慘命運。

快速致富的吊繩，是救命還是索命

不公平和氣候變遷都是全面性問題。那迫在眉睫的金融問題呢？創新可能解決許多問題，卻無法消除不可持續的債務。

我們在沒有逃生策略下，一路靠借錢來創造繁榮。在收入成長減緩時，我們靠房屋淨值和其他資產的擔保貸款，於2000年代提振了消費。放款機構儘管明明知道借款人將來可能無力償還債務，卻仍繼續將錢貸給消費者和房產所有人，讓他們積欠下更多的債務。

造成2008年金融泡沫和破產的誘騙行為不會消失，甚至變本加厲，以非常極端的方式進行。曾被次貸泡沫誘騙的千禧世代，在全球金融海嘯中，丟了工作、收入和財富，如今再度受騙，這次是在金融民主化的大旗之下。零工族（gig workers）可能用這條換了新名稱的繩子吊死自己。有數以百萬計的人跟風開了手機投資帳戶，使用槓桿交易，將微薄的存款拿來進行諸如迷因股和加密騙局等離譜的投機型投資。想要利用鍵盤在短時間內縮小難以改變的財富差距，終將失敗，而沮喪情緒注定轉變成難以遏止的憤怒。

2021年，遊戲驛站和其他迷因股的各種傳說，標榜英勇的弱小當沖客聯合陣線，對抗邪惡的做空對沖基金，掩蓋了醜陋的現實。一群無望、無業、技能有限、存款有限、負債累累的個人投資者再度被剝削。

許多人相信，經濟上的成功不在於有好工作、努力工作和耐心地存款和投資，而是在於快速致富的手段。他們一窩蜂下注本身毫無價值的資產，例如：加密貨幣（我比較喜歡稱它們為「垃圾幣」）。不要被騙了。一群千禧世代大衛，擊敗華爾街巨人歌利亞的民粹主義迷因股傳說，只是助長另一個陰謀，即騙走無知業餘投資人的錢。

如同2008年的災難，這將會是另一個資產泡沫，而且這個泡沫正在以危險的方式擴大。就連美國國會裡的民粹主義份子，也在譴責金融中介機構，怪它們不准那些容易受騙的民眾進一步提高資金槓桿。

這個泡沫將爆破，問題不是會不會發生，而是何時發生，以及我們即將掉進去的反烏托邦世界，會帶來多大痛苦。最新的大規模資產泡沫於2022年開始爆裂，決策者已經耗盡大量貨幣、信貸和財政資源去挽救。下一次金融危機爆發時，他們可能無法拯救缺錢的家庭、大企業、銀行或獨立的小生意，因為政策子彈快打完了。

央行和政府官員沒有能力謀劃新一輪大規模的刺激經濟計畫，當經濟受衰退衝擊、區域合作瓦解、國家內部衝突大量出現，以及強國用各種手段爭奪全球資源控制權時，他們將只能無助地看著。留意歐元區及其最脆弱環節（例如義大利和希臘）的債務危機，是否有瀕臨臨界點的跡象，比較弱的成員國在面臨債務和競爭的危機時，可能迫使它們離開歐元區，進而觸發這個貨幣聯盟的瓦解。

大停滯性通膨債務危機到來，美元問題浮現

下一個危機看起來不同於先前的危機，可能會以另一種關鍵的形式出現。2008年後，通膨走軟，低於2%的目標。2%的通膨目標，是在沒有物價和工資過度上漲的壓力下，促進經濟成長的理想水準。但這種國際貨幣基金所指的「低通膨」，在疫情發生時開始改變，原因包括：全球供應鏈瓶頸；勞動力減少；政府推出貨幣、信貸和財政刺激計畫，引導超額儲蓄和受壓抑的需求紛紛出籠，所造成的消費大幅成長。

現在，通膨率已跳升至1983年以來未曾見過的水準，而且看起來並非短期現象，而是會持續一段長時間。央行陷入債務陷阱，束手無策。一旦中期的負面供給衝擊觸發下一個危機，通膨很可能進一步上揚，危機將會加劇。不要幻想像白馬王子那樣的救星會來拯救大家！提高利率讓借貸和通膨降溫，將會引發一波債務違約潮和金融市場的崩盤。

這波海嘯將會在未來十年衝擊全球經濟，猛力關上成長大門，並使生產成本提高。誠如第五章所言，寬鬆的貨幣和財政政策將使得事情變得更糟糕。現在，每件事都指向一個即將到來的大停滯性通膨債務危機。

下一輪的高通膨，將會擠壓美元。歷經八十年未衰，美元的問題正逐漸浮現。它不再是個無可挑剔的穩定價值準備。接

近兩位數的高通膨，可能最後會傷害已弱化的美元。美元價值的貶低，以及為了地緣政治所做的武器化，將會導致各國央行持有的美元資產準備逐漸減少。

中國準備以人民幣取代美元；美國其他的戰略對手，如俄羅斯（目前外匯存底和資產已遭凍結），也準備拋棄美元資產和以美元為基礎的準備貨幣體系。加密貨幣倡導者矢志（如果幻想可以當真）要讓數位貨幣取代法定貨幣，但加密貨幣缺乏真正貨幣的必要特性，這個目標幾乎不可能達成。美國的準備貨幣地位不會一夕間垮台，但美國在經濟和全球地緣政治的影響力減弱，以及為了國家安全目的使美元逐漸武器化的情況下，我們將會看到這一天的到來。

幾世紀以來，全球準備貨幣的地位，與地緣政治的支配權密切相關。美國如果失去後者，就會保不住前者；如果採取強硬的貿易和金融制裁措施，對手國在貿易和金融方面終將會與美元系統脫鉤。

民粹威權主義崛起，歸根究柢是一個經濟問題

在經濟萎靡下，不管是成長停滯、就業停滯或失業增加，政治後果皆令人擔憂，可能導致政治的極端主義，通常走向右派民粹主義的偽裝，但也有可能偏左派。一旦民粹主義達到顛

峰，往往會貶低與自由民主及法治相關的多元價值。要是兩邊的極端民粹主義份子，聯手以殘酷或仇恨的態度對待外國人，並對抗國內精英，那將使得蠱惑民心的獨裁者有機可趁。這些人往往公開指控政敵，是歧視弱勢的精英主義者，並且讚揚在不受法律制約下，將富人的財富重新分配給窮人，這就是中國和俄羅斯的做法。

在新興市場中，除了由完全獨裁者統治的最貧窮國家外，俄羅斯、白俄羅斯、土耳其、匈牙利、菲律賓、巴西、委內瑞拉、哈薩克、中國等，現在是由威權主義者統治。當大威脅直撲而來，只會讓威權統治國家名單變得更長。

拉丁美洲國家的左派和右派，與民粹主義眉來眼去了數十年。冷戰結束之後，一度看起來代議民主制度會在拉美許多地方占上風。然而，人民日子不好過，給了民粹主義者崛起的利器。近來民粹主義者再度興起，改變了這個地區的樣貌，原先被看好的民主國家已承認失敗。2018年，墨西哥轉向民粹主義，由奧伯拉多（Andres Manuel Lopez Obrador）當選第65任總統。2021年智利和祕魯由左派的民粹主義者贏得總統選舉，2022年哥倫比亞也加入行列。專家預期2022年巴西的選舉，將會走上相同的道路。巴西在總統博索納羅（Jair Bolsonaro）的半威權統治下，2022年1月，當俄羅斯在烏克蘭邊界集結軍隊時，博索納羅仍執意出訪與普丁會面，公然表態對自由民主政體的不屑。[5*]

　　不只拉丁美洲，南非和非洲其他國家因多年來經濟低迷，也可能出現民粹主義和威權體制政權。至於印度，儘管長期存在龐大赤貧人口的問題，仍是民主國家，也是正在邁向現代化的經濟體，但有些政治勢力公開鄙視穆斯林、獨立的民主機構和法治。這個趨勢恐怕不利日後發展，而這才剛剛開始。

　　2021年11月，歷史學家艾普邦姆（Anne Applebaum）在《大西洋》的文章中，提出警告：「在極端情況下，這種鄙視可能落入國際民主運動者波波維奇（Srdja Popovic）所謂治理的『馬杜羅模式』（Maduro model，馬杜羅是委內瑞拉獨裁統治者），白俄羅斯的盧卡申科（Lukashenko）也正準備走這個模式。採這個模式的獨裁者，為了自己能夠繼續掌權，『不惜讓國家變得徹底失敗，眼睜睜地看國家被列為失能政府』，也不在乎國家經濟崩壞、被國際孤立，大多數人民陷入貧窮。」[6]

　　實際上，先進民主國家也不堪一擊。民粹主義者的論調迫使英國公投通過脫歐。在美國方面，民粹主義者選出了川普和他的盟友。我們看到，在先進國家中，右派政黨的支持度愈來愈高，因為他們反對歐盟、移民和對負債國家的拯救計畫。法國是歷史上自由、平等和博愛的堡壘，但他們也已逐漸接受最近的總統候選人勒龐在反穆斯林、反猶太人和反移民的訴求；勒龐輸了2022年的總統選舉，但她的本土主義主張依然受到歡迎，因為法國萎靡不振的經濟，對那些被拋棄在後面的人愈來愈不利。

多年來，美國因為政治分歧和兩極化、缺乏兩黨合作、黨派激進化、極右派團體的興起，以及陰謀論愈演愈烈而嚴重分裂。這些趨勢在2020年大選之後達到高峰，催生了川普選票被竊的虛構故事。儘管缺乏證據，他的多數支持者仍然贊同他的論點。2021年1月6日，企圖發動的政變，透露大批激進白人至上主義份子和其他極端右派民兵組織，不惜訴諸武力來阻止國會計算選舉人票和拜登合法就任總統。

2022年美國期中選舉結果，部分取決於發展中的大威脅，以及持續升高的民粹主義浪潮。債務、通膨、全球化、移民、氣候變遷和中國崛起，這些因素都讓搖擺的選民感到擔憂。觀察家預測，2024年總統大選，可能會再次遭到憤怒民眾甚至以暴力威脅推翻大選結果。[7]陰謀論、大量的假訊息宣傳戰、大規模暴力、政變、暴動、內戰、分裂和叛亂，成了現在許多專欄、文章和書籍中常用的詞彙。我們正在集體省思曾是難以想像的事。

2024年的總統大選愈來愈近了，《紐約時報》將「美國可

---

* 審訂注：巴西在2022年10月的總統選舉，由左派的前總統魯拉當選，這也代表南美主要國家都是左派當政。

能爆發包括暴動、分裂、叛亂和內戰在內的大規模政治暴力事件」視為嚴重威脅。[8]政治評論員馬厄（Bill Maher）在HBO製播的談話節目中指出，許多記者與評論家已提高發生「慢移式政變」（slowmoving coup）的可能性。政治學教授克勞福德（Robert Crawford）為中間偏左的《國家》（The Nation）撰文，也預測美國「可能發生的最壞情況」。《沙龍》（Salon）資深撰述戴維加（Chauncey DeVega）和英國新聞工作者與軍事歷史學家哈斯汀斯爵士（Sir Max Hastings），都表達對於輸家的競選幹部可能唆使散布分裂國家的主張，或發起大規模的政治暴力感到憂心。政治學家沃爾特（Barbara F. Walter）和記者馬凱（Stephen Marche），更直接將他們各自的著作取名為《內戰如何開始》（How Civil Wars Start），以及《下一場內戰》（The Next Civil War）。

2021年1月，在國會大廈暴力攻擊事件之後，一項民調顯示，46%的美國人認為，美國正邁向另一場內戰。[9]中央情報局特別工作小組也做出結論：「自從1800年以來，美國在川普總統任內首次退化成『無體制政體』（anocracy）。」那是學者用來描述擺盪在民主和威權之間的政體。[10]

就像核熔毀一樣，大威脅所經之處的所有物質都成了有害燃料，會壯大另一個大威脅。隨著經濟萎靡不振，不公平現象擴大，導致民粹主義興起，進而刺激人們強烈反對自由貿易和全球化。民粹主義者的經濟政策基本面向，是傾向經濟國家主義和經濟自立。政治和經濟民粹主義的興起，加劇了去全球化、保護主義、全球經濟碎片化、全球供應鏈的巴爾幹化、移民限制，以及對資本、技術和數據移動的控制，還有美中之間嚴重分歧的風險。

科技的黑暗面，淪為獨裁政權的輔助工具

動盪的反烏托邦世界，將徹底改變科學的本質，科技黑暗面會威脅西方價值。社交媒體的同溫層效應，助長謠言工廠透過新聞和貼文高速運轉，通常散播的是支持海外敵人利益的不實資訊。陰謀論（即便是明顯很瘋狂的論調）以令人恐慌的速度流傳。社交媒體一開始被視為發起和組織不同意見的工具，以對抗獨裁政權販賣的謊言和假象（還記得阿拉伯之春和用臉書發起抗議埃及政府的示威活動嗎？）。但今日，社交媒體正不斷加大煽動攻擊民主機構，並精心策劃種族暴力，只需看2021年1月6日美國國會大廈的暴民，或是緬甸軍方對羅興亞人的大屠殺事件，便可一目了然。隨著人工智慧和機器學習透過Transformers技術，改進操控人心的方式，這些趨勢將會加速進行。

　　社交媒體和大型科技公司有助於當前的獨裁者和專制政權

掌握權力，科技成為獨裁政權的輔助工具。過去，我們認為科技會使獨裁者的惡行曝光，並捍衛民主的想法，現在聽起來有些天真。[11]中國以歐威爾式的手段（Orwellian ways），*利用防火長城和其他社交媒體工具來控制人民。他們建構的「社會信用評價體系」，除了用來評估金融信用，限制取得金融服務之外，也用來處罰社會性及政治性的「異常」行為。現在，中國正將這些監控科技，出口給附庸國的政府，強化其他地方的獨裁統治。

電腦化發展不設限，將使工作機會消失，不只制式、重複性的工作，就連認知性工作，從Uber駕駛、律師助手、審計員到腦外科醫生，都會被快速進化的人工智慧全面取代。一旦達到奇點，機器思考能力勝過人腦，機器人也能做創造性工作。即便是電腦開發者，也會發現自己被機器人取代了。藍領與白領階級永久性的技術性失業，會讓失業長龍排得更長，早已磨損的社會安全網在更高壓下變得更脆弱。更諷刺的是，現今機器人已控管多數的人力資源決策，接下來將接管失業服務處。

掌控人工智慧，就能掌控經濟、金融、地緣政治的至高權力。這也是為什麼美國和中國搶著掌控未來產業。如果美國和中國開戰，輸贏關鍵可能取決於美中各自的人工智慧技術。

在大威脅環伺的不安世界裡，主要強權為了主張控制權，將會鞏固聯盟關係或重組新聯盟。中國、俄羅斯、伊朗和北韓等修正主義強權之間的非正式地緣政治夥伴關係，正在挑戰美國和西方國家。美國也正在強化和建立新的亞洲聯盟：四方安全對話、澳英美安全協議（AUKUS）、印太經濟架構（Indo Pacific Economic Framework），還有目前北大西洋公約組織在亞洲地區展示軍事實力。

挑戰美國和西方國家的修正主義強權，還無法與西方軍事力量匹敵，光是美國的軍事資源預算就超過四個修正主義對手的總和，但它們可以發動不對稱作戰（asymmetric warfare，通常涉及非傳統的武器和手段），利用網路間諜、網路攻擊和假訊息宣傳戰，來削弱並分化美國和西方國家，逐漸加大對抗美國的力量。儘管如此，傳統以真槍實彈控制陸地板塊的衝突不會消失，一如俄羅斯侵略烏克蘭，以及逼近的台海衝突所示。

事實上，美國的對手並不會因為自己的軍備劣勢，就放棄將傳統武器鎖定美國和西方國家。俄羅斯在普丁掌權下，正將勢力範圍擴及前蘇聯和鐵幕國家，尋求恢復部分蘇聯帝國；血腥侵略烏克蘭，是俄羅斯企圖重建蘇聯或其在近鄰勢力範圍的第一步行動。在波羅的海、中歐和東歐、高加索地區和哈薩克等部分中亞地區，類似的緊張局勢將會升溫。

---

* 譯注：極權主義的代名詞，源於 George Orwell 的小說《1984》裡政府監控人民的行為。

還有北韓，國際制裁只是給這個性格陰晴不定的親愛領袖
更多膽量，他一邊要求飽受飢餓的人民愛戴，一邊擁抱長程飛
彈和網路作戰。在中東，伊朗可能很快會將核子彈頭，鎖定以
色列和阿拉伯國家，因為這兩國挑戰它在這裡的地位；只不過
在伊朗達到開戰臨界點，發動不可收拾的核戰之前，以色列可
能先發制人，攻擊伊朗的核子設施。由於油價上升的嚴重性，
更甚於1970年代的兩次石油危機，波斯灣戰爭將會觸發停滯性
通膨的衝擊。

在這些地緣政治不穩定因素中，有許多一觸即發的地區衝
突，以及敵對國家在領導地位的爭奪，小衝突勢必無法避免。
而這些小衝突很可能引發傳統戰爭，甚至爆發可怕的核戰也不
是不可能。俄烏戰爭的戰事，可能擴大至波羅的海和中歐國
家，甚至演變成俄羅斯和北約之間的軍事和核武衝突。隨俄烏
戰爭擴大，蘇聯瓦解後看似消退的核戰陰霾又重新出現。

氣候變遷下，供給短缺更惡化

地緣政治不和諧，想要以集體行動來對抗全球氣候變遷，
變得更加困難。氣候變遷是影響範圍最廣泛的大威脅，數十億
居住在高溫或洪水嚴重侵襲地區的人，都已身處其中。地球氣
溫上升，爆發暴風雨和熱浪的頻率更高，也更嚴重，將使人類

難以承受。極端氣候也會加速生物大滅絕。一旦生態系統惡化，動物和人類的生存空間會更接近。人畜共同傳染的疾病將催生疫情，並使得醫療體系承受前所未有的重擔。隨著地球暖化，永凍層融化，更多冰凍數千年的病原體也會被釋放出來。新冠疫情過去了，不代表嚴重的全球疫情就此結束。實際上，該關注的是下一個致命病毒何時會出現？還有我們可以多快因應？如果我們能夠因應的話。

隨著氣候變遷惡化，海岸線、農田和雨林消失，各國歧見更深。氣候變遷的解方要不是太昂貴，就是高度仰賴未經測試的科技，或是必須犧牲經濟成長，代價一樣很高。在全球性的敵對競爭下，要回應經濟、金融、技術、生物、地緣政治、軍事等各方面的挑戰，更顯得窒礙難行。狹隘的國家利益觀點將會盛行。世界分成兩個陣營，一方堅持人人都要分擔生態系統損害費用，另一方忽略這些呼籲，只想搭便車，因為他們自認不是問題的始作俑者，或負擔不起所需費用，抑或那些人民選出來的領導人認為，氣候變遷是假新聞不值得理會。

但到了某個階段，隨著地球宜居的區域愈來愈少，少數受惠於氣候暖化的地區，將會引發激烈的爭奪戰：西伯利亞的解凍，可能引來中國和亞洲其他強權，奪取這塊肥沃土地；今日已有數以千計的中國人，買下西伯利亞大草原的土地，種植農作物。俄羅斯人口正逐漸減少，2021年有1.45億的人口，其中西伯利亞這塊比多數大陸還要廣大的陸地，人口卻不到1,700萬。像俄羅斯這樣的國家將很快發現，與中國的策略聯盟，是重大的地緣戰略錯誤，因為未來數十年裡，為了因應氣候變遷，14億的中國人將會大量朝西伯利亞北移。

透過改變環境，氣候變遷將會以諸多方式傷害經濟根基。長期乾旱和極端氣候將使糧食生產吃緊，食品價格飆漲，導致飢餓危機、食物暴動、大規模饑荒、新的失能政府和內戰。人們為了各種高尚理由強烈抵制化石燃料，使得傳統能源的投資和產能規模減少，但可再生能源的供給雖有擴大，卻不敷所需。目前為止，勉強可應付，但幾年後，能源價格將隨著供給減少而飆漲，大量人口基本上將無電可用。隨著化石燃料的價格飆漲，連可再生能源所需的大宗物資，譬如鋰和銅，價格也會大幅上揚，這種因推動綠色經濟與節能減碳，進而推升原物料價格的現象，稱為「綠色通膨」。仰賴化石燃料的供應鏈，也將會有貨物運輸的壓力。供給短缺將更為惡化。

我們現在已感受到通貨膨脹的痛苦，再加上生產力減緩，即將來臨的供給衝擊，預期將會引發停滯性通膨。情況有多嚴重呢？如果兩次石油危機，是1970年代停滯性通膨的罪魁禍首，想像多項大威脅一起直撲而來，後果有多嚴重。

大規模的潛藏和明確債務、去全球化和保護主義、全球供應鏈的巴爾幹化、先進和新興市場的人口老化、勞動人口移民的限制、中美冷戰和脫鉤、其他地緣政治的威脅、因組織聯盟導致全球經濟的碎片化、美元做為主要全球準備貨幣的角色殞落、全球氣候變遷、大流行病、不對稱網路衝突和貧富不均大幅擴大，這一切都將導致停滯性通膨，未來前景黯淡。我們可能在不久的將來，要面對與1930年代大蕭條一樣糟糕的情況。

2011年，政治學家布瑞莫（Ian Bremmer）和我，曾為《外交事務》撰文。我們預見了一個G零世界（G-Zero World），西方國家的影響力將會式微，全球性議題將被漠視，沒有全球性的霸主會像19世紀的英國和20世紀的美國一樣提供全球公共財。今日，我們正快速掉入那種不穩定、變化快速、高風險、混亂失序、分裂、碎片化、兩極化和危險的全球環境。

在反烏托邦世界，國際規則和機構不再發揮重要作用。不管在國內或國際，衝突將取代合作。我們正處於誠如布瑞莫說的「地緣政治衰退」（geopolitical depression）。

英國經濟學家暨政治家柏克（Edmund Burke）於1775年警告：「災難之前，人人平等。」在反烏托邦世界裡，不同的大威脅之間，產生彼此強化的負回饋循環。這些情況將在未來十年或二十年發生，沒有人知道確切時間。那專家確實知道的是什麼呢？正如柏克在美國大革命前夕所說的：大威脅將以發人深省的方式撼動這個世界。

做好兩件事，保護好自己的金融財富

考量到未來二十年終將會到來的大威脅，個人和機構投資人應該如何因應，至少保護好自己的金融財富？

首先，美國和世界各地不斷上升的通膨和其他大威脅，將迫使投資人評估手上的「高風險」資產（一般而言指股票）和「安全」資產（例如美國公債）可能受到的影響。[12] 傳統的投資建議，是根據60／40原則，進行資產配置：投資組合的60%應該投資報酬較高、但波動性較大的股票；40%應該投資於報酬較低、但波動性較小的債券。基本原理是股票和債券價格通常是負相關（一個價格上升，另一個價格就下降），所以這種組合將會平衡投資組合的風險和回報。事實上，在牛市或經濟擴張期間，投資人是樂觀的，股價和公債殖利率將會上揚，債券價格會下跌，導致債市虧損；而在熊市或衰退期間，投資人是悲觀的，債券殖利率則會走低，也就是價格上揚。

但股票和債券價格的負相關，是以低通膨為先決條件。當通膨上升時，債券報酬率會變為負值，因為在通膨預期走升的帶動下，不斷上揚的殖利率，將會降低債券的市場價格。考量到長債殖利率每增加100個基點，就會導致市場價格下跌約10%，這將是個巨大損失。由於實際通膨和通膨預期上升，債券殖利率走高，2021年長債的整體報酬率達到負5%。[13] 隨著聯準會開始調高政策利率對抗上升的通膨，債券殖利率進一步走揚，2022年長債勢將招致更多損失。

在過去三十年裡，債券整體年回報率只有幾次出現負值。從1980年代至新冠疫情初期，通貨膨脹率從雙位數的水準下降至非常低的個位數，造就了債券市場經歷長達數十年的牛市；隨著殖利率下降，價格上升，債券回報率也相當好。過去三十多年的債市表現，與1970年代停滯性通膨時期形成強烈對比。1970年代，債券殖利率隨通膨走高而飆升，導致債市出現巨大虧損。

但通膨對股市也不利，因為會引發名目利率與實質利率升高。你可能會借錢來買股票，但這麼做的成本比以往更高了。而企業因折現率（長債殖利率）提高，使折現後的獲利減少，導致股票的評價進一步降低。因此，隨著通貨膨脹上升，股票和債券價格的相關性，從負向轉為正向。通膨上升，導致股票和債券都面臨虧損，就如同1970年代發生的。1982年時，標準普爾500指數本益比僅有8，這麼低的本益比顯示，不分良莠，所有企業的股價都很低。[14]如今，這個比率已超過30。

較近期的例子也顯示，當貨幣政策為了打壓通膨或通膨預期而持續緊縮，導致債券殖利率上揚時，股票也會受到影響。這是因為像股票這樣「長天期」的資產，所配發的股利更仰賴對未來的預期，即便是被大肆吹捧的多數科技股和成長股，當長債利率上升時，也會面臨覆巢之下無完卵的窘境。2021年9月，10年期美債殖利率只升了22個基點，股市就跌了5%至7%，以科技股為主的那斯達克指數，跌幅高於標準普爾500指數。[15]

這種模式一直延續至2022年。1月至2月債券殖利率溫和上升45個基點，引發那斯達克指數出現15%的跌幅，標準普爾500指數則下跌10%。這樣的跌勢延續到6月。看起來通貨膨脹率，很可能持續遠高於美國聯準會的2%目標通膨，那麼即便從目前的高位微幅下滑，長債殖利率還是會大幅走高，股價最後可能落入熊市（跌幅達到或超過20%）。截至2022年6月，科技股為主的那斯達克指數已經落入熊市，而標準普爾500指數則是接近熊市。

更重要的是，如果通膨持續高於過去數十年（大平穩期）的水準，傳統的60%資金投資在股市，以及40%投資在固定收入（60／40）的投資組合，將導致巨大的長期虧損。[16]在這種趨勢下，投資人的任務有二：一是想辦法將40%配置在債券的部位進行避險，另一則是要好好處理手上的高風險股票。

關於60／40投資組合中的固定收益部分，至少有三種避險的選項。第一種是投資通膨指數型債券或是短期政府公債，短債殖利率會快速隨著通膨升高而上揚。第二種選項是，投資黃金、其他貴金屬，以及其他在通膨上升時價格可能走揚的大宗商品（黃金也是很好的避險工具，可以對抗未來幾年可能衝擊世界的政治和地緣政治風險）。[17]最後，可以投資供給相對有限的不動產，例如：土地、商業和住宅房地產及基礎建設。但有鑑於全球氣候變遷，任何不動產的投資，都應該針對美國和世界上抗跌的地區，例如：不會因為海平面上升、颶風和颱風而淹水的地區，以及不會因為太熱而無法居住的地區。因此，投資人應該只考慮可持續發展的不動產。

短債、黃金和不動產的最佳組合，會因政策和市況，而隨時間有著較複雜的變化。一些分析師認為，石油、能源，以及其他一些大宗商品，也是不錯的對抗通膨投資。但這個問題很複雜。在1970年代，正是因為高油價造成高通膨，而非高通膨造成高油價。此外，有鑑於目前我們正面臨擺脫石化燃料的壓力，那些領域的需求可能最終會下滑。

通膨對債券和股票都不利，而停滯性通膨（經濟衰退，加上高通貨膨脹）的情況會更糟，尤其對股市的影響更大。在類似1970年代的停滯性通膨時期，股市大幅下挫，本益比降至8的低點，高通膨推高了長債殖利率，進而衝擊股市。當時的高通膨，也與1973年和1979年兩次石油危機之後引發的嚴重衰退有關。1974年至1975年的衰退，以及1980年至1982年的雙谷衰退，都使得企業獲利大幅減少，加上大幅揚升的名目和實質利率，導致股市重挫：從1973年2月的高峰至1982年7月的谷底，標準普爾500指數跌了58%。

因此，該怎樣保護投資組合中的股票及其他高風險資產？如果股票將要狂跌，最好出清部分股票部位，並且持有現金：雖然現金受到通膨的侵蝕，但它們不像股票會賠得那麼慘。當然，如果可以抓到衰退和復甦的時點，滿手現金反而可趁股票觸底時，抄底搶進。

要如何保護投資組合中的股票，不受本書提出的十大威脅影響？未來二十年，我們將面臨來自政治、地緣政治、技術、健康和環境的大動盪，這意味著目前的市場指數（道瓊工業指數、標準普爾500指數、日經225指數、富時100指數、道瓊歐盟50指數和其他指數）中，有許多是將會被淘汰的公司股票。

理想上，人們會想要投資未來企業和未來產業。許多這類型的公司股票尚未在公開市場發行上市，他們只會針對特定有豐富經驗和廣大人脈的投資人發行，透過私募或創投取得資金。這些未來企業和產業還有個籌資管道，就是那斯達克100指數：成分股以科技股為主，當中包含一些將被淘汰的公司、一些將維持強大的公司，以及一些未來將蓬勃發展的新上市公司。但那斯達克100指數目前的本益比過高，現在不是買點，可能要等修正後再進場。

如何選擇正確的投資組合，以及要配置哪些股票和債券，每個人看法不一，但有一點卻很清楚：主權財富基金、退休基金、捐贈基金、基金會、家族辦公室和遵循60／40原則的個人投資人，應該開始考慮分散投資，以減低通膨持續上升、負成長衝擊、政治和地緣政治、科技、健康和環境的風險。雖然這些風險，會讓許多人的生計受影響或工作消失，也會重創或淘汰許多企業，甚至整個產業，但任何人或機構投資人還是可以從現在開始，想辦法保護自己的存款和投資，盡可能避免即將到來的金融不穩定和混亂。

第十二章

未來是更競爭的世界

關於未來的悲觀預測，讓人想起狄倫（Bob Dylan）膾炙人口的創作歌曲《沿著瞭望塔》（*All Along the Watchtower*），那首歌後來成了亨德里克斯（Jimi Hendrix）名噪一時的作品，歌詞裡寫道：「一定有什麼辦法可以逃離這裡／小丑對小偷說，有太多的困惑／我無法解脫。」

或許你有年紀還小的孩子或孫子，又或許你天性樂觀，想留給後代一個更美好的世界，我和你一樣。儘管前面提到許多可能直撲而來的大威脅，但我很樂意坦承，沒有人可準確預測未來。洋基隊經理貝拉（Yogi Berra）曾經有句妙語名言：「預測很難，尤其是預測未來。」

但是，我們或許能夠捕捉到一些轉變契機，人類有智慧和能力解決大問題，就像我的祖先因宗教迫害，離開中亞的家鄉先到中東，然後是歐洲，最後來到美國。我承認，當時的情況與現在不可同日而語，但也促使我暫時拿掉「末日博士」的身分，一起來構思一個美好未來，儘管我知道難以實現。

對抗氣候變遷的科技突破，啟動正向連鎖效應

有許多問題會導致大威脅變得更加嚴重，要解決這些問題，基本上都需要非常強勁的經濟成長。例如先進經濟體的GDP成長率需長期維持在5%至6%，不僅有助於降低債務威脅，也有助於挹注昂貴的公共計畫所需資金，以預防氣候變遷、高齡化和技術性失業，或是對抗未來疫病大流行，進而降低政治的緊張和衝突。更高的經濟成長，很大程度上是由科技創新所帶動。科技創新可以提高生產力，進而幫助經濟成長，但能讓我們來得及避開所有麻煩嗎？

以目前對抗全球氣候變遷的技術為例，一種選項是減緩溫室氣體排放，這需要犧牲經濟成長；另一種則是調適，這個選項代價極高，我們根本付不起。科技的高度成長，能否讓減排或調適策略變成可行？或是創新技術能讓地球工程學這個稀奇古怪的科學成真？我們的目標是在經濟持續成長的同時，大幅減緩溫室氣體排放，並儘快達到淨零碳排。

有些科技創新既可創造大量的便宜能源，又不會釋放溫室氣體，例如已引發熱烈討論的核融合。[1] 雖然核融合仍在初期發展階段，但最近的重大進展顯示，核融合是可行的，而且最終在成本上可能變成具競爭力的選項。如果這種新能源或類似的科技創新真的實現，那麼我們將會有真正能推動淨零碳排的工具，而且不必犧牲經濟成長。目前為止還沒人知道，低成本的核融合能否取得重大進展，但最近的實驗已透露一些成功跡象。此外，一旦科學家找到便宜的儲存能源方法，再生能源的成本就可降低，得以和化石燃料競爭。

解決氣候變遷問題，將會產生影響深遠的好處。例如可以降低因為人類和動物的居住空間更擁擠，造成致命的人畜共通傳染病頻繁爆發的風險。此外，科技有助以更直接的方式防範疫情。新冠病毒造成自1918年至1919年的西班牙流感以來，最嚴重的全球性疫情，科學家利用人工智慧在破紀錄的時間內，了解病毒傳播途徑，並開發出疫苗。找出革命性的方法，有效運用了信使核糖核酸（mRNA），教導細胞如何啟動我們身體的免疫反應。

為了有更多類似的快樂大結局發生，即將準備取代我們的電腦，必須轉向來拯救我們，就像非常快速的疫苗研發，可以幫助我們抵禦新病毒一樣。對於生物醫學的快速發展，我感到不可思議。在2020年，DeepMind的AlphaFold，解決困擾專家半世紀之久的蛋白質摺疊問題，這是加快進度對抗其他疾病的好預兆。如果成功，將加強我們對各種疾病的了解，並降低預防、診斷和治療的成本。

對抗氣候變遷的技術取得突破進展，可產生正向連鎖效應。更健康的勞動力可提振經濟，而更強勁的成長能對抗貧富不均。如果經濟成長可創造更多工作機會，並提供更大規模的福利體系（累進稅制、公共支出或全民基本收入），就能創造所有人都能接受的互惠共榮。

科技是加速成長的關鍵助力

科學研究和科技創新，可以降低商品和服務的成本，提高產出，這是帶來穩固收入和創造財富的良方。舉例來說，試想這樣的世界，乾淨的核融合產生一切活動所需的能源，而且費用低於化石燃料或當前的再生能源。便宜的能源將會大幅減低目前極高的海水淡化成本。充沛的淡水除了可以解渴外，還會提高食物生產，並降低生產成本。農業技術的創新，例如垂直農法或實驗室製造的肉，不僅可以減少食物生產中需要的大量用水和造成汙染的肥料，也可以減少對畜牧業的依賴，高達25%的溫室氣體排放正是來自畜牧業。

較高的經濟成長將會減輕各國苦惱的許多債務問題。不論是民間或公共債務、明確或潛藏、國內或國外、家庭或企業，債務的可持續問題都取決於借方的收入。如果收入成長速度快過於債務增加的速度，許多目前難以持續的債務，都會變得容易處理。強勁的經濟成長是最佳解方，而科技是加速成長的關鍵助力。

同樣地，金融自動化可以幫助我們，跳脫金融歷史上不斷發生的榮枯循環。在當前金融體系中，從信貸、放款、保險和資產配置的決定，我們經常受到扭曲的獎勵措施、偏頗的訊息和極大程度的認知偏見影響，而那正是金融泡沫的起因。

假如金融科技、人工智慧、大數據、物聯網和5G網路可結合起來，引導金融決策，那麼我們就有一致且客觀的標準，來決定誰能取得抵押貸款、利率多少，或是分散投資不同種類的資產，以做出最好的資產配置。人類行為的不一致性消失了，不再有恐慌性買賣資產的過度反應。由於信貸決策更理性，這意味著債務和金融危機的發生率會減少，發生資產和信貸泡沫的風險，也會下降。

以機器人取代人類也可能產生新的不公平現象，最後造成影響層面更廣泛的結構性問題，即技術性失業。因工作消失，許多人只能從事較不滿意的工作、領較低工資。這種情況已發生在美歐國家的工廠勞工身上，他們的痛苦是真實的。

但整體來看，有數據顯示，目前為止這項趨勢的影響範圍，並沒有我們擔心的那麼大。自從19世紀英國盧德主義運動以來，勞工就一直擔憂被機器取代。但歷經兩個世紀的技術進步，並沒有消滅所有的工作，而是產生新類型的工作。伴隨自動化而來更高的經濟成長，也可能抵消結構性失業的影響。以當前的經濟成長水準，全民基本收入的提議並不可行。如果先進國家的經濟成長提高2倍或3倍，達到5%或6%，可行性會大幅提高。

全球性的基本收入或公共服務提供，又或兩者結合，可以建立新的財務安全網。事前進行資產的預先分配，而非事後進行財富的重新分配，是減少貧富不均的另類選項。由於資產所有者擁有豐厚報酬，因此所有人都可以去追求創意、創業或對社會有益的活動。如果新的收入補助方法，能夠讓人們感到滿足，那麼被迫交出「工作尊嚴」，可能就不會引發抗議行動了。有了全民基本收入，先進經濟體和創新經濟體的勞工將會忍受較低工資（但匯進帳戶的錢增加了）。

沒有怒火，就不會把選民推向鄙視自由民主體制漸進發展的民粹主義。不過，如果科技發展無法改善所有人的經濟狀況，情況就不那麼樂觀了。在貧窮或較缺乏創新能力的經濟體中，民粹主義和威權體制不會消失，在失能和缺乏民主傳統的國家，它們仍會普遍存在。我們能夠期待的好消息，是促使主張漸進式和包容性的民主國家重新結盟，包括先進工業國家和成功的新興市場，這些地區的繁榮，將會吸引搖擺於民主和威權政治模式之間的國家，加入它們的行列。

中國將會以更激進的手段爭奪影響力，但西方的價值在亞洲和世界各地盛行的機率可能更高。就地緣政治來看，擴大的西方聯盟已包括北大西洋公約組織、四方安全對話、澳英美安全協議，以及若干穩定的新興市場。

在這種地緣政治局面中，企圖反轉西方經濟和地緣政治秩序的其他修正主義強權將會失敗。儘管俄羅斯、伊朗和北韓擁有軍事力量，但它們不堪一擊且發展落後。俄羅斯和伊朗兩國仰賴大宗商品（天然氣和石油）出口來支撐經濟，這種限制阻擋了經濟成長和技術發展的可能。擁有大宗商品，讓這兩個國家暫時成為國際需要認真對待的討厭鬼，但它們並未具備重組全球秩序的能力。相反地，除非改採更有包容性和合理性的西方經濟模式，不然它們可能會垮台（某種程度是因為新型態能源取代石油和天然氣）。相較之下，北韓是個失敗的共產主義經濟體，幾乎餵不飽人民，注定要在某個時間點垮台。

西方體系如果能夠重新恢復活力，將會緩解去全球化和保護主義的勢力。但如果經濟成長持續疲弱，以及不公平現象擴大，會刺激民粹主義的發展，進而激發經濟性的民族主義。唯有具包容性和可持續性的強勁經濟成長，可以讓這兩個趨勢受到控制。

更大規模的全球經濟整合，能讓科技創新的效益擴散，為全球商業注入新的活力。合作產生更廣泛的合作。在高度連結的世界，美中之間在有些方面可能脫鉤，但這兩大競爭對手將有更深的共同利益，對於發起激進的脫鉤行動和軍事衝突可能會猶疑。美國和中國有充分的理由合作，雙方的生存皆取決於是否能妥善因應氣候變遷、大流行病、不公平、供應鏈整合，當然還有榮枯循環。雙方敵對關係仍會持續，但除了一些遏制行動和衝突外，有很大的空間合作和良性競爭。

科技創新可能促進強勁的服務、數據、資訊和技術方面的全球貿易。地緣政治挑起各種敏感課題，毫無節制地阻礙了貿易，但源源不斷的新技術可以破除許多難關。重新恢復生機的數位商品和服務貿易，將會強化全球和區域經濟的往來。歐元區將會歡迎風險分擔，並降低解體風險。在這種情境下，全球保留美元的準備貨幣地位，最終會以央行數位貨幣，即電子美元（e-dollar）的形式呈現。

不會全世界一片黑暗

讓我們進一步深入思考。假如創新加速，一方面可提高全球成長的潛在空間，另一方面也會顯現正向的供給效應。在這種經濟形勢下，全球產出將成長，通膨也隨之回落，產品和服務成本下降，帶動良性的通膨趨低。擺脫舊思維的央行，不會再對抗良性的通膨趨低，它將會看到物價走緩的好處，而不是採取寬鬆政策試圖對抗，最後引發泡沫的形成與破滅。

不可否認地，具有創造力的破壞將會發生，過時的產品、企業、工作種類和服務必須淘汰，取而代之的是新觀念、新企業、新工作和新技術。在這個勇敢的新世界裡，大型科技公司仍將非常強大，同時持續跟政府爭論法令管制的範圍。但是，政府和大型科技公司，又因網路安全等國安問題上的合作需求，迫使爭論減少。嶄新的民主國家中，大型科技公司會受到一些限制，用戶可以擁有合理的少許隱私權，以及個人對自己資料的控制權。

中國不顧隱私和人權，利用科技達到對內和對外的目的，西方國家必須在不放棄民主原則的情況下做出回應。這樣的回應將對自由造成多深遠的影響還有待檢驗。西方的大型企業和政府已違反消費者的隱私權，歐盟有隱私權的法律和規定，約束大型科技公司，美國正要開始採取類似行動，雙方都已將數起反托拉斯的案子送交法院。即使在這種「烏托邦式」（或者該說是最美好）的情境中，還是會有非常強大的科技公司以各種前所未有和令人擔憂的方式，不顧一切追求權力和影響力。

當然，即便是這種樂觀的局面，還是會在各個國家、區域和社會群體中產生贏家和輸家。在《2040年全球趨勢》中，美國國家情報委員會表示，未來將會是一個更「競爭的世界」。[2]許多修正主義強權仍然會挑戰美國的領導地位。在各國境內，消費者將會把權力交給掌控科技的企業。人們還是會有工作，只是未必是他們想要的。全球氣候變遷將會減緩，但不會消失，恐怕這就是最好的情況了。即使爭奪非常激烈，但比起混亂和不穩定的反烏托邦世界，烏托邦版本的未來世界（或是較不嚴重的反烏托邦），看起來好太多了。

我們該怎麼辦？

　　自第二次世界大戰結束以來，人類社會享受到一段相對繁榮的時期。我的家族史就很能反映出這一點，也是世界各地無數家族的寫照。為了尋找機會，我的家族在1950年代從土耳其移居伊朗，又從伊朗遷移到以色列，最後在1962年落腳義大利的米蘭。抵達時，適逢義大利的「經濟奇蹟」發展至全盛時期，新興中產階級崛起，我的父親在米蘭開了一家進出口貿易公司。當然，繁榮中也有動盪，當時的新聞頭條，充斥著階級衝突和國內恐怖主義事件。全義大利約有三分之一的選民，支持共產黨。

　　青少年時期，我深受左傾知識份子的著作吸引，先是由馬克思引領進入經濟學領域，後來又接觸到凱因斯。此外，還有逃離納粹統治下的德國、成為新左派代表人物的哲學家瑪庫色（Herbert Marcuse），我因為他，見識了經濟學、政治理論和社會經濟異化論，三者之間激烈的碰撞。但整體來說，義大利和整個西方社會正處於一片欣欣向榮的景象。

只要努力工作，生活就有保障？

1970年代的局勢，挑戰了我原先對於穩定與風險的所有假設。義大利的經濟引擎熄火，不同的政府在衰退、通貨膨脹和停滯性通膨中，來來去去。1973年，埃及與敘利亞向以色列發動的贖罪日戰爭，以及1979年的伊朗伊斯蘭革命，使得油價跟著人心對政治的不安齊漲。更別說在那個冷戰時代，裝上核彈頭的導彈，四面八方亂指。

在西方國家以外的世界，蘇維埃陣營、共產主義中國、偽社會主義的印度，以及許多的開發中國家，依然存在貧窮的問題。計畫經濟給數十億人民帶來最基本的溫飽與福利，在自由人權與經濟機會方面，卻付出巨大的代價。中文有個說法叫做「鐵飯碗」，指的是保障終生、有穩定收入和福利的工作，但中國在大躍進時期卻爆發一場大饑荒，奪走了幾千萬條人命，而人民也持續活在高壓統治下。一直到1980年代，中國經濟才開始蓬勃發展，儘管政治壓迫依然存在。

在 1960 至 1980 年代期間，享有經濟成長的國家，大部分都是採行市場經濟和國際貿易，並享有牢固的社會福利制度。這些國家的中產階級家庭可以預期，孩子的將來會過得比自己更好。全球化也使低度開發地區富裕起來，催生了南半球和亞洲的新興中產階級。工會讓產業工人團結起來而有了影響力，充裕的稅收和低負債，使全國和地方政府有能力提供必要的公共服務。

與此同時，冷戰時期的世界局勢，主要處在一種核武的恐怖平衡。1970 年代和 1980 年代，儘管代理人戰爭仍在中東、非洲和拉丁美洲地區開戰，蘇聯和美國甚至主動以限武協定來緩和雙方關係，大大降低了強國之間核武交火的風險。

但是，在蘇聯解體、冷戰結束後，人類的集體風險開始質變。著有《歷史之終結與最後一人》（*The End of History And the Last Man*）的福山（Francis Fukuyama）宣稱，人類已經來到演化進程的頂點，這就是歷史的終結。我們現在要擔心的不是第三次世界大戰，而是生存威脅小得多的問題，例如肥胖。

在冷戰的那幾十年裡，經濟危機和不景氣都比較溫和且短暫，發生時也沒有伴隨什麼重大的金融動盪。氣候變遷還只是專家才看得出來的問題，科技的發展助長了經濟機會和新興產業，全球大流行病是科幻小說裡才會出現的。

在充滿活力的民主國家中，不同政黨和候選人之間競爭激

烈，但很少出現政治暴力。西方社會強調多元種族、文化和宗
教，移民似乎無損一國的民族性。而不管是民間還是政府，負
債率一般都不高，會發生嚴重的債務和金融危機通常是例外，
而不是常態。

我可以選擇當醫生、律師、銀行家，或如我實際選擇的，
當一名經濟學家，然後放心相信，只要努力把工作做好，我的
職業生涯就有保障，未來可以拿到不錯的養老福利，過安穩的
退休生活。金融機構使我有了償債能力，好公司讓我有好的發
展，因為美元和其他貨幣都很穩定，我不擔心存款會貶值。

西方政府有防範經濟蕭條和惡性金融危機的措施，並且致
力建立民主、自由、法治的社會，確保能源安全、環境健全。
我有信心區域衝突不會釀成世界大戰，但從沒想過人工智慧機
器人的技術，有朝一日會超越我、取代我。所以，儘管當時的
世界也有戰爭、有風險、有威脅，相對而言還是穩定的。

會不會過去的七十五年只是例外，而不是常態？會不會過
去四分之三個世紀的穩定，讓我們誤以為未來幾十年也會這樣
繼續走下去？會不會我們已經遺忘一個世紀以前的歷史教訓？

世界正在大幅的改變

在二十世紀的前四十年裡，人類經歷了一次大戰，接著

1918年至1919年爆發致命的西班牙流感，然後是去全球化和一波波的惡性通貨膨脹，再來是經濟大蕭條。結果引發大規模的貿易戰、金融和債務危機，以及通貨緊縮，繼而導致民粹、獨裁和軍事政權的興起（德國的納粹主義、義大利和西班牙的法西斯主義、日本的軍國主義），最後釀成第二次世界大戰和納粹大屠殺。

一個世紀前的時局發展模式，也許正預告了我們眼前的情勢。從許多方面來說，現今的大威脅比一個世紀前嚴重得多，我們的金融體系槓桿開得更高，社會的貧富差距更懸殊，現在的武器比以前更危險，民粹政治人物有更多管道接觸和操弄廣大群眾。當然，還有氣候變遷，目前惡化的速度已比當年快得多。就連核衝突的風險也捲土重來，第二次冷戰很有可能釀成一場貨真價實的熱戰。

我們能否安然度過近在眼前的危機？為了闡明十大相互關聯的威脅有多險惡，我把未來的多種可能性簡化成兩種，以呈現出在充滿不確定的世界裡兩種極端的走向。

很不幸，在這兩種走向之間，反烏托邦成真的機率，看來高得多。因為大威脅是以慢動作進展，我們感受不到解決問題的迫切性。小說家、諾貝爾文學獎得主索忍尼辛（Aleksandr Solzhenitsyn）給悖論（paradox）下的定義是：為了引人注意而故意倒過來的真理。大威脅不必耍花招就能引人注意，然而，我們真正記取的教訓並不多，為避免後果而採取的行動更少。

因應氣候變遷的政策大多是紙上談兵，各國之間沒有協調一致的減排行動，而人工智慧多半會永遠搶走人類的工作，貧富差距將更加惡化。新冠疫情讓我們看到，致命疫病是多麼容易反覆再起，各方相互衝突的優先考量，又是如何妨礙境內和跨國界的協同應對。去全球化不會在一夕之間發生，但我看不出有什麼力量可以阻擋它的勢頭。同樣的，貧富差距，加上大規模人口的流離失所和疏離感，讓人更容易被民粹主義煽動，而民粹主義正是通向威權體制的敲門磚。

要是能早點採取行動，我們的任務就會容易一些，每延遲一步，障礙會變得更大。強權之間的爭吵不休、日益加重的債務負擔，都會迫使各國走向自私自利。人民可能選出誓言罔顧外國利益的領導人，而全球秩序一旦開始分崩離析，地球要永續發展，希望就更加渺茫。人類將不再合作，社會轉向所謂「納許均衡」（Nash equilibrium）的環境，也就是私利凌駕於共同利益之上，合作失敗或互不合作的結果，讓大家都遭受嚴重的損害。

人類社會正面臨至少十大威脅，在接下來的幾十年裡，這些威脅將在經濟、金融、技術、環境、地緣政治、醫療和社會領域引起劇烈的震盪。任何一個領域的震盪都很可怕，如果又彼此交會，後果將是毀滅性的災難。要解決這些問題，我們必須做出巨大的調整，地球上每個人都無法置身事外，一旦過了下一個轉折點，我擔心後果將不堪設想。

我們已經沒有藉口，拖延等同放棄。如果還想按下鬧鐘上的貪睡按鈕，無異是在向災難招手。大威脅正朝我們疾衝而來，影響所及，人類的生活和全球秩序，都將以這代人從未經歷過的方式，發生天翻地覆的改變。請繫好安全帶，接下來將會是在漆黑暗夜中的一段顛簸旅程。

致謝

感謝所有對不同主題提供想法、回饋和支持的同事、合作夥伴和友人。我對所有人表達最深的謝意。

我的經紀人 Leigh Bureau 的 Wes Neff 率先提出了新書構想，並幫助我補充新書提案的細節。我的合作夥伴 Steven Mintz 協助草擬、修訂每一章的內容，好讓這本書更能吸引廣大的閱聽人。小布朗出版公司（Little, Brown）的發行人，也是這本書的靈魂人物 Bruce Nichols，提供鞭辟入裡的建議，並逐章編輯，大幅提升了本書的架構與內容品質。感謝出版團隊的每一位成員 Linda Arends、Anna de la Rosa、Laura Mamelok、Melissa Mathlin 和特約文字編輯 David Goehring。

感謝紐約大學史登商學院的同事們，這二十多年來，我們不斷在智識和學術上切磋，尤其是我的長期合作夥伴 Brunello Rosa，我們共同完成了多篇論文，是我經常請益與交流想法的好夥伴。Reza Bundy 和我在阿特拉斯資本團隊（Atlas Capital Team）的同事們對於書中所提出的擔憂抱持相同的看法，而且我們一起針對書中描述的威脅擬定金融解決方法。在資產市場可能遭受的影響方面，TheBoomBust 的 David Brown 協助取得相關資料。長期擔任魯比尼總體諮詢合夥公司幕僚長的 Kim Nisbet，以非常高的效率和耐心處理我忙碌的旅行和開會行程。Ken Murphy 和《評論彙編》（*Project Syndicate*）的團隊編輯我的每月專欄，本書的一些主題最早是在這個專欄中發表的。Manu Kumar 和 Brad Setser 是老朋友和學術界的同事：我從他們身上受益匪淺，也非常感謝他們的友誼。

多年來，我在許多會議和場合發表我的觀點，從得到的回饋中受益良多。這些會議和場合包括：在達沃斯舉辦的世界經濟論壇、安博思經濟論壇（Ambrosetti Forum）、國際貨幣基金、世界銀行、國際清算銀行、新布列敦森林體系委員會（the Reinventing Bretton Woods Committee）、米爾肯研究院全球會議（the Milken Institute Global Conference）、美國全國經濟研究所（NBER）和經濟政策研究中心（CEPR）。

多位學術界的同事，有些人擁有寶貴的政策和市場經驗，一直是激發我思考和提出重要觀念的良師益友：Ken Rogoff、Barry Eichengreen、Dani Rodrik、Maury Obstfeld、Jeff Frankel、Bill Nordhaus、Larry Kotlikoff、Jeff Sachs, Michael Pettis、Alberto Alesina、Richard Portes、Helen Rey、Paul Krugman、Carmen Reinhart、Nassim Taleb、Raghu Rajan、Joe Stiglitz、Niall

Ferguson、Robert Shiller、Kishore Mahbubani、Willem Buiter、Giancarlo Corsetti、Brad DeLong、Steven Mihm。

　　過去數十年來，我曾與許多決策者共事，其中有些人擁有卓越的學術或市場背景。雖然我的某些觀點，他們未必有相同的看法，但是我從他們所有人身上受益良多：Larry Summers、Janet Yellen、Tim Geithner、Ben Bernanke、Christine Lagarde、Mario Draghi、Jens Weidman、Lael Brainard、Richard Clarida、Randy Quarles、Jean- Claude Trichet、Mark Carney、Francois Villeroy de Galhau、Kevin Rudd、Jason Furman、Jacob Frenkel、Horuhiko Kuroda、Stanley Fischer、Gita Gopinath、David Malpass、Mario Monti、Enrico Letta、Paolo Pesenti、Adam Posen、 Ted Truman、David Lipton、Anna Gelpern、Dan Tarullo、John Lipsky、Bill White、Olivier Blanchard、Federico Sturzenegger、Ándrés Velasco、Felipe Larraín、Hans- Helmut Kotz、Dina Powell、Vittorio Grilli、Fabio Panetta、Ignazio Visco、Catherine Mann、 Laurence Boone、Luis de Guindos、Philip Lane、Hyun Shin、Claudio Borio、Andy Haldane、Thomas Jordan、Stefan Ingves、Ilan Goldfajn、Alejandro Werner。

　　許多金融市場專家和權威大師，允許我將我的總體經濟觀點，與他們的市場及資產價格的看法結合：Mohamed El Erian、George Soros、Louis Bacon、Alan Howard、Chris Rokos、

Ray Dalio、Byron Wien、Stelios Zavvos、Steve Roach、David Rosenberg、Mark Zandi、Jim O'Neill、Luis Oganes、Joyce Chang、Lewis Alexander、Jens Nystedt、Robert Kahn、Joshua Rosner、Bill Janeway、Ron Perelman、Avi Tiomkin、Arnab Das、George Magnus、Christian Keller、Jan Hatzius、Richard Koo、Michael Milken、John Paulson、Xavier Botteri、Richard Hurowitz、Jeff Greene.

最後，感謝許多公共知識份子，及一些媒體評論家，他們影響了我的想法和觀點：Ian Bremmer、Martin Wolf、Fareed Zakaria、Eric Schmidt、Nicholas Berggruen、Gillian Tett、Richard Haass、Mustafa Suleyman、Jared Cohen、Andrew Ross Sorkin、Jacques Attali、Tom Keene、Jon Ferro。

注釋

前言

1. Kristalina Georgieva Gopinath, and Ceyla Pazarbasioglu, "Why We Must Resist Geoeconomic Fragmentation — And How," International Monetary Fund, May 22, 2022.

第一章

1. "Argentina Clinches Near- Unanimous Backing for Debt Restructuring," *Financial Times,* August 31, 2020.

2. Lawrence H. Summers, "The Biden Stimulus Is Admirably Ambitious. But It Brings Some Big Risks, Too," *Washington Post,* February 4, 2021.

3. Liz Alderman, "Europe's Pandemic Debt Is Dizzying. Who Will Pay?" *New York Times,* February 17, 2021.

4. *Global Debt Monitor,* Institute of International Finance, February 23, 2022.

5. *Global Debt Monitor,* "Attack of the Tsunami," Institute of International Finance, November 18, 2020.

6. Mike Chinoy, "How Pakistan's A. Q. Khan Helped North Korea Get the Bomb," *Foreign Policy,* October 11, 2021.

7. "More Debt, More Trouble," IIF *Weekly Insight,* November 20, 2020.

8. Joe Wallace, "Ukraine- Russia War Is Fueling Triple Crisis in Poor Nations," *Wall Street Journal,* May 24, 2022.

9. "World Bank Group Ramps Up Financing to Help Countries Amid Multiple Crises," the World Bank Press Release, April 19, 2022.

10. Jeanna Smialek and Matt Phillips, "Do Fed Policies Fuel Bubbles? Some See GameStop as a Red Flag," *New York Times,* February 9, 2021.

第二章

1. IMF press release no. 16/500, "IMF Executive Board Concludes Article IV Consultation with Argentina," November 16, 2016.

2. Mary Anastasia O'Grady, "Argentina's Credibility Crisis," *Wall Street Journal,* January 3, 2014.

3. Stephen Bartholomeusz, "Zombies Are Stirring as the Fed Creates a Monster Debt Problem," *Sydney Morning Herald,* June 16, 2020.

4. John Detrixhe, "Zombie Companies Are Hiding an Uncomfortable Truth about the Global Economy," *yahoo news,* March 9, 2020.

5. "A New Age of Financial Repression May Soon Be upon Us," *Financial Times,* July 22, 2020.

第三章

1. Russell Baker, "A Revolutionary President," review of *Nothing to Fear: FDR's Inner Circle and the Hundred Days That Created Modern America,* by Adam Cohen, *New York Review of Books,* February 12, 2009.

2. Michelle Singletary, "Covid Took One Year off the Financial Life of the Social Security Retirement Fund," *Washington Post,* September 3, 2021.

3. Sandra Block, "It Still Pays to Wait to Claim Social Security," Kiplinger, November 23, 2021.

4. Maurie Backman, "Study: Average American's Savings Account Balance is $3,500," The Ascent, September 10, 2020.

5. Milton Friedman, "Myths That Conceal Reality," *Free to Choose Network.* October 13, 1977, Collected Works of Milton Friedman Project records, Utah State University.

6. Laurence Kotlikoff and Scott Burns, *The Clash of Generations* (Cambridge, MA: MIT Press, 2012), Kindle edition, page 13, location 175.

7. Laurence Kotlikoff and Scott Burns, *The Clash of Generations* (Cambridge, MA: MIT Press, 2012) Kindle edition, page 33, location 519.

8. Xavier Devictor, "Poland: Aging and the Economy," The World Bank, June 14, 2012.

9. Bobby Duffy, "Boomer v Broke: Why the Young Should Be More Angry with Older Generations," *Sunday Times,* September 12, 2021.

10. "2021 OASDI Trustees Report," Table IV.B3. — Covered Workers and Beneficiaries, Calendar Years 1945- 2095, Social Security Administration.

11. "Japan Estimates Cast Doubt over Public Pension Sustainability," Reuters, August 27, 2019.

12. "The State Pension Funding Gap: 2018," Pew, June 11, 2020.

13. NHE Fact Sheet, Centers for Medicare & Medicaid Services.

14. David H. Autor and Mark G. Duggan, "The Growth in the Social Security Disability Rolls: A Fiscal Crisis Unfolding," NBER working paper no. w12436, August 2006.

15. Katy Barnato, Katy, "Rich Countries Have a $78 Trillion Pension Problem," CNBC.

16. Stuart Anderson, "55% of America's Billion- Dollar Startups Have an Immigrant Founder," *Forbes,* October 25, 2018.

第四章

1. "Game of Boom or Bust," Board Game Geek, 1951, Juegos Crone/Parker Brothers.

2. Matt Egan, "A Little- Known Hedge Fund Caused Widespread Chaos on Wall Street," *CNN Business,* March 30, 2021.

3. "Total Bank Losses from Archegos Implosion Exceed $10bn," *Financial Times,* April 27, 2021.

4. Julie Steinberg and Duncan Mavin, "How Deal Making Caught Up with Lex Greensill," *Wall Street Journal,* March 18, 2021.

5. Enda Curran and Chris Anstey, "Pandemic- Era Central Banking Is Creating Bubbles Everywhere," *Bloomberg,* January 24, 2021.

6. Miles Kruppa and Ortenca Allaj, "A Reckoning for Spacs: Will Regulators Deflate the Boom?" *Financial Times,* May 4, 2021.

7. Madison Darbyshire and Joshua Oliver, "Thrill- Seeking Traders Send 'Meme Stocks' Soaring as Crypto Tumbles," *Financial Times,* May 28, 2021.

8. Jesse Baron, "The Mystery of the $113 Million Deli," *New York Times,* June 2, 2021.

9. "National Industrial Recovery Act (1933)," The Living New Deal, September 13, 2016.

10. John Brooks, *Once in Golconda: A True Drama of Wall Street* (New York: Harper & Row, 1969).

11. *The Financial Crisis Inquiry Report,* Official Government Edition, January 2011, p. 3.

12. Michael Bordo and Andrew Filardo, "Deflation in a Historical Perspective," BIS working paper no. 186, November 2005, p. 1.

13. Tom Petruno, "Is All This Drama the Dow 1,000 Saga Times 10?" *Los Angeles Times,* March 21, 1999.

14. Leonard Silk, "Climbing Interest Rates," *New York Times,* July 10, 1974.

15. Peter Englund, "The Swedish Banking Crisis, Roots and Consequences," *Oxford Review of Economic Policy* 15, no. 3 (Autumn 1999): 84.

16. W. H. Buiter, G. Corsetti, and P. A. Pesenti, *Financial Markets and European Monetary Cooperation* (Cambridge: Cambridge University Press, 1998).

17. Willem H. Buiter, Giancarlo M. Corsetti, and Paolo A. Pesenti, "Interpreting the ERM Crisis: Country- Specific and Systemic Issues," *Princeton Studies in International Finance* no. 84 (March 1998): 1.

第五章

1. Ben S. Bernanke, "The Great Moderation," remarks by Governor Ben S. Bernanke at the meetings of the Eastern Economic Association, Washington, DC, February 20, 2004.

2. William Barnett, *Getting It Wrong* (Cambridge, MA: MIT Press, 2012), 17.

3. Project Syndicate — Nouriel Roubini page.

4. Jon Cunliffe, "Do We Need 'Public Money'?" The Bank of England, OMFIF Digital Money Institute, London, May 13, 2021.

5. Sylvia Porter, "Economic Miseries Are the Worst Ever," *Paris News,* May 11, 1980, p. 12.

6. Charles Goodhart and Manoj Pradhan, *The Great Demographic Reversal* (Cham, Switzerland: Palgrave Macmillan, 2020), Kindle Edition, p. 159.

7. "Dow Jones — DJIA — 100 Year Historical Chart," macrotrends [updated daily].

8. Editorial, "Prescription for Stagflation," *New York Times,* May 24, 1971, p. 30.

9. *Iowa City Press Citizen,* August 21, 1971, p. 22.

10. "Nifty Fifty Stock Bubbles of the Seventies — Is There a Similarity with Today's Market," EquitySchool, October 24, 2015.

11. See the description of the Nifty Fifty: https://en.m.wikipedia.org/wiki/Nifty_Fifty.

12. Chris Plummer, "Remember the Nifty Fifty?" *USA Today,* April 1, 2014.

13. "Dow Jones — DJIA — 100 Year Historical Chart," macrotrends [updated daily].

14. Isadore Barnum, "Soaring Sugar Cost Arouses Consumers and US Inquiries," *New York Times,* November 15, 1974.

15. Sylvia Porter, "Recession or Depression?" *Bryan Eagle,* June 5, 1975, p. 10.

16. Leonard Silk, "Climbing Interest Rates," *New York Times,* July 10, 1974.

17. Daniel Yergin and Joseph Stanislaw, *The Commanding Heights: The Battle for the World Economy* (New York: Simon & Schuster, 2002) Kindle edition location 1283.

18. "If Only Keynes Had Lived to Explain 'Stagflation,' " *Fairbanks Daily News Miner,* Fairbanks, AK, June 16, 1977.

19. *Kenosha News,* March 2, 1978, p. 5 (reprinted from *Business Week,* February 27, 1978).

20. Leonard Silk, "Reagan: Can He Cure Inflation?" *New York Times,* January 11, 1981.

21. 同注 21。

22. Bill Dudley, "The Fed Is Risking a Full- Blown Recession," *Bloomberg,* June 7, 2021.

23. Michael Mackenzie, "Pimco's Ivascyn Warns of Inflationary Pressure from Rising Rents," *Financial Times,* July 31, 2021.

24. Jeff Cox, "Deutsche Bank Warns of Global 'Time Bomb,' " CNBC, June 7, 2021.

25. Lawrence H. Summers, "The Biden Stimulus Is Admirably Ambitious. But It Brings Some Big Risks, Too," *Washington Post,* February 4, 2021.

26. Gwynn Guilford, "A Key Gauge of Future Inflation Is Easing," *Wall Street Journal,* July 26, 2021.

27. Kenneth Rogoff, "Don't Panic: A Little Inflation Is No Bad Thing," *Financial Times.*

28. Lawrence Goodman, "Inflation Fears Offers the Fed a Chance to Modernize with Money," Center for Financial Stability, April 26, 2021.

29. "Bridgewater's Prince Rejects Return of 1970s 'Great Inflation'," *Financial Times,* June 22, 2021.

30. Brian Chappatta, "Schwarzman Sees 'Avalanche' of Opportunities from Tax-Hike Risk," *Bloomberg,* June 23, 2021.

31. Milton Friedman, "How to Cure Inflation," *Free to Choose Network.*

32. Nouriel Roubini, "The Stagflation Threat Is Real," Project Syndicate, August 30, 2021.

33. "State of Supply Chains: In the Eye of the Storm," Accenture. Accessed June 14, 2022.

34. Nouriel Roubini, "The Looming Stagflationary Debt Crisis," Project Syndicate, June 30, 2021.

第六章

1. Alexander William Salter and Daniel J. Smith, "End the Fed's Mission Creep," *Wall Street Journal,* March 25, 2021.

2. "Fed's Daly: Not Much Monetary Policy Can Do to Offset Climate Risk," Reuters, October 22, 2021.

3. Jon Sindreu, "If Russian Currency Reserves Aren't Really Money, the World Is in for a Shock" *Wall Street Journal,* March 7, 2022.

4. Miles Alvord and Erika Howard, "The Federal Reserve's Big Experiment," *Frontline,* PBS, November 11, 2021.

5. Ray Dalio, "Ray Dalio Discusses Currency Debasement," The Wealth Training Company, December 2021.

6. Federal Reserve Act: Public Law 63-43, 63d Congress, H.R. 7837.

7. Andrew Mellon, Wikipedia.

8. The employment target for public policy started with the Employment Act of 1946 and was formalized for the Fed with the Humphrey- Hawkins Full Employment Act of 1978.

9. Jerome Powell, "New Economic Challenges and the Fed's Monetary Policy Review," Federal Reserve, August 27, 2020.

10. "What Is Forward Guidance and How Is It Used in the Federal Reserve's Monetary Policy?" Federal Reserve.

11. "Size of the Federal Reserve's Balance Sheet Since Quantitative Easing (QE) Measures Were Introduced from March 2020 to March 2022," Statista.

12. "The QE Quandary," Money Talks from *The Economist* (podcast), April 27, 2021.

13. Robin Harding, "US Quantitative Measures Work in Defiance of Theory," *Financial Times,* October 13, 2014

14. Paul Taylor, "Circumstances Have Pushed the E.C.B. Far Beyond Its Mandate," *New York Times,* October 18, 2010.

15. Atlantic Council Global QE Tracker, June 14, 2022.

16. Stephen Deng, "The Great Debasement and Its Aftermath," in *Coinage and State Formation in Early Modern English Literature. Early Modern Cultural Studies* (New York: Palgrave Macmillan, 2011), 87– 102.

17. Peter Coy, "Can We Trust What's Happening to Money?" *New York Times,* December 10, 2021.

18. "UK Spy Chief Raises Fears over China's Digital Renminbi," *Financial Times,* December 10, 2021.

19. "Incoming New York Mayor Eric Adams Vows to Take First Three Paychecks in Bitcoin," CNBC, November 4, 2021.

20. "$BACON Coin — Fractionalizing Home Loans on the Blockchain with Karl Jacob of LoanSnap," *Modern Finance* (podcast), with host Kevin Rose, September 28, 2021 @approx. 30:55.

21. Fabio Panetta, "The Present and Future of Money in the Digital Age," European Central Bank, December 10, 2021.

22. Fabio Panetta, "The Present and Future of Money in the Digital Age," European Central Bank, December 10, 2021.

23. Daniel Sanches, "The Free- Banking Era: A Lesson for Today?" Federal Reserve Bank of Philadelphia, Q3 2016.

24. "The Potential DeFi Collapse, Bull & Bear Markets, and MobileCoin with Ari Paul," *Modern Finance* (podcast), April 20, 2021 @ 42:00.

25. Anny Shaw, "Who is Beeple? The Art World Disruptor at the Heart of the NFT Boom," interview with Beeple, *The Art Newspaper,* March 5, 2021.

26. Dimitris Drakopoulos, Fabio Natalucci, and Evan Papageorgiou, "Crypto Boom Poses New Challenge to Financial Stability," *IMF Blog,* October 1, 2021.

27. Stephen Deng, "The Great Debasement and Its Aftermath," in *Coinage and State*

Formation in Early Modern English Literature. Early Modern Cultural Studies (New York: Palgrave Macmillan, 2011), 87–102.

28. "Does The World Still Need Banks?" *The Economist,* May 12, 2021 (podcast),..

29. Karrie Gordon, "Commissioner Berkovitz Questioning the Legality of DeFi," Crypto Channel, June 15, 2021.

30. Taylor Locke, "The Co-Creator of Dogecoin Explains Why He Doesn't Plan to Return to Crypto," *Make It,* CNBC, July 14, 2021.

31. "Silicon Valley Payments Firm Stripe Buys Nigerian Startup Paystack," Reuters, October 15, 2020.

32. "The Digital Currencies That Matter," *The Economist,* May 8, 2021.

33. "When Central Banks Issue Digital Money," *The Economist,* May 8; 2021.

第七章

1. Paul Krugman, "Paul Krugman Explains Trade and Tariffs," *New York Times,* March 16, 2018.

2. Gordon H. Hanson, "Can Trade Work for Workers?" *Foreign Affairs,* May/June 2021.

3. "Is It Time to Declare the End of Globalisation?" *Financial Times,* July 19, 2019.

4. "The Modern Era of Globalisation Is in Danger," *Financial Times,* May 24, 2020.

5. "Insight: The Perils of De-Globalisation," *Financial Times,* July 21, 2009.

6. Mark Landler, "The U.K.'s Gas Crisis Is a Brexit Crisis, Too," *New York Times,* September 28, 2021.

7. Marc Santora and Helene Bienvenu, "Secure in Hungary, Orban Readies for Battle with Brussels," *New York Times,* May 11, 2018.

8. Yavuz Arslan, Juan Contreras, Nikhil Patel, and Chang Shu, "How Has Globalisation Affected Emerging Market Economies?" BIS papers no. 100.

9. "Washington Consensus: EMs Are Actually Quite Keen," *Financial Times,* November 6, 2013.

10. Joseph E. Stiglitz, *Globalization and Its Discontents* (New York: W.W. Norton, 2002), 4.

11. Joseph E. Stiglitz, *Globalization and Its Discontents* (New York: W.W. Norton, 2002), 6.

12. "Remarks by Secretary of the Treasury Janet L. Yellen on Way Forward for the Global Economy", April 2022.

13. "The Anglo- Saxon Ship Burial at Sutton Hoo," The British Museum.

14. "The Fordney- McCumber Tariff of 1922," Economic History Association.

15. "Millions in Trade Lost As Result of Tariff Act," *El Paso Times,* June 17, 1931, p. 1

16. Congressional Record Vol. 164, No. 40 (House of Representatives — March 7, 2018).

17. Gordon H. Hanson, "Can Trade Work for Workers?" Foreign Affairs, May/June 2021.

18. "President Donald J. Trump Is Confronting China's Unfair Trade Policies," White House Archives, May 29, 2018.

19. Charles Roxburgh, James Manyika, Richard Dobbs, and Jan Mischke, "Trading Myths: Addressing Misconceptions about Trade, Jobs, and Competitiveness," McKinsey &Company Report, May 1, 2012.

20. Asher Schechter, "Globalization Has Contributed to Tearing Societies Apart," *Promarket,* University of Chicago Booth School of Business, March 29, 2018.

21. Finbarr Bermingham, "US-China Feud Is Acclerating the Biggest Shift in Trade Since the Cold War, Away from Globalisation," *South China Morning Post,* July 6, 2019.

22. Henry Paulsen, "Balkanising Technology Will Backfire on the US," *Financial Times,* June 25, 2019.

23. Gordon H. Hanson, "Can Trade Work for Workers?" *Foreign Affairs*, May/June 2021.

第八章

1. "The Return of the Machinery Question," *The Economist,* June 25, 2016.

2. Sarah Paynter, "First 3-D-Printed House for Sale Listed at $300K on Long Island," *New York Post,* February 8, 2021.

3. Aleksandar Furtula, "Dutch Queen and Robot Open 3D-printed Bridge in Amsterdam," AP News, July 15, 2021.

4. "In the Age of AI," *Frontline,* PBS, December 2, 2019.

5. "Interview with Craig Smith, Host of Eye on AI podcast," *AI Today* (podcast), September 8, 2021 @ 11:20.

6. Sylvia Smith, "Iamus: Is This the 21st Century's Answer to Mozart?" BBC News, January 3, 2013.

7. Chantal Da Silva, "From a Hidden Picasso Nude to an Unfinished Beethoven, AI Uncovers Lost Art — and New Challenges," NBC News, October 30, 2021.

8. Daniel Ren, "Xpeng Unveils Smart Robot Pony for Children," *South China Morning Post,* September 7, 2021.

9. Calum Chace, review of *A World without Work,* by Daniel Susskind, *Forbes,* January 30, 2020.

10. "The Return of the Machinery Question," *The Economist,* June 25, 2016.

11. 同注 10。

12. Ken Jennings, "The Obsolete Know-It-All," TEDX SeattleU, March 7, 2013.

13. "Rosey the Robotic Maid," TV's Saturday Morning Cartoon Legacy: The Jetsons.

14. Dalvin Brown, "Why It Will Be Years before Robots Take Over Your Household Chores," *Washington Post,* March 23, 2021.

15. Matthew Scherer, "Regulating Artificial Intelligence Systems," *Harvard Journal of Law and Technology* 29, no. 2 (Spring 2016): 362.

16. "Uber's Self- Driving Operator Charged over Fatal Crash," BBC News, September 16, 2020.

17. Dalvin Brown, "Why It Will Be Years before Robots Take Over Your Household Chores," *Washington Post,* March 23, 2021.

18. Jefferson Graham, "Flippy the Burger- Flipping Robot Is on a Break Already," *USA Today,* March 7, 2018.

19. "Cali Group Unveils CaliBurger 2.0 with Flippy," Total Food Service, November 1, 2019.

20. "FamilyMart Preps 1,000 Unmanned Stores in Japan by 2024," *Nikkei Asia,* September 10, 2021.

21. How Germany's Otto Uses Artificial Intelligence," *The Economist,* April 12, 2017.

22. John McCormick, "Retail Set to Overtake Banking in AI Spending," *Wall Street Journal,* September 7, 2021.

23. 同注 22。

24. *The New York Times Guide to Essential Knowledge* (New York: St. Martin's Press, 2011), 442.

25. Jessica Brain, "The Luddites," Historic UK.

26. "The Return of the Machinery Question," *The Economist,* June 25, 2016.

27. Karl Marx, *Capital,* translated by Samuel Moore and Edward Aveling, (Hertfordshire, UK, Wordsworth Classics of World Literature, 2013) Kindle edition location 8018, page 391.

28. John Maynard Keynes, "Economic Possibilities for Our Grandchildren," in *Essays in Persuasion* (New York: W. W. Norton, 1963), 358–373.

29. Matthew Scherer, "Regulating Artificial Intelligence Systems: Risks, Challenges, Competencies, and Strategies," *Harvard Journal of Law & Technology* 29, no. 2 (Spring 2016).

30. Andrew Hodges, *Alan Turing: The Enigma* (New York: Simon and Schuster, 1983), p. 382.

31. *The New York Times Guide to Essential Knowledge* (New York: St. Martin's Press, 2011), p. 442.

32. Harley Shaiken, "A Robot Is After Your Job," *New York Times,* September 3, 1980.

33. Timothy Taylor, "Automation and Job Loss: Leontief in 1982," *Conversable Economist* (blog), August 22, 2016.

34. "Preparing for the Future of Artificial Intelligence," Executive Office of the President, National Science and Technology Council, Committee on Technology, October 2016.

35. Yuval Harari, *Homo Deus: A Brief History of Tomorrow* (New York: HarperCollins, 2017), Kindle edition location 1022, p. 43

36. Josh Ye, Masha Borak, and Orange Wang, "As China's Working Population Falls, Factories Turn to Machines to Pick Up the Slack," *South China Morning Post,* May 27, 2021.

37. Ariel Ezrachi and Maurice Stucke, "Artificial Intelligence & Collusion: When Computers Inhibit Competition," University of Illinois Law Review, Vol. 2017, No. 5, p. 1775.

38. Steven Pearlstein, review of *The Second Machine Age,* by Erik Brynolfsson and Andrew McAfee, *Washington Post,* January 17, 2014.

39. David Autour, "Are the Robots Taking Our Jobs?" Columbus Museum of Art.

40. Daniel Susskind, *A World without Work* (New York: Metropolitan Books, 2020), Kindle edition, p. 5, location 268.

41. Robert Reich, "Why Automation Means We Need a New Economic Model," World Economic Forum, March 17, 2015.

42. Daron Acemoglu and Pascual Restrepo, "Robots and Jobs: Evidence from US Labor Markets," *Journal of Political Economy* 128, no. 6 (April 22, 2020).

43. Mustafa Suleyman, "Transformers Are the Future," July 2021.

44. "The Return of the Machinery Question," *The Economist,* June 25, 2016.

45. "List of Countries by Income Inequality," Wikipedia.

46. Daniel Susskind, *A World without Work* (New York: Metropolitan Books, 2020), Kindle edition, p. 138, location 2608.

47. Yusuke Hinata, "China's Media Stars Caught in Harsh Spotlight of Inequality Drive," *Nikkei Asia,* September 2, 2021.

48. Martin Ford, *Rise of the Robots* (New York: Basic Books, 2016), Kindle edition, p. 196, location 3313.

49. Jerry Kaplan, "Humans Need Not Apply," presentation at Google, November 4, 2015.

50. Yuval Noah Harari, *Homo Deus: A Brief History of Tomorrow,* (New York, Harper Collins, 2017) Kindle edition location 5299, p. 322

第九章

1. Graham Allison, "Destined for War: Can America and China Escape Thucydides's Trap?," (New York, Houghton, Mifflin, Harcourt, 2017)

2. "Top 20 Ancient Chinese Inventions," USC US-China Institute.

3. "Grains and Soybeans Advance on News of Nixon's China Trip," *New York Times,* July 17, 1971, p. 19.

4. Max Frankel, "Nixon's China Goal: Genuine Diplomatic Turning Point," *New York Times,* July 23, 1971, p. 2.

5. "Nixon Objectives," *Greenfield Recorder,* Greenfield, MA, November 30, 1971.

6. "Cold War II: Just How Dangerous Is China?" Uncommon Knowledge, The Hoover Institution, April 9, 2021.

7. Niall Ferguson, "Evergrande's Fall Shows How Xi Has Created a China Crisis," *Bloomberg,* September 26,.

8. Thomas L. Friedman, "Congress, Angry at China, Moves to Impose Sanctions," *New York Times,* June 23, 1989.

9. John J. Mearsheimer, "The Inevitable Rivalry," *Foreign Affairs,* November/ December 2021.

10. Joseph Kahn, "World Trade Organization Admits China, Amid Doubts," *New York Times,* November 11, 2001.

11. Jeffrey Sachs, "China, the Game Changer," Columbia Business School, August 3, 2012.

12. Dambisa Moyo, "Is China the New Idol for Emerging Economies?" TED Global, June 2013.

13. "Cold War II: Just How Dangerous Is China?" Uncommon Knowledge, The Hoover Institution, April 9, 2021.

14. Tom Mitchell, "The Chinese Control Revolution: The Maoist Echoes of Xi's Power Play," *Financial Times,* September 6, 2021.

15. Kevin Rudd, "To Decouple or Not to Decouple," Asia Society Policy Institute, November 4, 2019.

16. CIA, "China," *The World Factbook.*

17. Ammar A. Malik et al., *Banking on the Belt and Road* (Williamsburg, VA: Aiddata at William & Mary, September 29, 2021).

18. Frank Tang, "China Overtakes US as No 1 in Buying Power, but Still Clings to Developing Status," *South China Morning Post,* May 21, 2020.

19. John J. Mearsheimer, "The Inevitable Rivalry," *Foreign Affairs,* November/ December 2021.

20. Kevin Rudd, "The Avoidable War," Asia Society Policy Institute, 2021.

21. John J. Mearsheimer, "The Inevitable Rivalry," *Foreign Affairs,* November / December 2021.

22. "Cold War II — Just How Dangerous Is China?" Uncommon Knowledge, The Hoover Institution, April 9, 2021.

23. "Century of Humiliation," Wikipedia.

24. Tom Mitchell, "The Chinese Control Revolution: The Maoist Echoes of Xi's Power Play," *Financial Times,* September 6, 2021.

25. "What Happens When China Becomes Number One?" John F. Kennedy Jr. Forum, Harvard Kennedy School's Institute of Politics, April 8, 2015.

26. Kevin Rudd, "The Avoidable War: The Decade of Living Dangerously: Navigating the Shoals of U.S.- China Relations," Asia Society Policy Institute, February 2021, p. 22.

27. Fareed Zakaria, "The US and China's 'Cold Peace,' " *Fareed Zakaria GPS,* CNN.

28. Cissy Zhou, "U.S.- China Decoupling," *South China Morning Post,* September 16, 2021.

29. Cissy Zhou, "US-China Decoupling," *South China Morning Post,* September 16, 2021.

30. Xinmei Shen, "China Drafts Tough Rules to Stop Data from Leaving Its Borders," *South China Morning Post,* October 29, 2021.

31. "China's Race for AI Supremacy," *Bloomberg,* October 20, 2021.

32. "US Has Already Lost AI Fight to China," *Financial Times,* October 10, 2021.

33. "NATO to Expand Focus to Counter Rising China," *Financial Times,* October 18, 2021.

34. Fareed Zakaria, "The Complex China Challenge," *Fareed Zakaria GPS,* CNN.

35. "NATO to Expand Focus to Counter Rising China," *Financial Times.*

36. "Remarks as Prepared for Delivery of Ambassador Katerine tai Outlining the Biden-Harris Administration's 'New Approach to the U.S.- China Trade Relationship," Office of the United States Trade Representative, October 2021,.

37. Kurt M. Campbell and Jake Sullivan, "Competition without Catastrophe," *Foreign Affairs,* September/October 2019.

38. Kurt M. Campbell and Ely Ratner, "The China Reckoning," *Foreign Affairs,* March/April 2018.

39. Remarks by President Biden, June 16, 2021.

40. "Full Text of Chinese President Xi Jinping's Message for China Pavilion of Expo 2020 Dubai," Xinua, October 1, 2021.

41. Kevin Rudd, "The Avoidable War," Asia Society Policy Institute, 2021, p. 74.

42. Kevin Rudd, "The Avoidable War," Asia Society Policy Institute, 2021.

43. Tom Mitchell, "The Chinese Control Revolution: The Maoist Echoes of Xi's Power Play," *Financial Times,* September 6, 2021.

44. "2034: A Novel of the Next World War", Elliot Ackerman and James Stavridis, Penguin, 2021.

45. "Avoiding the Next Nuclear Arms Race," *Financial Times,* October 22, 2021.

46. "Address by Xi Jinping at the Opening Ceremony of the Plenary Session of the Sixth Eastern Economic Forum," Xinua, September 6, 2021.

47. "The Most Dangerous Place on Earth," *The Economist,* May 1, 2021.

第十章

1. "Sixth Assessment Report," The International Panel on Climate Change, August 9, 2021.

2. Dana Nuccitelli, "Scientists Warned the US President about Global Warming 50 Years Ago Today," *Guardian,* November 5, 2015.

3. William Nordhaus, "Climate Change: The Ultimate Challenge for Economics," The Nobel Foundation, December 8, 2018.

4. Gernot Wagner and Martin L. Weitzman, *Climate Shock: The Economic Consequences of a Hotter Planet,* (Princeton, New Jersey, Princeton University Press, 2015) Kindle edition location 221, p. 6.

5. "Coal 2021," IEA, December 2021, https://www.iea.org/reports/coal- 2021.

6. "Why Do We Find It So Hard to Take Action on Climate Change?" *The Climate Question,* BBC, December 19, 2021.

7. "Progress Lacking across All Sectors to Limit Global Warming," press release, Climate Action Tracker, October 28, 2021.

8. Daniel Glick, "The Big Thaw," *National Geographic.*

9. 同注 8。

10. "Rising Seas Threaten Low- Lying Coastal Cities, 10% of World Population," Center for International Earth Science Information Network, Columbia Climate School, Columbia University, October 25, 2019.

11. Neil Newman, "From China to Europe, Being Ill Prepared for Floods Will Leave

Us Soaked in Regret," *South China Morning Post,* November 8, 2021.

12. Proposed Operating Budget, City of Miami, Fiscal year 2019- 2020.

13. "Rising Sea Levels Will Put US Homes at Risk in Near Future," CBC News, June 18, 2018.

14. Joel Rose, "Post- Sandy Fixes to NYC Subways to Cost Billions," *All Things Considered,* NPR, December 6, 2012.

15. "The 2004 Tsunami Wiped Away Towns with 'Mind- Boggling' Destruction," History, September

18, 2020.

16. Bill McGuire, "How Climate Change Triggers Earthquakes, Tsunamis and Volcanoes," *Guardian,* October 16.

17. Hal Brands, "China Is Running Out of Water and That's Scary," *Bloomberg,* December 29, 2021.

18. Patu Ndango interview with the author.

19. "Extreme Weather Gets a Boost from Climate Change," EDF.

20. Claire Galofaro and John Raby, "On a Single Street, the Tornado Killed 7 Children," *Chicago Tribune,* December 15, 2021.

21. Eddy Binford- Ross, "Salem and Oregon Set Records for Hottest Summer in Recorded History," *Statesman Journal,* September 30, 2021.

22. Geoffrey Parker, *Global Crisis: War, Climate Change and Catastrophe in the Seventeenth Century* (New Haven: Yale University Press, 2014).

23. Madhuri Karak, "Climate Change and Syria's Civil War," JSTOR Daily, September 12, 2019.

24. "Climate Change Deprives 70% of Somalis of Safe Water," *Hiiran Online,* March 23, 2021.

25. Abrahm Lustgarten, "The Great Climate Migration," *New York Times Magazine,* July 23, 2020.

26. "A 30C World Has No Safe Place," *The Economist,* July 24, 2021.

27. "IPCC Assessment of Climate Change Science Finds Many Changes are Irreversible," IISD/SDG Knowledge Hub, August 10, 2021.

28. "Financing Clean Energy Transitions in Emerging and Developing Economies," International Energy Agency, World Energy Investment 2021

Special Report.

29. Jeffrey Ball, Angela Ortega Pastor, David Liou, and Emily Dickey, "Hot Money: Illuminating the Financing of High Carbon Infrastructure in the Developing World," *iScience* 24, no. 11 (November 19, 2021).

30. Aaron Bernstein, "Coronavirus, Climate Change, and the Environment," Harvard T.H. Chan School of Public Health.

31. Nicola Ranger, Olivier Mahul, and Irene Monasterolo, "Managing the Financial Risks of Climate Change and Pandemics," *One Earth* 4, no. 10 (October 22, 2021): 1375–85.

32. Kimberley R. Miner, Arwyn Edwards, and Charles Miller, "Deep Frozen Arctic Microbes Are Waking Up," *Scientific American,* November 20, 2020.

33. "The Challenge," United Nations Economic Commission for Europe (UNECE).

34. Frank Ackerman and Elizabeth A. Stanton, "The Cost of Climate Change," Global Development and Environment institute and Stockholm Environment Institute-US Center, Tufts University, May 2008, p. 8.

35. William D. Nordhaus, *The Spirit of Green* (Princeton, NJ: Princeton University Press,2021), Kindle edition location 4716, p. 277.

36. "Three Degrees of Global Warming Is Quite Plausible and Truly Disastrous," *The Economist,* July 24, 2021.

37. "Scaling Up Climate Adaptation Finance Must Be on the Table at UN COP26," United Nations Conference on Trade and Development (UNCTAD), October 28, 2021.

38. "Keynote Remarks by Secretary of the Treasury Janet L. Yellen at COP26 in Glasgow, Scotland at the Finance Day Opening Event," US Department of the Treasury, press release, November 3, 2021.

39. Gernot Wagner, "Fear of Geoengineering Is Really Anxiety about Cutting Carbon," *Bloomberg,* June 25, 2021.

40. Justin Mikulka, "3 Key Dangers of Solar Geoengineering and Why Some Critics Urge a Global Ban," EcoWatch, December 11, 2018.

41. "Geoengineering Could Put 1bn People at Risk of Malaria: Study", The Business Standard, May 23, 2022.

42. Tim O'Donnell, "Can Carbon Capture Technology Save the Planet?" *The Week,* September 13, 2021.

43. The World Counts.

44. "Pathway to Critical and Formidable Goal of Net- Zero Emissions by 2050 Is Narrow but Brings Huge Benefits, According to IEA Special Report," press release, IEA, May 18, 2021.

45. "Renewable Energy," Center for Climate and Energy Solutions,.

46. "Ford Expands Climate Change Goals," press release, Ford Motor Co., June 24, 2020.

47. "Carbon Capture and Storage," Edison Electric Institute.

48. "During 2021, U.S. Retail Energy Prices Rose at Fastest Rate Since 2008," Today in Energy, U.S. Energy Information Administration, March 2022.

49. "Today in Energy," US Energy Information Administration, January 3, 2022.

50. Kristalina Georgieva, "Remarks of the Managing Director at the High- Level Dialogue on Energy," International Monetary Fund under the auspices of the UN General Assembly, September 24, 2021.

51. Ian Parry, "Putting a Price on Pollution," *IMF Finance & Development* 56, no. 4 (December 2019).

52. William D. Nordhaus, *The Spirit of Green* (Princeton, NJ: Princeton University Press, 2021), Kindle edition location 4765, p. 280.

53. William Nordhaus, "The Spirit of Green: The Economics of Collisions and Contagions in a Crowded World," (Princeton NJ, Princeton University Press, 2021), Kindle Edition, p.278.

54. Tariq Fancy, "Tariq Fancy on the Failure of Green Investing," *The Economist,* November 4, 2021.

55. "Tariq Fancy on the Failure of Green Inveting and the Need for State Action," *The Economist,* November 4, 2021.

56. Gernot Wagner and Martin L. Weitzman, "Climate Shock: The Economic Consequences of a Hotter Planet," (Princeton, NJ, Princeton University Press, 2015) Kindleedition location 901, p. 56.

第十一章

1. "Global Trends 2040: A More Contested World," A Publication of the National Intelligence Council, March 2021.

2. Ursula Henz and Colin Mills, "Social Class Origin and Assortive Mating in Britain, 1949-2010," *British Sociological Association* 52, no. 6 (September 12, 2017).

3. Walter Scheidel, *The Great Leveler* (Princeton, NJ: Princeton University Press, 2017), https://book s.google.com/book s/about/The_Great_Leveler.html ? id=KXSYDwAAQBAJ &source =kp_book_description.

4. Kimberly Amadeo, "US Debt by President: By Dollar and Percentage," the balance, February 7, 2022, https://www.thebalance.com /us -debt -by -president -by -dollar - and - percent - 3306296.

5. Tom Phillips, "Outrage as Bolsonaro Confirms Russia Trip Despite Ukraine Crisis," *The Economist,* January 28, 2022, https://www.theguardian.com/ world/2022/jan/28/outrage -as-bolsonaro- confirms- russia- trip- despite- ukraine-crisis.

6. Anne Applebaum, "The Bad Guys Are Winning," *Atlantic,* November 15, 2021, https://www.theatlantic.com/magazine/archive/2021/12/the- autocrats- are-winning/620526/.

7. "Top Risks 2022," Eurasiagroup, https://www.eurasiagroup.net/issues/top- risks-2022. Accessed June 14, 2022.

8. Jonathan Stevenson and Steven Simon, "We Need to Think the Unthinkable about Our Country," *New York Times,* January 13, 2022, https://www.nytimes.com/2022/01/13/opinion / january-6-civil- war.html?searchResultPosition=1.

9. "Will the US Have Another Civil War?" Zogby Poll, February 4, 2021, https:// zogbyanalytics.com/news/997- the- zogby- poll- will- the-us-have- another- civil-war.

10. Spencer Bokat- Lindell, "Is Civil War Looming, or Should We Calm Down?" *New York Times,* January 13, 2022, https://www.nytimes.com/2022/01/13/opinion/ civil - war - america.html.

11. Eric Schmidt and Jared Cohen, *The New Digital Age* (New York: Knopf, 2013).

12. Nouriel Roubini, "The Looming Stagflationary Debt Crisis," Project Syndicate, June 30, 2021.

13. Mark Hulbert, "The Good News Hidden in the Bond Market's 2021 Losses," *Market-Watch,* January 7, 2022.

14. "S&P 500 PE Ratio — 90 Year Historical Chart," macrotrends.

15. Coral Murphy Marcos, "Stocks Fall, Swelling September's Losses," *New York Times,* September 30, 2021.

16. Nouriel Roubini, "The Stagflation Threat Is Real," Project Syndicate, August 30, 2021.

17. Nouriel Roubini, "Clouds over 2022," Project Syndicate, December 29, 2021.

第十二章

1. John Thornhill, "It Is Time to Bet Big on Fusion Energy," *Financial Times,* November 18, 2021.

2. "Global Trends 2040," National Intelligence Council, March 2021.

國家圖書館出版品預行編目（CIP）資料

大威脅／魯里埃爾‧魯比尼 (Nouriel Roubini) 著；陳儀、李文絜、
陳麗玉、張靖之譯 . -- 第一版 . -- 臺北市：天下雜誌股份有限公司，
2023.1
432 面；14.8×21 公分 . -- （天下財經；482）
譯自：Megathreats : Ten Dangerous Trends That Imperil Our future,
And How to Survive Them
ISBN 978-986-398-843-4（平裝）

1. CST: 經濟預測　2. CST: 總體經濟

550   111018213

天下財經482

大威脅：未來經濟十大趨勢與生存法則
MegaThreats: Ten Dangerous Trends That Imperil Our Future, And How to Survive Them

作　　者／魯里埃爾·魯比尼（Nouriel Roubini）
審 訂 者／林啟超
譯　　者／陳儀、李文絜、陳麗玉、張靖之
封面設計／Javick工作室
內頁排版／邱介惠
責任編輯／張奕芬
特約校對／魏秋網

天下雜誌群創辦人／殷允芃
天下雜誌董事長／吳迎春
出版部總編輯／吳韻儀
出 版 者／天下雜誌股份有限公司
地　　址／台北市104南京東路二段139號11樓
讀者服務／（02）2662-0332　傳真／（02）2662-6048
天下雜誌GROUP網址／www.cw.com.tw
劃撥帳號／01895001天下雜誌股份有限公司
法律顧問／台英國際商務法律事務所·羅明通律師
印刷製版／中原造像股份有限公司
裝 訂 廠／中原造像股份有限公司
總經銷／大和圖書有限公司　電話／（02）8990-2588
出版日期／2023年1月3日　第一版第一次印行
定　　價／650元

書號：BCCF0482P
ISBN：978-986-398-843-4（平裝）

直營門市書香花園 地址／台北市建國北路二段6巷11號 電話／（02）2506-1635
天下網路書店　shop.cwbook.com.tw
天下雜誌我讀網　books.cw.com.tw/
天下讀者俱樂部 Facebook　www.facebook.com/cwbookclub

本書如有缺頁、破損、裝訂錯誤，請寄回本公司調換